用爱和欢喜的方式过一生

苏东坡传

◎肖仁福 作品

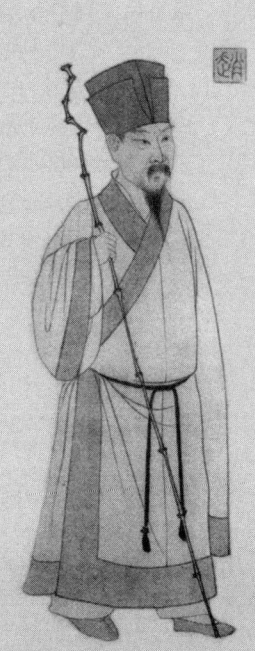

团结出版社

© 团结出版社，2019 年

图书在版编目（CIP）数据

苏东坡传 / 肖仁福著 . — 北京：团结出版社，2020.3（2024.11 重印）
ISBN 978-7-5126-7451-6

Ⅰ.①苏… Ⅱ.①肖… Ⅲ.①苏轼（1037-1101）—传记 Ⅳ.① K825.6

中国版本图书馆 CIP 数据核字 (2019) 第 235205 号

责任编辑：梁光玉
装帧设计：林世博

出　　版：团结出版社
　　　　　（北京市东城区东皇城根南街 84 号　邮编：100006）
电　　话：（010）65228880　65244790（出版社）
　　　　　（010）65238766　85113874　65133603（发行部）
　　　　　（010）65133603（邮购）
网　　址：http://www.tjpress.com
E-mail：zb65244790@vip.163.com
　　　　　tjcbsfxb@163.com（发行部邮购）
经　　销：全国新华书店
印　　装：三河市东方印刷有限公司

开　　本：145mm×210mm　32 开
印　　张：12.75　　　　　　　　　字　数：261 千字
版　　次：2020 年 3 月　第 1 版　　印　次：2024 年 11 月　第 12 次印刷

书　　号：978-7-5126-7451-6
定　　价：49.80 元
　　　　　（版权所属，盗版必究）

幸与不幸之间（序）

　　大宋重文轻武，文臣地位高，东坡生逢其时，又才高艺大，为何还一生坎坷，遭受大难，吃尽苦头？几乎所有关于东坡的著作，都归因于陷害东坡的无耻小人。这没错，小人不可得罪，得罪小人，自然会倒霉。可我觉得若止于此，太过肤浅，也很不够。毕竟人生一世，命运好坏，既有外因，又有内因，内外互动，因果相循，谁也不例外。我因此产生冲动，要写部东坡传，由外而里，由里而外，解剖东坡大幸与大不幸的奇绝人生。

　　首先东坡是个幸运儿。现今有句时髦话，叫有幸人用童年治疗一生，不幸人用一生治疗童年。东坡靠童年治疗，此生幸也。东坡的原生家庭无人能及。他属富三代，学二代。爷爷勤劳致富，做了两件事，一是培养儿子读书，二是丰年积谷，灾年开仓，为儿孙积德聚福。母亲程氏有德有才，一边勤俭持家，一边教育东坡兄弟端正品行，正直为人。父亲苏洵不喜文坛绮靡之风，见质朴清醇诗文开始在朝中流行，教俩儿写作文质彬彬、言之有物的朴实文章，后哥俩受欧阳修和梅尧臣赏识，一考得中。东坡兄弟从小友好，同食同寝，同学同玩，相亲相敬相惜。东坡还有不少堂兄弟和堂姐妹，过从甚密，其乐融融。

十八岁那年,东坡娶王弗为妻,夫唱妇随十一年。王弗去世后,其堂妹闰之嫁给东坡,自此随丈夫颠沛流离大半个中国,生死与共。五十七岁时东坡失去闰之,翌年拖着病躯南贬惠州,侍妾王朝云不离不弃,随行左右,成为东坡的生活依靠和精神支柱。几个儿子皆有德有操守,更懂孝顺父母。东坡晚年一贬再贬,儿子们争着陪侍父亲,最后小儿苏过抛妻舍子,随父亲下惠州,过海南,无怨无悔。尤其朝云病逝惠州后,苏过成为东坡唯一的拐杖,支撑老父度过无数苦难而快乐的日子,直至东坡终老常州。

凭非凡才华,东坡受到欧阳修和梅尧臣等朝臣青睐,更得到几任皇帝和皇后赏识,一时风光无限,人见人爱,花见花开。然才华既可成就人,也可毁灭人。有钱人怕被骂为富不仁,会不自觉夹紧尾巴,低调做人,轻易不敢露富。才华不是财富,才高之人向来备受推崇,除忍不住露才显学,还容易恃才傲物,故有才比有钱更危险,更易遭人羡慕嫉妒恨。正是大才给东坡带来大不幸。东坡才多没处发挥,便信手拈来,用典故给同事取外号,被人暗恨而不自知。连备受自己敬重的司马光,东坡也拿孔子弟子名字司马牛呼之,讽刺人家脾气倔强,有如犟牛。更多时候是担心大才撑破肚皮,以诗文讥讽时政。东坡曾两度外任杭州,朋友送行时总是劝告,西湖虽好莫吟诗。东坡嘴上应承,可一到西湖边,还是情不自禁,该吟得吟。东坡忠君爱民,政绩卓著,不贪不腐,同僚瞧他不顺眼,又抓不到把柄,便搜集其诗文,断章取义,怂恿皇上,以诽谤罪把他逮入乌台即御史府,逼他招供。这便是著名的乌台诗案,也是中国首例文字狱,此前从没有文人因诗文获过罪，屈原、陶渊明、李白、杜甫白纸黑字，批评朝政，发泄不满，没人借题发挥，收拾他们。白居易提倡文章合为时而著，歌诗合为事而作，写过不少讽喻诗，其《长恨歌》和《琵琶行》就是变着法子骂君父，发牢骚。也遭同僚挤压，屡挤屡贬，却又屡贬屡升，官至尚书，滋滋润润活到七十六岁，寿终正寝。

东坡崇拜白居易，曾作诗曰：我甚似乐天。东坡居士就是仿白居易香山居士雅称而来。他一生写过不少附和白诗的作品，连西湖有白堤，东坡也造个苏堤，两堤并存。可东坡远没白居易幸运。白居易中年遭贬，晚年却安定富足，活得长久。乌台诗案后，东坡虽曾两度回京任职，但很短暂，绝大部分时间不是在贬所，就是在去往贬所的路上。死里逃生，出狱南贬黄州后，东坡开始反思，清醒地意识到自己吃亏就吃在恃才傲物上面。傲字最败人，古往今来不知多少有才有能且功成名就之人，因傲字身败名裂，死有余辜。傲字差点让东坡死在乌台狱中，所幸皇上肚里明白他的耿耿忠心，王安石和章惇等政敌也纷纷说情，他才保住小命。

万幸的是，大不幸又给东坡带来大幸。丢官去职，一无所有后，东坡的大才再不会自伤，相反成为自救良方，支撑他战胜贫寒、饥饿、病痛、孤独，拂去心头创伤，脱离苦海，活出别样境界，创作出赤壁词赋，成为千古绝唱。从此东坡眼前豁然开阔，无惊无险，无悲无痛，无恨无怨，唯余悲悯和慈爱。那才是真正的大爱，爱天地山水，爱草木生灵，爱君国臣民，爱亲人友朋。连政敌都爱，比如王安石和章惇，不记其仇，只念其好。待到下惠州，渡海南，东坡早已波澜不惊，权当奉旨远游，九死南荒吾不恨，兹游奇绝冠平生。

人人都患才不多，殊不知有才有大才，难免恃才傲物，往往带来大害。大才只有德来配，有苦难来磨，才可能化大不幸为大幸，离苦得乐。至于常人，没有东坡天纵大才，无恃才傲物之资本，然效法东坡，潜心修德，真诚爱人，总不难做到。乐乃人生至境，有德有爱，乐由德生，爱而得乐，也算不白来世间走此一遭。

目录

开篇：应似飞鸿踏雪泥　兄弟首次别离　　1
一、我少知子由　学业有成出眉山　　5
二、去访欧阳修　兄弟双双高中　　12
三、天平地阔路三千　含泪南归葬母　　19
四、天不遣斯民　喜雨亭会章惇　　25
五、波是水之皮　效范滂直言犯上　　35
六、宦游直送将入海　出任杭州通判　　42
七、欲把西湖比西子　初识王朝云　　51
八、不可居无竹　近结佛印远交文同　　58
九、忧来不自寐　心系黎民疾苦　　65
十、十年生死两茫茫　密州悼亡妻　　72
十一、但愿人长久　对月怀君思亲　　79
十二、南城夜半千沤发　徐州抗洪抢险　　88
十三、丑妻恶妾胜空房　民丰太守陶然　　97
十四、莫作使君看　位重不忘寒友　　105

十五、今日捉将官里去　打入乌台大牢　　　112

十六、世间惟有蛰龙知　古今第一文字狱　　　119

十七、龙可喻君亦喻臣　章王出面营救　　　125

十八、魂飞汤火命如鸡　死里逃生出大狱　　　134

十九、不辞相送到黄州　凄惶南谪路　　　138

二十、缥缈孤鸿影　心有余悸情寄海棠　　　146

二十一、身垢犹念浴　僧汤洗身又洗心　　　153

二十二、一蚁寄大磨　家人团聚南蛮地　　　159

二十三、佳人言语好　收纳朝云为妻　　　165

二十四、雨洗东坡月色清　甘做识字耕夫　　　172

二十五、似花还似非花　耕读琴诗皆润身　　　178

二十六、刘草盖雪堂　偶成天下第三行书　　　185

二十七、一蓑烟雨任平生　好男人怕老婆　　　192

二十八、梦中一饱百忧失　东坡肉慰饥肠　　　200

二十九、米芾和杨世昌　蜜酒酿制有秘方　　　207

三十、浪淘尽千古风流人物　赤壁词赋天下闻　　　213

三十一、小舟从此逝　太守见词心惊　　　219

三十二、此心安处是吾乡　柔奴一语释前惑　　　225

三十三、千里快哉风　承天寺无眠人　　　232

三十四、惟愿孩儿愚且鲁　人生难去欲　　　238

三十五、别酒劝君君一醉　吾归何处行复止　　　245

三十六、不识庐山真面目　李白诗题在前头　　　250

三十七、从公一吊兴亡处　半山园拜会王荆公　257

三十八、春江水暖鸭先知　人老不纳小妾　264

三十九、十年归梦寄西风　荣升翰林学士知制诰　271

四十、一肚子不合时宜　夹在新旧两党间　278

四十一、前度刘郎今又来　出任杭州太守　284

四十二、苏堤风光美　浚井治湖功在千秋　290

四十三、日日醉湖边　酒肉地狱歌舞乡　296

四十四、菊残犹有傲霜枝　北归入朝人人嫉妒　304

四十五、一念失垢污　再度放任地方　310

四十六、天女维摩总解禅　南贬惠州安置　317

四十七、醉饱高眠真事业　松风亭内酒肉香　323

四十八、天涯何处无芳草　与表哥重修旧好　330

四十九、日啖荔支三百颗　悲愁时节更伤春　336

五十、岂止杭州有西湖　丰湖苏堤苏桥　342

五十一、报道先生春睡美　章惇闻诗怒气生　348

五十二、他山总不如　渡海落脚儋州　356

五十三、结茅得兹地　无米无酒亦有乐　362

五十四、乘槎且恁浮于海　黎妇一语道破天机　369

五十五、但寻牛矢觅归路　坡仙笠屐乐童叟　377

五十六、问汝平生功业　北渡故旧喜迎送　383

五十七、东坡的快乐密码　恩仇一笑间　390

结篇、人生大智慧　爱是因乐是果　395

开篇：应似飞鸿踏雪泥　兄弟首次别离

大雪一直在下，似柳絮，若芦花，如白蝶，漫天飞舞，给旷原披上厚厚银妆。一车一骑，车在前，骑在后。车辙辗过，马蹄踏过，转瞬便有飞雪填充上去，若隐若现。

车与骑皆来自京都开封。坐在车里的是西去赴任的兄长及其妻儿，骑在马上的是专门出城送行的弟弟。兄长叫苏轼，字子瞻。弟弟叫苏辙，字子由。轼者，车前横木也，扶木可远瞻识路。辙者，车轮痕迹也，循迹可走向远方。兄弟名字其实更是隐喻，暗示其宦游生涯永远在路上，难有片刻止歇。

上年亦即仁宗嘉祐五年（1060）二月，远离老家四川眉山的苏家父子三人，抵达京城开封。苏洵拿钱出来，在仪秋门外选购一处不错的房产，一家老小一起迁入。庭院足有半亩大，远离繁华街市，垂柳环绕，古槐耸立，倒也宜居宜读。欧阳修闻得三苏归来，赶紧向皇上举荐。苏洵免试任为校书郎，不久继授新职，为当朝皇帝撰写传记。苏洵本属文章大师，树碑立传，自是拿手好戏，领命后便开始翻阅相关档案，埋头苦干起来。

苏轼与苏辙兄弟也没闲着，先参加新仕学子必考的京都部务，继遵圣意，呈递制策，批评朝政，受到欧阳修等大臣激赏和推崇。兄弟才华熠熠，然为官需要历练和积累，得从基层步步干起，朝廷命苏轼为大理评事签书凤翔府判官，苏辙为商州军事通官。只是父亲年老，居京为官，须有儿子在侧，兄弟几经商量，决定苏轼赴任，苏辙辞职留京，照顾父亲。

来年即嘉祐六年（1061）仲冬，苏轼带着妻儿，辞父登车，踏雪西行，苏辙策马相送。兄弟俩从小一起长大，一起读书，一起赴京赶考，一起高中授官，二十多年来还是头回离别，甚是难分难舍。途中苏轼数度下车，要苏辙复返，苏辙不愿，一直送出四十里外，才下马与兄惜别。正好飞雪已停下来，万籁俱静，兄弟站在古道旁雪地里，背对西沉夕阳，面向来路深深浅浅的车辙和马蹄印，执手相看泪眼，弟请兄先登车西行，兄要弟先上马东归。

相让许久，苏辙拗不过兄长，才爬上瘦马，迎着初升冷月，踟蹰东返，回首频频。苏轼伫立原地，目送瘦马上的弟弟，晃悠着瘦长的身子，在雪地里起伏隐显，一时心酸不已。马踪和人影渐行渐远，渐远渐小，苏轼又躬腰爬到高处，踮起脚，远望弟弟头上的乌帽，在月影下一晃一晃，终至消失无迹，再没浮现。唯有鸿雁低翔，降落皑皑雪原，敛翅挺胸，张目四顾。继而缩回脖子，举起劲爪，尝试前行，似在寻觅旧迹。旋即又惊啼一声，离地射向半空，留下爪痕数枚。顷刻间呼啸声厉，一阵大风骤然而至，卷起漫天雪尘。风止声歇，雪地鸿爪已被覆平，仿佛什么也没发生过。

苏轼这才抹去泪水，回到车里。一路上，兄弟惜别的情形仍历历在目。联想兄弟二十多年不离不弃，雨夜对床，手足相抵，当即吟成一诗："不饮胡为醉兀兀，此心已逐归鞍发。归人犹自念庭帏，今我何以慰寂寞。登高回首坡陇隔，惟见乌帽出后没。苦寒念尔衣裘薄，独骑瘦马踏残月。路人行歌居人乐，童仆怪我苦凄恻。亦知人生要有别，但恐岁月去飘忽。寒灯相对记畴昔，多雨何时听萧瑟。君知此意不可忘，慎勿苦爱高官职。"

日夜兼程，不觉来到渑池，一家人下车休整。苏轼挥毫录下新诗，交给驿卒，东发京师。又思及六年前，父子三人入京赶考，途经崤山，道路崎岖，人乏驴死，只得借宿渑池寺院，受到老僧热情接待，兄弟兴致勃发，一起题诗寺墙。六年后重回旧地，苏轼专门入寺，寻访伊人伊踪。谁知老僧已逝，唯余新塔藏骨，峭立寒风之中。寺墙也倾圮毁坏，再也找不到兄弟诗题。苏轼顿感人生无常，满心都是惆怅，悻悻然出寺离去。

到得凤翔，风尘未洗，便接到苏辙家书，说已收到兄长诗作，同时敬赠《怀渑池寄子瞻兄》：

相携话别郑原上，共道长途怕雪泥。
归骑还寻大梁陌，行人已度古崤西。
曾为县吏民知否？旧宿僧房壁共题。
遥想独游佳味少，无言骓马但鸣嘶。

郑原系现今郑州一带,即兄弟挥别之雪野。原来苏辙不仅晋京赶考时,与父兄在渑池做过短暂逗留,后还被任命为渑池县主簿,因进士高中没有到任,现兄长西行途经渑池,不免令他感慨系之,特作诗寄赠。苏轼读罢,兄弟别情又浮上心头,即作《和子由渑池怀旧》:

人生到处知何似,应似飞鸿踏雪泥。
泥上偶然留指爪,鸿飞那复计东西。
老僧已死成新塔,坏壁无由见旧题。
往日崎岖还记否,路长人困蹇驴嘶。

此系苏轼早期最著名诗作,还诞生出成语鸿爪雪泥,以喻人生充满未知,仿佛鸿爪偶落于雪泥,印下痕迹,转眼鸿飞东西,雪化泥融,什么都没留下。

一、我少知子由　学业有成出眉山

暂且回到宋仁宗景祐三年（1036）。那年苏轼出生，额高颐阔，目光如炷。奇的是背有黑痣，状若北斗七星，令人惊异。六十三岁的爷爷喜添孙子，眉毛胡子都是笑。苏爷爷是个老帅哥，高大英武，能吃能喝，慷慨大方。还很善于持家，广置田地，苦心经营，成为眉山屈指可数的富户。都说为富不仁，苏爷爷却乐善好施，为儿孙积德聚福。农人信奉晴带雨伞，饱备饥粮，家家储存去壳大米，以防荒岁，苏爷爷却以米换谷，在仓里存下四万石谷子。谷子不易受潮霉坏，外人以为苏家囤积居奇，等着发大财，不想荒年来到，苏爷爷开仓散谷，接济宗族亲戚，佃户贫民，被视为活菩萨。

富足而心善，苏爷爷也就快乐无忧，常备酒置肉，请亲友邻居畅饮高歌。这天喝得正开心，喜报送达，二儿苏涣赴京赶考高中。苏爷爷乐不可支，放声大笑起来。笑声甫落，又闻三儿苏洵给自己添得孙子，这便是苏轼。

说起苏洵，也挺有意思。七岁开始读书，不久放弃书本，终日嬉游，亲友为之惋惜。苏爷爷却笑曰，这我不急，竟然纵而不问。一晃二十多岁，苏洵仍不思进取，不知有生死之悲。直至二十七岁这年，二哥高中，儿子苏轼降生，才猛醒回头，闭门苦读，以博取功名，同时也给儿子做个好榜样。苏洵以祖莹老泉为号，故《三字经》有言："苏老泉，二十七，始发愤，读书籍。"三年后苏轼的弟弟苏辙出生，兄弟俩慢慢长大，苏洵不仅自己发愤读书，还苦心教育两个儿子断文识字，一时苏家书声琅琅，羡煞左邻右舍。

几年后苏洵学有所成，离家晋京赶考。当时流行华美靡丽文风，苏洵因文章质朴醇厚，名落孙山，郁郁出都，游历江淮。夫人程氏在家教儿育女，把苏轼兄弟送入乡校，拜仙风道骨的张道士为师。苏轼记忆力好，过目不忘，又颇有悟性，一点就通，颇受张道士喜爱。张道士朋友遍天下，有同道自京师来，以《庆历圣德诗》相赠。庆历乃宋仁宗年号，宋仁宗是位明君，进用韩琦、富弼、范仲淹、欧阳修等十一位贤臣，受到朝臣好评，国子监直讲石守道喜而作《庆历圣德诗》，歌颂朝廷退佞进贤。苏轼偷窥《庆历圣德诗》，半懂不懂，问张道士道，诗中所云十一贤臣，是些什么人物？张道士道，你小小孩童，知之何用？苏轼道，此天人也耶，则不敢知，若地上人耳，知何不可？张道士奇之，尽以相告，且曰，韩、富、范、欧四者，人杰也。苏轼从此牢牢记住四位贤臣的名字。

苏轼头脑聪明，学得很轻松，下学后不用摸书本，只顾跟弟弟和小伙伴上树掏鸟，下河摸鱼，或与堂妹捉迷藏，唱乡曲，其乐无穷。程母出身眉山官宦人家，从小饱读诗书，担心苏轼玩过头，常亲自教他读经学史，论及古今成败，辄能语其要。这天读到《后汉书·范滂传》，程母有感传主壮举，太息不已。

事见东汉后期，朝政不修，阉宦专权，贪贿勒索公行，乱捕滥杀成风。忠廉之士和太学生忍无可忍，冒着生命危险，站出来与恶势力抗争，汝南征羌人范滂正是其中代表。范滂年轻时以正直有节闻名，被举为孝廉，荐任冀州请诏使和光禄勋主事。汝南太守宗资闻范滂名声，奏代功曹职务，委以郡中政事。在职期间，范滂大力整顿吏治，撤办奸佞，擢拔操行卓异人才。奸臣怀恨在心，诬范滂同道为"范党"，将其枷拿下狱。毒打不招，才不得不放范滂出狱回乡。后阉宦再拿党人开刀，诏令逮捕范滂等人。督邮吴导奉诏来到征羌，却不忍拘捕范滂，在驿馆中闭门痛哭。范滂闻讯，主动赴县衙投案。县令郭揖说，天下大得很，何处不可藏身，先生为何自投罗网？说罢他解下官印绶带，要与范滂一同逃跑。范滂不允，说只有我赴死，祸患才会终结，我哪敢用自己的罪过连累您，也让老母跟着遭罪，流离失所？郭揖深受感动，派人恭请范母，前来与儿诀别。范滂对母亲说，母子连心，然生死存亡，各得其所，希望母亲大人多多保重，别过于悲伤。范母说，你能与李膺和杜密（范滂同期名臣，亦因党锢之争而死）齐名，死有何憾？有好名声，还想长寿，哪有此等好事？范滂跪聆母亲教诲毕，毅然上路赴死。

学史至此，苏轼抬起头来，对母亲道，儿子长大后也要学范滂,誓死与邪恶抗争,不惜以生命维护道义,不知母亲大人愿不愿意?程母毫不犹豫道,你能做范滂,难道我不能做范滂母亲吗?这年苏轼才十岁,幼小心灵播下的正义种子,最易生根发牙,长出绚烂花树,成就魅力无穷的人生。不久父亲苏洵悻悻归来。科考失败的落寞,因与妻儿团聚,一扫而光。尤其看到两个儿子天赋卓异,学有小成,苏洵更是开心无比,暗下决心,要把两个儿子教育成材,完成自己未竟之心愿。

兄弟俩聪慧颖悟,外貌和性格却迥然有异。苏轼壮实魁伟,豪爽任性,才气逼人。苏辙身材修长,性情恬淡,冷静又不乏机敏。也许正是这种差异,兄弟彼此兼容,相处很融洽,弟弟就像跟屁虫一样,天天紧随哥哥后面,形影不离。两人是兄弟,也是师徒;是同学,也是玩伴。苏轼曾作诗曰:

我少知子由,天资和且清。
岂独为吾弟,要是贤友生。

苏辙也说过:

我初从兄,赖以有知。
抚我则兄,诲我则师。

在父亲的引导下,兄弟俩相互竞学,又勤奋,又刻苦,大量记诵经典,腹有诗书。熟读唐诗三百首,不会做诗也会吟,写字著文更是拿手好戏。虽然文坛绮靡之风盛行，但欧阳修和梅尧臣等朝臣质朴清醇的诗文开始流行，苏洵觉得文风终会扭转过来，坚持用纯粹雅正的文体训练两个儿子，指导他们观物察景，借古喻今，写作文质彬彬、言之有物的朴实文章。

儒家以天下为己任，强调修身齐家治国平天下。说得通俗点，叫作先成家，再立业。眼见苏轼兄弟学有所成，快到该出山赴考时，父母开始筹划他们的婚姻。苏轼十八岁那年，父母给他选娶十五岁的王弗为妻。王家离眉山镇仅十余里，也是书香门第，王弗容貌姣好，温柔贤淑，知书达礼，与苏轼倒也般配。第二年苏辙十六岁，父母又给他迎娶十四岁的当地史家女子进屋。两个儿子相继成家后，苏洵开始做出行准备，然后选择吉日良辰，陪同两个儿子，走出家门，踏上晋京赶考的路程。

离开眉山，父子三人北上来到益州首府成都。先找客栈住下，再往知州府，拜访知州张方平。张方平比苏洵大两岁，时年四十九。苏洵曾游学四方，以文会友，多次拜访张方平，坐而论道，颇为欢洽。此番三苏来访，张方平喜不自胜，摆下盛宴，热情款待。苏轼兄弟执礼甚恭，知州很是喜爱，视为己出。苏洵又拿出新著《六国论》，请主人雅正。张方平读罢，赞叹不已，欲任苏洵为成都书院教习。苏洵才大志高，意在京都，张方平也不勉强，修书给欧阳修和梅尧臣，请推荐给皇上，为苏洵谋个一官半职。

辞别知州大人，苏洵拜访其他文友，苏轼兄弟结伴出城参观武侯祠。诸葛亮治蜀二十余年，安抚百姓，理政有方，慎用权力，赏罚分明，又七擒孟获，六出祁山，著《出师表》，三立（立德、立功、立言）齐全，深受百姓爱戴，建祠纪念。苏轼兄弟熟读诸葛亮《出师表》，崇敬圣人为君国鞠躬尽瘁，死而后已，今特来瞻仰，引以为楷模。还在祠里读到杜甫诗《蜀相》：

丞相祠堂何处寻，锦官城外柏森森。
映阶碧草自春色，隔叶黄鹂空好音。
三顾频烦天下计，两朝开济老臣心。
出师未捷身先死，长使英雄泪满襟。

杜甫以区区八行诗，精要概括出诸葛亮一生，让人惊异作者笔力奇绝之余，不免为祠主诸葛亮深深感叹。兄弟出得武侯祠，赶往杜甫草堂。当年为避安史之乱，杜甫携家带口，入蜀来到成都，于浣花溪畔建此草堂，自谓万里桥西一草堂，百花潭水即沧浪。杜甫在草堂一住四年，创作诗歌两百多首，不少名作皆出自此处。安史之乱结束，杜家离蜀，草堂倾毁不存，五代诗人韦庄寻得草堂遗址，复结茅屋。宋代重建，绘杜甫像于壁间，始成祠宇。

仰望杜甫像，苏轼兄弟肃然起敬，久久盘桓不去。与诗仙李白不同，杜甫是诗家圣人。圣人圣人，首先是人，杜甫才用诗圣之奇笔，抒常人之情怀，为后世文人推崇。常人不是帝王将相，只能进出茅草屋，况杜甫穷愁潦倒，不得不建草堂栖身，著《茅屋为秋风所破歌》，自嘲自慰，进而联想天下寒士，若有广厦避风躲雨，自己屋破受冻亦不足惜。

这正是诗圣情怀,身处茅屋,心忧天下。忧天下往往从忧己开始,若非杜甫自己备受饥寒,也不可能设身处地,体会得出寒士和饥民处境,写出《茅屋为秋风所破歌》,大声悲鸣:"朱门酒肉臭,路有冻死骨。"当然诗圣心里不止怜悯和忧患,只要薄衣能蔽体,粗食可果腹,还有好山好水、好花好草养眼娱情,便心满意足,快活如小孩。草堂附近有户人家,主妇叫黄四娘,杜甫顺着花径闲游,在她家歇脚,触景生喜,作诗曰:"黄四娘家花满蹊,千朵万朵压枝低。留连戏蝶时时舞,自在娇莺恰恰啼。"

苏轼兄弟同样喜欢诗圣这种轻松活泼的小诗,离开草堂后,去寻黄四娘家,可惜已杳然无迹,只能悻悻然回到住处。

二、去访欧阳修　兄弟双双高中

隔日三苏离开成都，沿古蜀道，越剑阁，翻秦岭。李白诗曰："蜀道难，难于上青天。"苏轼熟读李白，今用双脚丈量李诗，才觉诗人没有说假。也是父亲用心良苦，让两儿亲历蜀道，以示意科考路之不易，不经艰难跋涉，不可能达到目的。

就这样，费时百日，好不容易走出蜀道，父子三人于仁宗嘉祐元年（1056）仲夏来到京都汴梁（开封），寄居僧庙，以备秋季礼部初试。夏去秋来，苏轼兄弟满怀信心，走进考场。仁宗笃于求士，一举选取千三百余人，苏家兄弟毫无悬念，双双入选，进入殿试范围。

殿试时间为来年春季，苏洵让俩儿在住处温习功课，拿着所著《六国论》，出门遍访当朝名臣。论及名气最大的朝臣，当属文坛领袖欧阳修，其诗文广为流传，妇孺皆知。比如人皆成诵的趣文《醉翁亭记》，以山水喻野趣，以山水间的人喻情趣，以人与酒喻谐趣，可谓妙趣横生，令人心生欢喜。哪怕你没读过此文，也知道这么一句话："醉翁之意不在酒,在乎山水之间也。"此语就出自《醉翁亭记》。欧阳修另一名篇《秋声赋》,尽写有声之秋与无声之秋,惊秋、悲秋、惜秋,又认可秋之存在,不以人之意志为转移,人在物中,物在人心,以至人与物合而为一,极富理趣。

能写趣文者,自然是趣人,趣人难免有趣事流传。传说有位乡下秀才,自觉文如锦绣,诗如莲花,谁都不放在眼里,只有欧阳修的诗文勉强能入其法眼。这日秀才肩背诗囊,离家北上,欲入京去会欧阳修,用自己的大作羞羞这位文坛大佬。渐近京都,经过一渡口,上船时见近岸有棵枇杷树,秀才诗瘾大发,忍不住吟道:水边一枇杷,两朵大丫杈。仅此两句,再也续不下去。正巧欧阳修微服出行,来到船上,接吟道,未结黄金果,先开白玉花。秀才望了眼欧阳修,说看不出老哥也会作诗,本诗人正是此意。船至江心,望见对岸有人用竹竿赶鹅下河,秀才又吟道:远看一群鹅,一捧打下河。又只两句,别无他哉。欧阳修又随口接道,羽浮绿波动,颈曲作清歌。秀才说老哥嘴真快,又被你抢了先。渡完河,秀才邀欧阳修入京,说,诗人同弃舟,去访欧阳修。欧阳修忍不住也打油道,修已知道你,你还不知羞。秀才没反应过来,追问道,莫非欧阳修早知本诗人大名?

传闻真假难辨,却足以说明欧阳修知名度之高。苏洵要访名臣,自然先访仅比自己大两岁的欧阳修。不过苏洵不是酸秀才,手里有《六国论》和张方平的举荐信。欧阳修与张方平关系疏远,瞧了眼张函,搁至一旁,却对《六国论》倍加赞赏,让人把梅尧臣叫过来,奇文共欣赏。还推荐给韩琦。韩琦时年四十八,与欧阳修和苏洵年龄相仿，却已是枢密使，权重如宰相。因看重苏洵大才，韩琦宴请朝臣时，特意把他请到府上，介绍给各位。

宰相门前，谈笑皆鸿儒，往来无白丁，座中自然皆为高官大吏，仅苏洵无职无权无功名，躲在角落里，有些郁郁寡欢。欧阳修怕冷落苏洵，把他隆重介绍给司马光等人，特别提出《六国论》等苏著如何识见卓绝，如何非同凡响。欧阳修可是堂堂文坛领袖，连他都亲口推崇你的文章，谁敢有半点质疑？众人顿时对苏洵刮目相看起来，纷纷上前与他攀谈言欢。

唯独有位三十多岁的中年人，衣衫不整，面垢不去，只顾端坐桌前，喝酒吃肉，旁若无人的样子。韩宰相怎么会请这种形同叫花子的人赴宴？苏洵甚是不解，问欧阳修那是何方神圣，欧阳修说是度支判官王安石。

王安石系江西临川人，生于真宗天禧五年（1021），小梅尧臣、欧阳修、韩琦、苏洵十多岁，司马光也比他大三岁。用如今时髦说法，梅属零零后，欧、韩、苏属零五后，司马光属一五后，王安石属二零后，至于生于1036年的苏轼，自然属三五后。

苏洵自然早闻王安石大名，诗文漂亮，任职地方时也颇有政声。因此引起仁宗皇帝注意，有次约大臣入宫钓鱼，把王安石也叫去，好近距离观察他。开钓前君臣临水叙话，王安石竟将面前整盘鱼饵吃个精光，一颗不剩。仁宗看在眼里，不觉眉头紧皱。回宫后便对皇后说，王安石此人不可用。皇后问是何故，仁宗道出王安石吃鱼饵的事，说鱼饵不是点心，误食一颗两颗，说得过去，到三颗四颗，总吃得出来吧？明知是鱼饵，还要故意吃光，不是不近人情，就是别有用心，有意作伪。正是看不惯王安石，当他呈上洋洋万言《上仁宗皇帝言事书》，首次提出变法主张时，仁宗束之高阁，不予采纳。

苏洵离开韩府返回住处，谈起王安石，警告两个儿子，若来年殿试中选，与此奸人同朝为官，得多防备他点。苏轼不太认同父亲的看法，觉得仅凭食鱼饵和不修边幅，就断定为奸人，有些偏激。只是身为儿子，不便当面反驳，不过随便敷衍几句而已。苏洵知道苏轼眼里没有坏人，担心他日后吃亏，特作《辨奸论》，暗讽王安石矫饰反常，有悖人情，预言其必贻误君臣，祸害天下。

冬去春来，殿试时间如期而至，仁宗任命礼部贡举欧阳修为主考官，员外郎梅尧臣等为判卷官。像其他一千三百名考生一样，苏轼和苏辙兄弟带着些许兴奋和紧张，昂首进入宫中闱场，倾十年寒窗苦心所读，全力投入诗赋和策论考试。

策论题目为主考官欧阳修亲自拟定。当时士人崇尚奇险生涩、荒诞怪僻的太学体，欧阳修为扭转这种不切实际的无用文风，根据《大禹谟》句："罪疑惟轻，功疑惟重"，拟题《刑赏忠厚之至论》，以测试考生学以致用能力。考试结束，一一誊写毕，封住考生名字，进入判卷程序。梅尧臣发现有篇策论与众不同，内里说赏忠宁失之宽厚，罚罪则当恻然有哀怜之心，以免无辜者受戮。继而举例道，当尧之时，皋陶为士（司法官），将杀人。皋陶曰杀之三，尧曰宥之三。

梅尧臣非常认同，也喜欢文章风格，只是觉得自己博览群书，从没见过尧帝与皋陶这段对白，于是把试卷交给欧阳修，看他怎么说。欧阳修酷爱读书,曾公然宣称,书有未曾经我读。还总结读书"五之"经验,即博学之,审问之,慎思之,明辨之,笃行之。也就是说梅尧臣没读过的书,没见过的典故,说不定欧阳修读过见过。

欧阳修阅毕梅尧臣呈送的试卷,也从没见过文中所举典故,可他实在太喜欢此卷,也顾不得文中典出何处,提笔准备判为首卷。转而又想,自己有位叫曾巩的关门弟子,文风类似,若为他所写,老师判弟子策论为首卷,岂不授人以柄?于是忍痛割爱,改判为第二。

试卷评定完毕,从优选取三百八十八名新科进士。诉封录名,才发现改判第二的试卷考生并非江西南丰人曾巩,而是四川眉山考生苏轼。欧阳修很后悔,真想重判苏卷为首卷,又有违程序,只好作罢。

苏轼不知此中情由,放榜时见自己的名字高居榜单第二,自是高兴,加之弟弟苏辙也在榜单上,苏家可谓双喜临门。照惯例,考生高中,全靠考官慧眼识珠,得修书感谢师恩。苏家兄弟连夜写好谢师函,派家仆快马送到欧阳修和梅尧臣府上。欧阳修见苏轼致函,赶紧拆封,兴致勃勃地阅读起来。还没读完他就忍不住对儿子说,读子瞻文字,老夫不觉喜极汗下。看来老夫该退出文坛,让位于此人才是。儿子说,父亲乃文坛头号领袖,诗文天下传,唐不输韩(愈)柳(宗元),宋不让范(仲淹)晏(殊),何出此言?欧阳修道,文坛领袖算什么?你记住我的话,三十年后无人再论老夫,只论苏轼。

凭欧阳修在文坛上的崇高名望和无上权威，一言之褒，一字之贬，便足以关乎一学人之荣辱成败。时人就说过，读书人不知刑罚之可畏，晋升之可喜，甚至生不足欢，死不足惧，唯惴惴于欧阳修一言之褒贬。可以想象，欧阳修如此推崇苏轼，时人肯定会对他刮目相看，惊为天人。苏轼更是不敢相信自己的耳朵，带上弟弟苏辙，登门拜访恩师。此时欧阳修正与先到的梅尧臣在书房谈论苏轼，得到通报，相视一笑，双双起身出门，降阶而迎。哥俩虔诚地行过弟子礼，随两位恩师入书房叙话。宾主落座，品着香茶，欢谈数语，梅尧臣想起苏轼殿试试卷，犹豫片刻，忍不住问道，子瞻在应试文里说，皋陶为士，将杀人。皋陶曰杀之三。尧曰宥之三。老夫阅卷时，想不起典出何处，可否明示？

苏轼瞧瞧梅尧臣，又瞧瞧欧阳修，一时语塞。欧阳修满肚子学问，也未知此典出自何处，见苏轼有些不自在，心里已明白几分，却还是鼓励道，在老夫书房，没什么不可说。苏轼这才鼓起勇气道，此系学生不知天高地厚，临时杜撰。梅尧臣睁大眼睛道，典故也可杜撰？

苏轼心里害怕，正要认错，欧阳修笑笑道，杜撰理由何在？苏轼怯怯道，学生无知，只是胡乱揣测，凭帝尧之圣德，三宥罪犯，亦意料中事耳。欧阳修击节道，好好好，杜撰得好！杜撰得好！师古不泥古，能设身处地替古人着想，言古人之未言，才算真正读懂古人。

欧阳修此等襟怀，连梅尧臣也无话可说，暗暗表示赞许。事传出去，擅长太学体未被录取之众考生抓到把柄，联合起来，跑到宫门外告御状,说欧阳修和梅尧臣偏袒苏轼,苏卷无中生有,凭空编造典故,也录为第二名,实在天理难容,请皇上主持正义。仁宗皇帝惊异之余,亲自调览苏卷,顿时被其文采之斐然和议论之精妙所深深吸引,反复诵读数遍,久久不愿释手。对卷中杜撰的典故亦倍加赞赏,说苏轼如此揣摩先贤,自有美意在焉,即欲让朕效法尧帝,施行仁政,德被天下。

　　欧阳修悬着的心才落回到肚里,禀报仁宗,苏家弟弟试卷也写得非常不错,才被一同录取。仁宗又调看苏辙试卷,也赞不绝口。回到后宫,仁宗仍欣喜不已,对皇后说,朕为子孙选得两位好宰相。

三、天平地阔路三千　含泪南归葬母

苏轼杜撰典故，非但没影响功名，相反更受欧阳修和仁宗皇帝宠爱，一时传为佳话，足见其时人文环境之优越。苏轼从此文名大振，天下皆知。然名高遭妒，不知不觉中，埋下无形祸根，注定一生为小人所不容，命运坎坷。只不过小人躲在暗处，或潜伏于未来，时候不到，不会现身，苏轼一时看不见，摸不着，惟感觉倾羡和爱慕的目光成束向自己投来，春风得意马蹄急，一日看尽长安花。

要说苏轼能在恰当的时间，遭逢恰当的皇帝和名臣，全拜宋太祖所赐。太祖陈桥兵变夺得天下，担心姐姐做鞋，妹妹学样，又杯酒释兵权，抑武扬文，武将备受压制，文臣恩宠有加。此后朝内权相，朝外重臣，几乎无一不出自文人，不学无术之徒，根本不可能进入皇上视线。哪怕史上臭名昭著的奸臣滑吏，诸如舒亶和蔡京之流，也属词赋高手，书法大家，且皆来自科考正途，舒亶甚至出身状元郎。

扬文抑武并非重文轻武。宋代重文不假，却没轻过武。赵宋朝廷了解武将，也颇懂文人。别看文人笔似枪，舌如刀，弄枪使刀，笔伐口诛，足可自相残杀，对大宋江山却构不成任何威胁，扬得再高，也无伤大雅。相反哄得文人开心，笔走龙蛇，舌灿莲花，歌之颂之，吹之捧之，可留下千秋芳名，给后代瞻仰倾慕。千百年来，北宋口碑一直不错，尤其备受文人推崇，除当时政通人和、国泰民安外，更与文人卖力吹捧，不无关系。换言之，我书故我在，后人印象里的北宋实属文人笔下之北宋，若赵宋皇帝学秦始皇焚书坑儒，得罪文人，被文人笔咒，自然只能留下千古骂名。毕竟江山还需文人捧，朝廷可调动国家机器撰修国史，自我歌颂，但文人遍天下，还可通过野史笔记和地方史志，书写自己眼里的历史，永传后世。故明君英主，绝不会与文人过不去，更不会防文人之口如防川，毕竟再高的堤坝，最终都没法堵住文人唾潮和墨浪，还不如任其发挥，尽情满足表达欲，自觉跟朝廷合作。

较之文人，武将手里刀枪则可怕得多，毕竟利器在手，易起杀心。宋太祖以己度人，卧榻之侧不容他人酣睡，解除武将兵权，对稳固赵宋江山，作用显而易见。史家对此颇有微词，认为赵宋重文轻武，才导致外敌入侵时少兵缺将，国破君亡，受尽凌辱。事情远非如此简单。万物有生即有灭，世无万年江山，赵宋两百多年而亡，再正常不过。况历史发展有个规律，野蛮取代文明，再被文明同化，待新的文明成型，又被其他野蛮取代。直至蒸汽机面世，近现代文明出现，此规律才被打破。近现代文明成就民主政治、自由贸易和科学技术，近现代战争演进为政治、经济和科技合力竞争，靠拳头和弓弩取胜的时代才一去不复返。

回到赵宋王朝，因扬文抑武，文人扎堆官场，文名高者自易受人关注，臣民眼里往往唯有诗文大家，大权在握的权臣相反不太被人看重。如富弼和韩琦，也属一代名臣，又身居宰相高位，其影响相反不如位低而名高的大文豪欧阳修。也是苏轼生逢其时，又才高学富，想不扬名立万都难。上有所好，下必甚焉。仁宗放出话来，说苏家兄弟了得，朝廷上下自然都以结交三苏为荣，三苏一时成为王公大臣的座上宾，备享礼遇。有人还向苏洵示意，欲结秦晋之好。只是苏家兄弟早已婚配，不可能弃旧迎新，不得不作罢。

不过这丝毫不影响人们对三苏的热情。既然皇家认定苏家兄弟为赵宋子孙宰相之才，先与未来宰相走近，日后朝廷有人好做官。三苏也乐得进出豪门，拜识心中的名相贤臣，亲眼目睹他们的风采。尤其苏轼，十年前就从师傅张道士《庆历圣德诗》里，识得韩琦等人大名，今当面承教，受其青睐，真是三生有幸。唯一遗憾的是范仲淹已于数年前去世，错失受训机会。苏轼早就记诵过范相千古名作《岳阳楼记》，最敬其言行合一，不仅口诵先天下之忧而忧，后天下之乐而乐，还身体力行，用实际行动作出万世表率。

三苏盘桓京都，出入豪门之际，仁宗召富弼、韩琦、欧阳修诸大臣，商量新科进士任职方案。人才难得，务必人尽其才，发挥应有作用。谁知没等朝廷委以重任，苏家噩耗传到开封，苏洵妻子程氏病逝于眉山老家。苏轼兄弟大恸，只得奏请皇上，随父返乡，葬母守孝。百善孝为先，仁宗只得循例恩准。

回到眉山，兄弟拜伏母亲灵前，大放悲声。苏轼想起母亲教读《后汉书·范滂传》时情形，儿子皇榜高中，已拥有做范滂的资格，母亲却溘然长逝，再没机会做范滂母亲，叫儿子情何以堪？苏轼越发伤心，几度哭晕过去，恨不得随母而去，黄泉路上也好尽尽孝心。

葬毕母亲，又照地方风俗，在坟前搭棚，守孝七七四十九天，兄弟俩才渐渐从悲伤中走出来，恢复正常生活。毕竟死者不能复生，生者还得继续存活于世。兄弟已是名满天下的天子门生，父老乡亲自然高看一等，纷纷邀约至家，敬为上客。兄弟俩倒也乐于应酬，反正不用再为科考苦读，正好走亲访友，享受真诚友好的款待和恭维。苏轼性喜山水人情，能穿行于山水与亲友之间，自是人生最大快事。还有大量时间陪妻子王弗回娘家久住，跟岳家兄弟姐妹剥瓜子，吃蚕豆。王弗有个妹妹，唤作二十七娘，羡慕姐姐嫁给豁达开朗的大文豪为妻，天天追着姐夫，问皇上长啥模样，京都有何好玩的地方。

苏轼善良的心地，豪爽的性情，幽默的谈吐，超拔的才华，自然易受异性崇拜，注定女人缘不浅。离开岳丈家，回到眉山，苏门堂妹又缠着不放，跟屁虫似的。兄妹从小一起长大，青梅竹马，两小无猜，说是初恋情人，一点不为过。可惜堂妹没留下名字，苏轼记叙兄妹的诗文，也只论事不论名。倒是苏小妹三字广为流传，说是苏轼亲妹，两人才学相当，常一起作对吟诗。其实苏轼没有妹妹，也许后人以讹传讹，给他堂妹取名苏小妹，久而久之,又变成亲妹,与哥哥打趣取闹,不用顾忌男女之大防。

世间常见男女关系无非这么几种:亲情关系,纯情关系,纯性关系。最为人向往可遇不可求者,则属灵与肉两结合的情性关系。其实还有一种关系更有意思,有情不仅仅是情,具备由情而性的趋势,又抵达不了性,那便是男女暧昧关系。亲兄妹或亲姐弟不可能产生此种关系,互相倾慕的异姓男女又易越雷池,倒是堂兄妹血缘太近,不可能突破礼教成婚,若有越轨行为,又为宗族所不容,能够玩玩暧昧,别有一番意趣。由是观之,把苏小妹当作苏轼堂妹,符合两人身份,与情理也不相悖,再来看两人的故事,也更值得回味。有说苏小妹长得凸额凹眼,苏轼写诗取笑她:

未出堂前三五步,额头先至画堂前。
几回拭泪深难到,留得汪汪两道泉。

苏小妹不甘示弱,拿苏轼连鬓胡须打趣:

一丛衰草出唇间,须发连鬓耳杳然。
口角几回无觅处,忽闻毛里有声传。

还不过瘾,又用苏轼阔额长脸说事:

天平地阔路三千,遥望双眉云汉间。

去年一滴相思泪，至今未到耳腮边。

苏小妹如此多才可爱，自然得配个有才郎君。后人于是拉来苏轼门生秦观，配给苏小妹。才郎才女成对，自然有好戏看，洞房花烛夜，苏小妹拒秦观于门外，先出对子测试：东厢房，西厢房，旧房新人入洞房，终生伴郎。这自然难不住秦观，他脱口道：南求学，北求学，小学大试授太学，方娶新娘。苏小妹心下还算满意，轻轻推开窗户，眼望东天明月道：

闭门推出窗前月。

秦观心想区区七言对，又有何难？谁知要对下联时，才发觉才思闭塞，无以为对，只得口念出联，左右徘徊不止。直至月上中天，映入庭前大水缸，依然不得要领。正好苏轼自窗前经过，见秦观绕圈而行，眼望缸里月，嘴里念念有词，明白怎么回事，忍不住拾起一块小石子，啵一声投进水缸里。秦观一惊，见缸里月影被击破，纷淆不成形状，突然灵机一动，张嘴吟道：

投石冲开水底天。

苏小妹闻声，笑称妙对，开门迎郎君入内。

四、天不遣斯民　喜雨亭会章惇

居丧守礼两年多，苏洵率俩儿妻小，包括苏家长孙苏轼新生儿苏迈，离开老家眉山，重新踏上赴京路程。此次迁徙，没再走剑门和秦岭，先南行嘉州，后登船东下。

行驶一月余，到得川东，三峡奇境兀然呈现于前。三峡者，瞿塘峡、巫峡、西陵峡之合称也，滩陡流急，波巨浪高，险象环生。船行于惊涛骇浪之上，苏轼兄弟临舷而立，一边感受脚底惊险，一边观赏两岸风光。又忍不住对景抒情，借以壮怀。论及古人三峡诗，自然以李杜诗篇最为著名。苏辙喜欢李诗，随口吟道：

朝辞白帝彩云间，千里江陵一日还。
两岸猿声啼不住，轻舟已过万重山。

苏轼则高声朗诵起杜甫《闻官军收河南河北》来：

剑外忽传收蓟北，初闻涕泪满衣裳。
却看妻子愁何在，漫卷诗书喜欲狂。
白日放歌须纵酒，青春作伴好还乡。
即从巴峡穿巫峡，便下襄阳向洛阳。

　　苏洵就坐在船舱里，听俩儿兴致勃勃地诵论李杜诗篇，也不插话，只是拈须而笑，然后端过杯子，从容喝口茶水。不觉到达江陵，弃舟登陆，乘车前行。一路上兄弟又触景生情，吟诗作赋。水陆行程完毕，兄弟已作诗百首，后整理刊刻，名为《南行集》，存续于世。

　　至京后，父亲继续为皇上作传，兄弟参加新仕学子考试，成绩优异，安排京外官职。因父亲年老，苏辙弃官留京，侍奉老父。苏轼带领妻小，登车冒雪，西走郑原，远赴凤翔任职，苏辙骑着瘦马，一直送出四十里，才挥泪惜别。

　　到达凤翔，一家安顿下来，苏轼赶往府衙，面见太守宋选，开始判官生涯。宋太守也是川人，与苏家有旧，又特别欣赏苏轼才情，彼此相处融洽。判官职责，主要副署公文，审问案件，事务并不太多，苏轼得以偷闲筹造官舍。舍前掘水池，舍后建亭子，还在近舍花园里种上三四十种花卉，以娱鼻养目。

　　时逢境内连旱少雨，稻枯麦萎，农人忧心忡忡，跑到府衙，请父母官代表子民，出面求雨。找谁求雨？自然得找雨神。农人告知，秦岭顶峰名曰太白峰，太白峰上有雨神庙，雨神就住在庙前神池里，入庙求雨，或许管用。苏轼二话不说，率众直奔秦岭。

登上太白峰，进得雨神庙，祈雨文也打好腹稿，口授笔吏，书于黄纸上。继奉牺牲于雨神像前，点蜡烧香，官民齐伏于地，由苏轼念诵祈文："西民之所恃以为生者，麦禾而已。今旬不雨，即为凶岁，民食不继，盗贼且起，岂惟守土之臣所任以为忧，亦非神之所当安坐而熟视也。圣天子在上，凡所以怀柔之礼，莫不备至，下至愚夫小民，奔走畏事者，岂亦有他哉？凡皆以为今日也。神其曷以鉴之？上以无负圣天子之意，下亦无失夫小民之望……"

念毕，苏轼将祈文搁蜡烛上点着，投入香炉。纸文成灰，又双手捧炉，步出神庙，洒入庙前神池里。求雨仪式至此结束，苏轼率民下山，一路敞衣露怀，嘻嘻哈哈，说说唱唱，看不出谁是官谁是民。五天后下过一场小雨，然无济于事。苏轼准备再登山求雨，有人透露，唐皇曾封太白雨神为雨公，后被宋皇降为雨侯，心里老大不乐，也就消极怠工，不愿卖力降雨，往往有求不应。这不难办，苏轼代宋太守草拟奏本，请当今皇上恢复太白雨神原职。

仁宗见奏，自然恩准。圣旨下达，苏轼奉旨上山，敬告雨神，再用金盆从庙前神池里取走神水，掉头下山。宋太守已在山前摆好香案，恭迎神水。附近乡民闻讯，纷纷赶来，没多时香案周围便人山人海，热闹空前。上天也不甘寂寞，布云弄雾，闪电鸣雷，只是滴雨不下，似故意开人玩笑。正在官民望眼欲穿之际，神水被苏轼送下山来，宋太守赶紧接过金盆，敬于香案之上，倒头便拜。说来奇怪，天空滚过更大的响雷后，暴雨倾盆而下，城乡处处,普沾恩泽。官民欢呼雀跃,喜不自胜,直到被大雨淋个湿透,也不肯离去。

两天后又逢大雨,且连降三日,田润土润,枯槁的禾麦渐渐挺直腰杆,抬起头来。苏轼显得比几年前高中进士还快乐,整天待在刚造成的亭子里,手抚栏杆,欣赏檐外喜雨。又让夫人王弗备办酒菜,搬入亭中,请友人举盏高歌。

乘着酒兴,苏轼命亭为喜雨亭,现场作《喜雨亭记》,说以雨命名亭子,是为记载喜事。喜就喜在连下甘霖,官吏庆于庭,商贾歌于市,农夫忭于野,忧者以乐,病者以愈,而吾亭适成。于是置酒于亭上以属客,道是若天不下雨,无麦无禾,岁且荐饥,狱讼繁兴,盗贼滋炽,咱哪能忧哉游哉,在此饮酒吃肉?幸天不遗斯民,始旱而赐之以雨,使吾二三子游乐于亭者,皆雨之所赐也。既以亭名,又从而歌:使天而雨珠,寒者不得以为襦;使天而雨玉,饥者不得以为粟。一雨三日,该归功于谁?归之太守,太守否定。归之天子,天子不应。归之造物,造物不敢贪功。归之太空,太空冥冥,不可得而名。实在没办法,只好以名吾亭。

幽默调皮的《喜雨亭记》刻于亭上后,很快流传出去,人人争诵,天下皆知。正值商洛县令章惇受命雄武军节度推官,去甘肃上任,读此妙文,专门绕道,来凤翔见识喜雨亭。章惇系福建浦城人,大苏轼一岁,豪爽直率,文雅洒脱,才貌双全,飘然有仙风道骨。嘉祐初年苏轼高中,章惇也进士及第,两人算是同年,惺惺相惜,颇谈得来。当年状元正是章惇族侄,章惇耻于其下,竟拒不受敕,两年后再考,列一甲五名,授商洛县令。

闻章惇过境，苏轼喜出望外，把好友迎至官舍，请入喜雨亭，读亭记，喝美酒，其乐无穷。又留客过夜，相谈甚欢。苏轼眼里尽好人，何况章惇相貌堂堂，才智卓绝，想让他不喜欢都难。章惇也慕苏轼才情，引以为知己。

叙话至夜深，送客去上房歇息，苏轼回到内室，仍意犹未尽。王弗还没睡，提醒丈夫道，此人不可深交。苏轼讶然道，章惇貌俊才大，人见人爱，花见花开，夫人何出此言？王弗道，夫君只知以貌取人，忘了留意其神态。你俩聊天时，我透过壁缝，察言观色，发现他看你时眼神飘忽，欣赏中带有妒意，且言语间一味迎合，没几句实诚话，料定此人心术不正。苏轼哈哈笑道，吾以天下人为友，谁又能与吾为敌？王弗摇头道，防人之心不可无，以后最好少与章惇往来。

王弗太了解自己丈夫，大是大非面前，心明眼亮，小事却难免糊涂。偏偏人生大事不过两件，一为生，二为死，此外都是小事，诸如吃喝拉撒，坐卧起居，无可或缺，日日都得面对。王弗深谙此理，知道如何照顾丈夫，让他碗有美食，杯有佳酿，昼有华服，夜有暖被。苏轼也乐得享受夫人照料，夫人说咸是咸，说淡是淡，言听计从，从无二话。难能可贵的是王弗还能识大体，辨善恶，懂厉害，有知人之明，常劝苏轼明哲保身，逢人只说三分话，不可全抛一片心，别被绊倒在地，还不知使绊者是谁。

苏轼也知夫人说得对，却天生只会赏人之长，不善看人之短，没法照她说的办。面对章惇也一样，苏轼左看右看，只觉得他俊朗洒脱，率真豪爽，满腹经纶，能说会道，跟他在一起开心都开心不过来，哪里会把他当坏人防范？隔日便置夫人言于脑后，照样与章惇相处甚洽。还特别向宋太守请假，携同章惇出游，饱览山川形胜。

这日来到一处名曰仙游潭的地方，山奇水秀，风光无限。两人流连忘返，不觉行至悬崖峭壁前，苏轼望着崖下万丈深渊，心中胆怯，直往后退缩。章惇却毫无惧色，指着崖边独木桥，邀苏轼去对面绝壁上写几个字，也算不枉来此一游。苏轼两手直摇，连说不敢。章惇也不多话，从容迈步上桥，探身过到对面，再扯根常青藤，一头系在树上，一头扎于腰间，往向空中一荡，悬降至峭壁边，挥毫写下数字：章惇与苏轼到此。

看得苏轼心惊肉跳，背上冷汗直冒。待到章惇脸不红，气不喘，安全返回，苏轼才吁口气，说为去壁上留几个字，犯得着冒此生命危险吗？章惇笑笑道，这有何危险？我不啥事也没有，又站到了你面前？苏轼说没事就好。又抚着其后背道，你日后杀起人来，只怕眼睛都不会眨一下。章惇问何以见得？苏轼说敢跟自己拼命的人，定然也不会珍惜他人性命。

章惇闻言，不禁哈哈大笑起来，笑得苏轼不寒而栗。送走章惇，回到凤翔，苏轼又重归于办文理案的庸常日子。所幸宋太守好相处，对苏轼关爱有加，让其判官生涯过得有滋有味。

然好景不长，宋太守调离，来了位叫陈公弼的太守。其实陈公弼还是苏轼眉山老乡，只因行伍出身，为人严肃，处事刻板。曾任职多处，颇有政声，自然也阅人无数，不把苏轼当天子门生和天下名士看待，丁是丁，卯是卯，遇事该讲规矩讲规矩，该守制度守制度，毫无通融余地。苏轼在宋太守面前随意散漫惯了，哪受得了陈太守约束？心下难免怨气暗生。

偏偏官场讲秩序，重等级，官大一级压死人，你名声再响，才气再大，也是人家属官，不可能公然跟其对抗，甚至翻到人家上面去。苏轼唯一能做的就是忍气吞声，得过且过，切盼早日调任他处，脱离苦海。

却迟迟不见调令，还得将就着继续在陈太守手下混日子。冲突自然在所难免，有时遇事意见相左，争执起来，甚至出言不逊，恶语相加，弄得双方都很不愉快。最让人受不了的，还是苏轼拟定的奏稿送到陈太守手上，他竟敢随意改动，像批私塾学生习作似的。俺苏轼以文成名，文章出手天下传，皇上都拍案叫绝，你一个武夫，不过粗通文墨，竟敢与咱比文，真是自不量力，可笑之极。

无奈奏稿得以陈太守名义往上呈递，他爱怎么修改，是他的职权，苏轼不好把他怎么样。又考虑同衙为官，抬头不见低头见，上午不逢下午逢，苏轼不想闹得太僵，放下名士架子，主动跑到陈太守官宅，想联络联络感情，缓解缓解矛盾。偏偏陈太守不给面子，不肯见人，苏轼自讨没趣，恨不得放把火，把陈宅烧掉。共事变得越发困难，龃龉对抗成为家常便饭。陈太守也很恼火，一气之下，专呈公文，向朝廷控告苏轼不守官德，公然与长官对着干。

不久报复机会摆到了苏轼面前。陈太守在府衙后院筑楼台一座，方便公务之余，登台览胜，赏心悦目。楼台建好后，陈太守命名为凌虚台，意思是政务繁忙，天天务实，也该务务虚，一张一弛，虚实结合。有台还得有记，以示纪念，于是陈太守把苏轼叫到台上，说子瞻啊，你官衙里的喜雨亭建得好，亭记写得更妙，广为流传，而今老夫筑成凌虚台，台记恐怕非交你这个大才子来写不可。苏轼闻言，不出声道，你来凤翔已非一日两日，难道今天才认出俺大才子，以往眼睛长到额头上去了？心下难免窃喜，思忖着借作台记，讽刺讽刺这个大老粗，以解心头之恨。也就不怎么客气，应承下来。

苏轼以文为乐，嬉笑怒骂皆成文章，久不动笔则技痒手酸，回家后便挥毫作成《凌虚台记》：

物之兴废成毁，不可得而知也。昔者荒草野田，霜露之所蒙翳，狐虺之所窜伏，其时岂知有凌虚台耶？废兴成毁相寻于无穷，台之复为芳草野田亦未可料也。登台而望，其东则秦穆之祈年、橐泉也，其南则汉武之长杨、五柞也，其北则隋之仁寿、唐之九成也。其一时之盛而不可动者，岂特百倍于台而已哉。然数世之后，欲其求仿佛而破瓦颓垣无复存者，既已化为禾黍荆棘、丘墟陇亩矣，而况于此台欤？夫台犹不足恃以长久，而况人事得丧，忽往而忽来者欤？而或者欲以夸世而自足，则过矣。盖世有足恃者，而不在乎台之存亡也。

筑台作记，无非对景抒情，借物言志，图个吉祥如意，苏轼却反其道而行之，尽言凌虚台起于荆棘，必将毁于废墟，物与人事俱不能长久，一看就知故意与台主过不去，扫人兴致。陈太守不是文人，却也断文识字，还能看不出苏轼别有用心？这小子明摆着在借题发挥，讽刺你自不量力，筑台夸世以自足。苏轼断定后果只有一种，就是惹怒陈太守，彼此彻底闹翻，你走你的阳关道，我过我的独木桥，至于留记于台，传诸后世，还是莫存此痴心。

令苏轼万万没想到的是，台记呈上去后，陈太守一字不改，交人原原本本刻到台前石碑上，再请同僚登台观景，奇文共赏。僚属惊异不已，台记字字夹枪，句句带棒，你陈大人还刻到石上，公之于众，不丢人现眼么？胆大的则附在陈太守耳边道，此记无一字之颂，通篇挖苦话，晦气词，大人为何还刻到碑上，立于此处，供人取笑？不想陈太守满不在乎道，你看到的是挖苦话，晦气词，怎么到我眼里，全是至理名言？往来成古今，人事有更替，此台与你我一样，不过暂时立于世间，总有一天会消失于无形，就如杜甫诗曰：

尔曹身与名俱灭，不废江河万古流。

人生如白驹过隙，谁也不可能与天地江河争长短。

闻得此言，众僚皆服陈太守大肚能容，眼光独特。话传到苏轼耳里，他讶然一惊，本想借台记一泄心头愤，哪怕激怒陈太守，撕破脸皮，也在所不惜。想不到他老人家不仅不记恨你，还认可你的胡言乱语，大加褒奖。

苏轼羞愧难当，直怪自己以小人之心度君子之腹，专门跑到陈太守官舍，欲向他检讨认错。陈太守明知其来意，却不肯见人，只让儿子陈恺拿出足额润笔，送至苏轼手上。苏轼更觉汗颜，坚拒不收。陈恺说凌虚台也好，家父也罢，早晚会消失于天地之间，惟苏学士台记会传之永久，让后人铭记曾有凤翔太守筑凌虚台，以抒旷古之情。由此言之，学士收取微薄润笔，实在是看得起家父。

说得苏轼哈哈大笑，收下润笔后，赧颜道，过去只知令尊苛刻难伺候，今日始知其虚怀若谷，宽宏大量，怪不得要筑凌虚台以自喻。陈恺透露说，家父苛待学士，原是有用意的。苏轼惊异道，一切都是他老人家故意为之？陈恺道，其实家父最爱学士大才，只是担心你少年得志，目中无人，日后有大亏吃，才有意挫你锐气，折你锋芒，让你能通世故，懂人事，日后能成大器，报效君国。

苏轼恍然大悟，原来陈太守用心良苦，什么都是为自己好。从此苏轼真心敬仰陈太守，主属真诚合作，将凤翔治理得有模有样，深得百姓爱戴他。他与陈恺也过从甚密，成为终生知己。

五、波是水之皮　效范滂直言犯上

与陈太守的关系改善后,苏轼正干得有滋有味,仁宗皇帝驾崩,英宗继位,慈圣太后垂帘听政,召苏轼返京,准备重用。苏轼举家东迁,等着新皇另授新职。哥哥回到父亲身边,弟弟苏辙外放大名府任职。苏洵很高兴,与儿子喝酒品茶,谈诗论文,点评人事,好不惬意。

能在父亲身边尽孝,自是苏轼最大心愿,居京期间他几乎足不出户,要把外任没在父亲身边的时间找补回来。文明诗友想见苏轼,只能上苏府来,苏家多贴不少茶饭钱。苏轼也就日夜盼望皇上早颁下任命,拿份薪水,贴补家用。

英宗自然没忘记苏轼,准备提拔他做翰林制诰,值守宫中,草拟诏书。有道是伴君如伴虎,辅政大臣宰相韩琦担心苏轼太年轻,缺乏足够历练和智慧,好事易变坏事,于是对英宗说,苏轼暂时不宜担此要职,应俟其才干老练后再说。英宗又拟授苏轼宫廷事务书事,韩琦仍表示反对,说此职与制诰性质近似,不如让苏轼通过考试，任职崇文馆。英宗慕苏轼才华，说子瞻之才尽人皆知，何须考试？韩琦说先考试，再任职，可堵百官之口，于苏轼有利。

英宗恩准，苏轼一考通过，进入崇文馆，做上史官。崇文馆系宫廷图书馆，苏轼因而有机会饱览珍本图书及名人字画，收获颇丰。

晃眼进入英宗治平二年（1065）。这年五月，苏轼妻子王弗突然逝世，年仅二十六岁。苏轼悲痛欲绝，病倒在床。苏洵怜儿媳孝顺能干，也很伤心，对苏轼说，汝妻随汝至今，未及见汝有成，共享安乐，汝当葬之于母坟旁，以慰亡灵。苏轼点着头，表示愿遵父命。苏轼殓毕亡妻，打算年后送回原籍，不料父亲又一病不起，于次年春夏之交逝于京师。

兄弟二人忍着悲痛，辞去官职，扶父亲灵柩，还有王弗棺材，先走旱路至长江边，再溯江而上，前后耗时一年，回到眉州故里。父亲和妻子下葬于母亲坟茔旁后，苏轼又在山坡上栽种三千棵松树，以寄托哀思。

苏轼正当盛年，又身为朝廷命官，天下名士，妻子不幸早亡，自会为有女人家瞩目。苏家门槛都快被踏破，只是主家正处居丧期间，来人不便明言，不过试深浅，探口风，先埋下伏笔，日后好见机行事。却没人竞争过亡妻娘家，守丧期刚过，王家就把苏轼请过去，与王弗堂妹王闰之见面，两人情投意合，很快结成连理。

王弗嫁入苏家时，王闰之才七八岁，不谙世情，却也朦胧觉得,堂姐嫁的并非凡夫俗子。后渐渐晓事,始知堂姐夫为世间少有之大才子,对堂姐越发羡慕。又过去多年,方圆数十里人家见王闰之贤淑美貌,知书达理,纷纷上门求亲,王闰之一个都看不上眼,一心等着嫁给堂姐夫那样的如意郎君。家长也无奈其何,只能暗暗着急。眼看快奔二十,几乎成为当地少见的老姑娘,忽闻堂姐逝世,王闰之悲伤之余,心上起了盼头。盼到苏轼回乡,父兄看出王闰之的心思,借亲戚名义,邀苏轼至家做客。苏轼一见亡妻堂妹出落得水仙花一样,也不觉心动。父母双亡,不必征求他人意见,苏轼自作主张,续娶小自己十一岁的王闰之为妻。

完婚后,苏轼把父母坟茔交给堂兄弟照看,与苏辙一道,带上家眷,自陆路返回京都。朝中又有变化,英宗已于一年前驾崩,十九岁的儿子赵顼继位,是为神宗。神宗年少气盛,想有番大作为,于苏氏兄弟返京这年即熙宁二年(1069),任命王安石为参知政事,颁布新法。转过年来,又晋其为同中书门下平章事(位同宰相),在全国范围内推行新政。

王安石早有推行新政的设想。他二十一岁高中进士后,虽一直在京外江浙一带当差,却因诗文了得,且建堤筑堰,创农民贷款法,声震朝野。朝廷视为能吏,多次征调晋京担任要职,王安石见范仲淹、韩琦、曾公亮、司马光等老臣当政,不可能认可自己的想法,遂拒绝入京。人往高处走,水往低处流。别人钻天入地,要往权力中心靠,他却避之犹恐不及,更加令人刮目相看,吁请他入京任职的呼声越来越高。仁宗挡不住众臣举荐,于嘉祐五年(1060)授其为三司度支判官,已四十岁的王安石才应诏入京。就职伊始,便投石问路,上万言书,主张改革财政,因天下之力以生天下之财,取天下之财以供天下之费。仁宗心有所动,召大臣钓鱼时叫上王安石,以试探他靠不靠谱。结果王安石把一盘鱼饵当点心,全部吃进肚里,仁宗认为他故意作伪,因人废言,将其改革方案束之高阁。王安石见无用武之地,请求外放,回到江南。英宗继位,再征王安石,他仍辞谢不就。太子赵顼觉得奇怪,问太子司文书事韩维,王安石到底是什么人。韩维佩服王安石,自然对他大加褒奖。有时与太子议论时政,得到太子赞赏,韩维便说:此非臣的意思,乃王安石之见耳。就这样,太子牢牢记住王安石三个字,暗里下决心,日后自己主政,一定借重王安石大才,做番惊天伟业。又值吏部尚书曾公亮与三朝权臣韩琦有隙,太子继位后,他就向神宗大力推荐王安石,好以王代韩。这正中神宗下怀,王安石于是来到京师,进入权力核心,着手推进蓄谋已久的新法。

新法目的很明确,就是富国强军。宋朝开国以来,面对五代残唐纷争杀戮留下的破败河山,一直没能恢复元气,常受西夏、辽、金等周边政权侵扰,不得不花钱乞和,导致财富外流,国库越发空虚,日子过得非常艰难。王安石主张让年轻的神宗看到增加财富、壮大军力和恢复国威的希望,设立三司条例司,颁行新政。新政主要体现在财政与军事两方面。财政上有均输法、青苗法、免役法、方田均税法、农田水利法;军事上有置将法、保甲法、保马法等。各法令人眼花缭乱,说到底无非一个钱字,朝廷通过资本垄断直接进入生产经营和流通领域,百姓出得起钱,还可免除兵役和劳役。

可韩琦、富弼、司马光、欧阳修及英宗朝入京的张方平等老臣，皆认为与民争利，连兵役和徭役都与钱搅在一起，后患无穷，极力反对。司马光时为翰林学士兼御史中丞，对新政很不满，上朝时与王安石公然争执起来。王安石指责朝臣不善理财，以致国库空虚。司马光讥讽道，你那套把戏，无非增加捐税，搜刮民众，填充国库，没什么稀奇的。王安石道，非也，只要善于理财，不加捐税，也能充裕国库。司马光道，一国财富总额有定量，不在朝廷掌握中，就在百姓口袋里，不增加百姓负担，天下掉钱充裕国库？王安石无言，半响才问司马光，国家贫弱，四邻欺侮，你说怎么办？司马光说，节约开支，用于军费。王安石道，能节约开支，皇上早采取措施，哪用得着你操心？

双方你不服我，我不服你，只好由神宗来裁决。神宗别无富国强军办法，唯有支持王安石。司马光等大臣料定新法会惹出大乱，又没法阻止王安石，纷纷奏请离职或外任。神宗不准，任命司马光为枢密院副使，希望他留在朝中，带头支持新法。司马光公然表示，新法不废，再大的官也不稀罕，坚辞不就。且连上九道奏折，力陈新法危害，警告神宗，早废新法，国家早获安宁，否则将误国害民。

老臣靠不住，王安石孤掌难鸣，奏请神宗，起用吕惠卿、曾布、章惇、蔡确及苏辙等后进新人，进入三司条例司，为我所用。苏辙并不看好新法，上奏陈述，民不与官斗，朝廷实行国家资本垄断，民间生产和贸易定会受挫甚至瘫痪，税源必然枯竭，朝廷无利可图，国库将更加空虚。

其时苏轼任职史馆，不管天，不管地，只管数千常用字，与行政不相干，对新法缺乏认识，暂时没有发声。他眼里都是好人，认定王安石推行新法，富国强军，动机还是纯正的。王安石也想争取苏轼支持，改变苏辙观念，为新法出力，特意送新编著作《三经新义》给苏轼，请他雅赏。苏轼敬佩王安石的文学才华，却对此著不以为然。

原来《三经新义》系王安石授意独生儿子王雱和亲信仓促编成，引经据典，考证字源，意在为新法张本，难免牵强附会。苏轼早见识过此著，颇不以为然。书中解释鸠字，说成九只鸟，表示鸟多。汉字有象形、表意和形声三种基本构造法，鸠字明显属于形声字，九旁表音，并无实际意义，《三经新义》解释成九鸟，自然说不过去。苏轼笑对王安石道，王大人说鸠为九鸟，源出于《诗经》吧？王安石没反应过来，愣愣望着苏轼，听他分解。苏轼道，诗曰"鸣鸠在桑，其子七兮"，七只小鸟加上鸟父鸟母，不正好九鸟么？弄得王安石面红耳赤。王著里还说，波字是水之皮。苏轼讥道，波是水之皮，那滑是什么？水之骨？

若行政也如治学想当然，随意而为，岂不坏朝廷大事？苏轼对王安石新法警觉起来。韩琦、司马光等众大臣离朝后，新法很快在全国铺开。吕惠卿、曾布、李定、邓绾、舒亶等人为彰显政绩，借市易法，垄断市场，致使民间贸易萎缩，私人业主纷纷破产。推行青苗法时，则强人所难，逼民借贷，农人为还贷款本息，鬻儿卖妻，逃离异乡，连担保富户也典当家业，破产返贫。一时监狱人满为患，形同集市。府县衙门没收的财产和抵押物，堆积如山。王安石犬牙隐瞒事实，报喜不报忧，神宗蒙在鼓里，却瞒不过朝中大臣和御史们，御史中丞吕晦首先出面，弹劾王安石固执邪见，不通物情，置之宰辅，天下受祸。其他大臣纷纷响应，弹章雪片般飞入宫中。王安石不安起来，利用手中权柄，大打出手，排挤异己，整肃御史台，以钳众口，消除不同声音。

苏轼没法捂住自己的眼睛和耳朵，冒着丢官失职的风险，效法东汉范滂，呈万言书，抨击新法，警告神宗，君之为君，非由神赐，实为民授，人主之所恃者，人心而已，不容许各抒己见，采纳明言，焉能得到臣民真心支持？

神宗不置可否，王安石则气急败坏，奏贬苏轼。苏轼唉声叹气，奏请外放，以远离朝廷是非之地。见苏轼去意已定，神宗不得不准奏，外谪其为杭州判官。

六、宦游直送将入海　　出任杭州通判

时值熙宁四年（1071）七月，苏轼携带一妻二儿，离开京城开封，赴杭州上任。临行收到文同信函，曰：

北客若来休问事，西湖虽好莫吟诗。

文同字与可，四川梓潼人，系苏家表亲，时任汉中兴元府太守，得知苏轼因言获贬，特寄语警示。

此前苏辙已充任陈州教授，苏轼南行，正好经由陈州，与弟相聚。陈州又叫宛丘，苏轼笑称弟弟宛丘先生。身为学官，苏辙穷困潦倒，只能租借又矮又小的屋子，当作学舍。偏偏主人长身玉立，一不小心，脑袋就会碰着屋顶。苏轼颇觉滑稽，不但不安慰弟弟，相反作《戏子由》曰：

宛丘先生长如丘，宛丘学舍小如舟。

常时低头诵经史，忽然欠伸屋打头。

苏辙哈哈一乐，万千愁绪，顿时烟消云散。老臣张方平也已退隐，避居陈州，兄弟俩去拜访老人，开怀畅饮。老人酒量惊人，喝酒不说喝多少杯，只说喝多少坛。苏轼酒量小，没法拼酒，找理由道，老爷子喝一坛不醉，晚辈喝一杯就能享受酒醉妙趣，不更合算么？

教授有职无权，却清闲自在，苏辙有大量时间陪哥哥游山玩水，饱览风景。城外有柳湖，秋柳叶半新，浮沉似烟，笼着幽绿湖水，如梦如幻。兄弟俩划着小船，在湖里悠悠荡漾，你一言，我一语，谈诗论文，开心无比。船至湖中，岸柳渐远，岸声渐去，兄弟俩说着说着，说到新法颁行以来，民不聊生，天怒人怨，不免唏嘘不已。苏轼慷慨陈词，越说越气愤，嗓门不由得高昂起来，苏辙不得不打断他，说人有"两头"难忍，一是舌头，二是笔头，忍住两头，才不至于惹是生非。苏轼伸手自掌两下嘴巴，说都怪这张臭嘴，有话非吐出来不可。

苏辙叹道，木心隔树皮，人心隔肚皮，不得不看菜吃饭，看人说话。苏轼点头道，王弗在世时，也这么说过我，可我就是藏不住话，仿佛话堵在嘴里，会把自己憋死似的。苏辙说，得知兄长冒冒失失，给皇上呈递万言书，弟弟就替您捏把汗，生怕您因言获罪。幸亏皇上宽仁，仅贬您出京，没下您大狱。苏轼承认道，上万言书时，我也诚惶诚恐，害怕王安石揪住不放，唆使皇上要了我小命。然想起君恩如山，身为臣子，明知新法有害于国家和苍生,却三缄其口,不声不响,也对不起皇上,对不起自己的良心。

真是江山易改,本性难移。本性如此,又有谁能让苏轼做出些许改变?苏辙暗自感叹,兄长满腹才情,笔能写,舌善言,日后肯定还有大亏吃。又没法指责他,只好转移话题道,祸兮福所倚,福兮祸所伏,兄长此番外贬,远离京都是非圈,倒也坏事变好事。反正判官非主官,政务不多,还可安享清闲,何乐而不为?一日空闲胜两日,若人生七十,皆能在闲适中度过,岂不等于活够一百四十年?说得苏轼大乐道,甚是甚是,难得浮生半日闲,何况闲度七十春?杭州乃人间天堂,此去正好投闲置散,与佳山丽水为伴,享受人生至乐。

说到天堂杭州,苏轼恨不得马上启程,赶往西湖旁边。苏辙提醒道,中秋将至,两家一起赏过中秋月再走。苏轼觉得也是,继续逗留陈州学舍,静候天上月亮圆满。苏辙虽穷,不可能日日大鱼大肉,粗茶淡饭还供得起,兄弟两家不饥不饿,有说有笑,足慰平生。

不觉中秋到来,夜清如水,月明如镜,两家人坐在学舍前小院里,赏圆月,吃月饼,道家常,看孩子们追着影子嬉乐打闹,可谓其乐融融,妙不可言。直到月上中天,孩子们累了困了,被两位母亲哄进屋里睡下,留兄弟俩依桂而坐,沐浴月光,品味佳茗,闻吸沁人心脾的桂花香,叙不完的兄弟情。苏轼觉得陈州中秋月最大最圆也最亮,好像平生从没见过这么美轮美奂的月亮。苏辙笑曰,大才子到了陈州,陈州人没啥招待,只好献上大月亮。苏轼开怀大笑,笑得像毫无城府的天真孩子。从此陈州月就定格在苏轼沉静的心空,再也没退过色,一直照耀他坎坷人生路,向未可预知的远方伸展而去。

中秋过后,苏轼一家踏上旅途,苏辙执意远送。苏轼不让,苏辙说恩师欧阳修辞职后,隐居颍水下游的颍州,正好一起去拜望老人家。这个理由倒也充分,苏轼拉着弟弟的手,来到颍水岸边,登上客船,顺流东下。

眼观岸影,耳闻秋声,不日到得颍州城外,欧阳修已闻讯候在水边,翘首以待。老先生年满六十五岁,背已弯,眼已花,病痛缠身,说话中气已明显不足。苏家兄弟的到来,让他仿佛一下子年轻好几岁,病体也硬朗了许多,脸上皱纹洋溢着快乐的笑意。兄弟俩执过弟子大礼,三人有说有笑,一起走进欧阳家。

这一待又是半个月。师徒三人天天形影不离,如同父子。事实也是,欧阳修于苏家兄弟恩同再造,不是父子,胜似父子。苏家兄弟天赋异禀,可没欧阳修赏识提携,不一定少年得志,脱颖而出。欧阳修当然也是幸运的,正好担任主考时,遇见兄弟俩,慧眼识珠,发现两位文学天才,自己也成就千古贤名。也是三人有缘,先后贬谪出京,还能聚首于颍州。这是欧阳修最后一次见苏家兄弟,次年他便病逝于颍州家中,永远告别人世。

半个月眨眼就过去了,苏轼还得继续东下。临行前夜,兄弟依依不舍,没法入睡,干脆泛舟颍水,共度良辰。说不完的话题,关于诗文,关于时局,关于家国天下和人臣职责。兄弟俩难免颓废,君恩天高地厚,却报国无门,只能浪迹天涯,虚掷光阴,不知何时才可尽情发挥才干,效力君国。不由得吟诵起先贤范仲淹的名言来:"居庙堂之高则忧其民,处江湖之远则忧其君,是进亦忧,退亦忧。"

吟罢,东方既白,苏轼妻儿已赶到码头,苏辙移舟近岸,将兄长和嫂侄送入客船。客船缓缓启动,苏轼望着修长的弟弟站在岸上,衣角被晨风高高撩起,一时失控,不禁泪湿襟袖,挥手要弟弟快回。苏辙高扬双手,追赶着已到中流的客船,直至船帆成为一个小黑影,最后完全消失,才止住步子,一任泪水如雨,迷糊双眼。

水路迢迢,苏轼脑袋里全是与弟弟相聚陈、颍二州的点点滴滴,万分不舍,又别无他法,只能自我安慰:

人生无别离,谁知恩爱重?

又想起兄弟泛舟颍水,感叹无力报国的情形,不觉吟道:眼看时事力难任,贪念君恩退未能。这就是人生的无奈,尤其身为人臣,没法主动选择生活,只能被生活选择,飞蓬样任凭西东。

十一中旬,苏轼途经镇江,参观著名的金山寺。凭寺俯瞰长江,那浩渺江水不正源自眉山脚下涓涓细流么?思乡之情油然而生。东坡忍不住吟道:

我家江水初发源,宦游直送将入海。

这其实是一道谶语,东坡从此宦游一生,直至天涯海隅。

月底抵达杭州。官舍设于凤凰山上，凭栏远眺，紧挨西湖的杭州城尽收眼底，钱塘江、西湖，以及环湖山影亦历历在目。苏轼忽生似曾相识之感，觉得一切那么熟悉，仿佛前世自己生于斯，长于斯，后来走失，延及今生，才又回到梦里故乡。

苏轼就这样喜爱上了杭州，恨不得今生今世长住此处，永不离开。这当然毫无可能，官服在身，就须听从朝廷调遣，待三年任期届满，还得拍屁股走人。

通判职责主要是审理案件。犯案者大都属良人和顺民，只因触犯王安石新法，被拘捕在案，等着法办。这是苏轼最不愿意看到的，却偏偏还得亲自出面审案。杭州湾分布着不少产盐区，从前产销皆属私营，新法收为国营，私营主不甘退出，偷产偷销，被衙役抓获，扭送公堂，听候审判。案积如山，苏轼天天升堂都审理不过来，直至除夕，仍不得消停。耳听远远近近迎春纳福的鞭炮声，苏轼借昏暗的灯光，望着阶下囚，觉得自己与他们并无区别，不禁悲从中来，泪在肚里流。当即默成一诗：

除日当早归，官事乃见留。
执笔对之泣，念此系中囚。
小人营糇粮，堕网不知羞。
我之恋薄禄，因循失归休。
不须论贤愚，均是为食谋。
谁能暂从遣，闵默愧前修。

六、宦游直送将入海　出任杭州通判 | 47

中国自古等级森严,地分东西南北,人分三六九等。读书人十年寒窗,不过想着朝为田舍郎,暮登天子堂。一旦皇榜高中,便脱离低等小民,成为人上之人,足以小视天下。苏轼才高盖世,人人景仰,却把自己混同于普通囚犯,认为做官和经营私盐,皆为稻粱谋。如此平等待人视己,官场中实属罕见,只怕古今无二。常见情形则是,一朝权在手,便把令来行,谁都得听我的,看我的眼色行事。甚至利器在手,杀心即起,顺我者昌,逆我者亡。

可贵的是苏轼不仅平等待人,还会在自己的权力范围,力所能及地替囚犯减罪。新法为朝廷颁行,苏轼没法更改,也不敢违抗,只有钻其空子,审办囚犯案子时,酌情轻判。也是不幸的杭州百姓有幸,碰上苏轼这样的通判,重罪变成轻罪,大罪变成小罪。这也是苏轼唯一减轻心中愧疚的办法,不这么做,他良心不安。

摸黑回到官舍,苏轼将腹中诗稿形诸于纸上,年后拜访知府时,请他指教。苏轼言外之意,狱满为患,修狱舍得花钱,能少抓尽量少抓,也为皇上减些怨,积点德。知府倒也理解苏轼的良苦用心,暗示衙役,执法时别太狠,逼得百姓走投无路,于官于民都没好处。衙役果然睁一只眼闭一只眼,囚犯从此略有所减,苏轼才稍稍松了口气。

世间刑案千千万万,根源无非两种,一是饥寒起盗心,二是饱暖思淫欲。原来人就是贱,饥不得也饱不得,寒不得也暖不得。除新法造成百姓活命困难,铤而走险犯案,苏轼还办过不少男女情案。也许俗世男欢女爱太过常见,佛家禁欲之地,坊间便拿和尚说事，以满足好奇心，说是杭州城外有个灵隐寺，香火旺盛，寺里和尚不缺钱花，有位叫作了然的和尚，鼓鼓囊囊的钱袋捂久了，心里不安分起来，趁夜摸出山门，进城上了青楼。一来二去，喜欢上艺名秀奴的姑娘。秀奴见了然袋里有钱，极尽谄媚之能事，逗得这冤大头神魂颠倒，阿弥陀佛也不念了，满嘴只有秀奴二字。直至钱袋空空，掏不出半个铜板，秀奴一脚把了然踢开，再不肯理睬他。了然又伤心，又气愤，却欲罢不能，一次次上门，低声下气求见秀奴，想以真情打动对方。世上只有傻子才跟妓女讲感情，跟赌徒讲义气，跟权贵讲公平，秀奴哪里会动真情，施恩于了然？了然绝望之极，典当掉身上的袈裟，购酒把自己灌醉，再买把刻刀，在臂上刻上两行字：

但愿同生极乐国，免教今世苦相思。

然后摇摇晃晃，来到青楼，强行闯入秀奴房间，抽出刻刀，把她杀死。

了然很快被抓捕归案，扭送至苏轼面前。铁证如山，一命得偿一命。了然也已在臂上刻字表明心愿，要跟秀奴同生极乐国。眼见一段孽缘，要去人命两条，苏轼难免唏嘘，审完案情后写下数十字判词：

这个秃奴，修行忒煞，云山顶空持戒；只因迷恋玉楼人，鹑衣百结浑无奈。毒手伤心，花容粉碎，色空空色今安在；臂间刺道苦相思，这回不了相思债。

判词写毕，苏轼当堂读给案犯，还有诉讼人及旁听观众。大家听去，哪是什么判词，明明是有韵有辙的小词，不禁偷偷乐起来。还说也只有苏轼这么好玩，竟把生死攸关的严肃判词写成词调，自娱娱人。

世间有无了然和尚，或有叫了然的和尚，是否下山犯禁甚至持刀杀人，已无可考，十有八九是民众太喜爱苏轼，无中生有，编出这种故事寻开心。用当今的话说，苏轼是有故事的人，就像娱乐时代的娱乐明星，往往会被人编排不存在的故事，传来传去，传得面目全非。

七、欲把西湖比西子　初识王朝云

辛苦数月，处理完积案，苏轼稍稍有闲，换上常服，离开官舍，四出游赏起来。

杭州街巷密布，店铺林立，小贩满街，游人如织，到处都是看的听的，玩的乐的，吃的喝的。苏轼东走走，西瞧瞧，该吃吃，该喝喝，开心如三岁小孩，没人知道他是通判老爷。他也只想做常人，享受常人乐趣，不愿别人认出自己，被关注，受拘束。

游够城里街街巷巷和角角落落，出城观赏西湖及四周山水。西湖是杭州的眼睛，明亮清澈，充满灵气。沿湖摊贩挨摊贩，为络绎不绝的游人提供小吃、茶点和玩具。水里游船如鲫，租条小游船，花上半天，可赏遍西湖景致。苏轼悠闲地坐在船里，一边观景，一边享用船娘置备的小酒小肉。他觉得上天眷顾，让自己有幸遭贬杭州，融入西湖。一时诗兴大发，苏轼正要开腔吟咏几句，忽想起文同西湖虽好莫吟诗的寄语，又赶紧咬住舌头，把快出嘴的句子吞回肚里。可苏轼实在太爱西湖景，没多久便置文同

的警示于脑后,还是吟道:

未成小隐聊中隐,可得长闲胜暂闲。
我本无家更安住,故乡无此好湖山。

一游就是一整天,直到夜色降临,他又随口吟道:

菰蒲无边水茫茫,荷花夜开风露香。
渐见灯明出远寺,更待月黑看湖光。

看够湖光,苏轼仍恋恋不舍,非待夜深人静,才尽兴而归,一路赋诗道:

我饮不尽器,半酣尤味长。
篮舆湖上归,春风吹面凉。
行到孤山西,夜色已苍苍。
清吟杂梦寐,得句旋已忘。
尚记梨花村,依依闻暗香。

有时他在船上待得久了,嘱船夫泊船,离湖上岸,看农人耕作。苏轼深知盘中餐来得不易,对农人心存感激,觉得人生在世,饥须食,渴须饮,否则没法活下去,至于建不建功,立不立德,扬不扬名,都无所谓,反正要不了小命。于是作诗曰:

田间决水鸣幽幽，插秧未遍麦已秋。
相携烧笋苦竹寺，却下踏藕荷花洲。
船头斫鲜细缕缕，船尾炊玉香浮浮。
临风饱食得甘寝，肯使细故胸中留。
君不见壮士憔悴时，饥谋食，渴谋饮，功名有时无罢休。

跟气质相投的好友同游，更是莫大享受。苏轼与人为善，交友广泛，官民老少都可成为朋友。八十老翁张先，做过朝廷命官，致仕后归籍浙江湖州，常来杭州看望三十多岁的苏轼，两人突破年龄界限，诗酒酬唱，嘻嘻哈哈，很是开心。词史上有句非常出名的词，叫云破月来花弄影，就出自张先的《天仙子》。全词曰：

水调数声持酒听，午醉醒来愁未醒。送春春去几时回，临晚镜，伤流景，往事后期空记省。　沙上并禽池上暝，云破月来花弄影。重重帘幕密遮灯，风不定，人初静，明日落红应满径。

张先有两大爱好，一是作诗弄词，二是吃嫩草。年高八十，色心不死，娶回十几岁小妾，还专门带到杭州来，让苏轼开眼界。苏轼置酒款待，问及其妾年龄，张先打油道：

我年八十卿十八，卿为红颜我白发。

与卿颠倒本同庚，只隔中间一花甲。

苏轼觉得有趣，和道：

十八新娘八十郎，苍苍白发对红妆。

鸳鸯被里成叠夜，一树梨花压海棠。

从此梨花海棠一语，成为老夫少妻的代名词。朋友聚会，有酒有肉有诗已不够，还得有歌。官民士商聚集之地，自然不会缺少歌伎，携伎游湖也就成为时尚。唐宋歌伎文化很流行，就像唐诗宋词一样。事实是唐诗宋词之盛行，一半靠文人创作，一半靠歌伎传唱，否则文人所作诗词仿佛没有翅膀的鸟，不可能飞行久远。唐朝诗家如白居易、杜牧与歌伎来往密切，尽人皆知。宋代文人与歌伎更是打得火热。张先就是例证，其所娶小妾里多为歌伎。还有鼎鼎大名的柳永，没有歌伎，简直没法填词。

柳永是福建人，初名柳三变，在家排行第七，又叫柳七。苏轼未出道时，柳永已词名远扬。远到西夏人来访中原，说他们国家凡有井水处，都歌柳词。也就是说只要有人住的地方，都歌唱柳永填的词。传说金主完颜亮让歌伎献唱柳永《望海潮》，听到三秋桂子，十里荷花，心里羡慕钱塘繁华，顿生侵吞南宋之念。柳永自称白衣卿相，作词曰：

且恁偎红倚翠,风流事,平生畅,青春都一饷,忍把浮名,换了浅斟低唱。

后柳永参加科考,仁宗见他名字,说不是填词的柳三变么?何用浮名,且去填词。自此柳永自嘲奉旨填词。后潦倒至死,棺材板都没一块,还是群伎合钱把他埋葬,每年春月再给他上坟,叫作吊柳七。

苏轼自然也挺喜欢柳永词,跟友人赏湖欢饮时,也请歌伎侑酒,借着酒兴,写作轻松小词,赞美歌伎的轻歌曼舞:

绀绾双蟠髻,云欹小偃巾,轻盈红脸小腰身;叠鼓忽催花拍,斗精神。空阔轻红歇,风和约柳春,蓬山才调最清新;胜似缠头千锦,共藏珍。

只是苏轼科考得志,又夫唱妇随,两任妻子都是意中人,不会像柳永一样,把感情完全寄托在歌伎身上,等着死后群伎合钱下葬。两人性情也完全不同,柳永多愁善感,苏轼则豪放旷达,只不过喜爱酒筵征逐,席上有女人,近而不狎,乐而不淫,不会沉迷女色,无以自拔。

也是苏轼天性乐观,与谁都合得来,跟歌伎也一样。只是在他眼里,众生皆平等,不会歧视任何人,包括地位低下的歌伎。歌伎是人间精灵,一个个艺色双全。或出身富贵人家,因家道破落,不得不卖艺为生。或出身贫苦,从小寄身歌坊,学成歌艺,售艺糊口。苏轼认为学成文武艺，货与帝王家，跟学成歌舞艺，售与有钱人，完全是一回事，没有谁高谁低，谁贵谁贱的区别，也就能发自内心尊重歌伎，绝不可能居高临下，歧视甚至欺侮她们。

苏轼视歌伎为友，歌伎也把他当大哥哥，缠着他索字要词。苏轼自然不会拒绝，常在歌伎的扇面或手绢上留墨宝。没有扇子或手绢，就让歌伎蹲到面前，把字词题到人家的香肩或光背上。有些歌伎觉得逢场作戏没意思，心生厌倦，苏轼也有求必应，伸出援手，帮她们赎身脱籍。有位叫作周韶的营妓，不仅人美貌，且诗如其人，写得非常漂亮，苏轼甚是喜欢，引为知己，还为她作诗曰：

草长江南莺乱飞，年来事事与心违。
花开后院还空落，燕入华堂怪未归。
世上功名何日是，樽前点检几人非。
去年柳絮飞时节，记得金笼放雪衣。

周韶也视苏轼为大哥哥，曾向他吐露心迹，青春短暂，青春饭吃一时只一时，待年老色衰，人见人弃，定然没好结果。苏轼二话不说，想方设法，让她离营从良，恢复自由身。

也许在苏轼心目中，才色双全的歌伎有如美轮美奂的西湖，不可多得，弥足珍贵，不是用来欺凌和摧残的，才如此怜香惜玉，爱之疼之。这天风和日丽，湖光潋滟，鸟翔花飞，苏轼又与友人游湖，船娘请来歌伎侑酒唱歌助兴。

歌伎很小，才十岁出头，虽着的是淡妆，却花容月貌，不输西施。上前倒酒时，苏轼问她是哪里人，为何小小年轻出来陪客挣钱，不在父母膝前承欢撒娇。问得歌伎哽咽无声，良久才强忍泪水道，父母早逝，不得不卖身为奴，习得歌舞，售艺为生。苏轼身上像被什么刺了一下，又问对方姓甚名谁。小歌伎说姓王，名叫朝云。苏轼默念朝云二字，心头一阵生疼，拿把银子，塞到她手里。朝云不肯接，苏轼便说算我的歌费，你唱首歌。朝云这才接了银子，唱起歌来。歌是流行一时的民间小调，听去欢乐，细闻则暗含哀伤，让人几欲泪下。

朝云唱毕，去了舱后，苏轼几个继续喝酒。喝得差不多，一阵微风过去，天空下起雨来，千丝万缕，缠缠绵绵。抬眼四望，远山近峦，云动霞移，若隐若现，似有似无，别具一番意趣。收眉再瞧西湖，雨织雾笼，水荡波漾，幻若人间仙境。

客人正痴于雨后妙境，朝云为报苏轼知遇之恩，浓妆出舱，借方寸船板，扭腰甩袖，献舞一曲。也许人小，朝云腰细臂柔，舞姿格外好看，让在座诸位大开眼界，不禁大声叫好，还和着舞曲，一齐击节，尽兴得很。苏轼脸上乐开了花，觉得能巧遇西湖晴雨，还有堪比西施的朝云歌舞，真是人生之大幸。他当即咏道：

水光潋滟晴方好，山色空蒙雨亦奇。
欲把西湖比西子，淡妆浓抹总相宜。

此诗一出，立即传遍大江南北，成为描写西湖最好最著名的诗作，千百年来人皆成诵，自然还会永远被人传咏下去。

八、不可居无竹　近结佛印远交文同

山水相连，玩够西湖，又游赏周边山景。名山僧道多，游山必进寺院和道观，访佛寻仙。近湖山上有寿星院，苏轼首次进寺门，仿佛故地重游，觉得一草一木，一砖一瓦，皆为旧时样，认定自己前世便是这里的常客。同行半信半疑，苏轼扳着指头，陈述寺后建有何楼台，筑有何亭榭，植有何树木，辟有何井石，如数家珍，毫不含糊。众人绕过偏殿，举目观之，果不其然，一个个惊讶不已，确信苏轼前身是杭州人，来过此处。

既然前世有因，今生有缘，苏轼也就不把自己当外人，有空没空，最爱往寿星院跑。夏季天太热，无人肯出门，找不到陪伴，苏轼就一个人上山。嫌鞋子烧脚，干脆扯下来，提到手里，光着两只脚板，以鞋为桨，左划右拉，蜿蜒而上。到得山顶，喝口山泉，向和尚讨只躺椅，搬到竹林中摆好，再脱去袍子和小褂，赤身躺倒，尔后眼睛一合，做起美美的白日梦来。山风轻拂，翠鸟幽鸣，懒懒的午阳穿透疏密有间的竹叶，无声地喷洒着苏轼的赤肩裸背,还有他酣畅淋漓的鼾声,看去仿佛美妙的睡佛图。

寺僧都是苏轼好友,知其性情,也不惊动他,只远远地往竹林里望上一眼,瞧见他背上七颗形似北斗星的黑痣,认定为天上文星下凡,不过偶尔路过人间和寿星院而已。

西湖周边三百六十寺,不可能每座寺庙里的僧人都认识苏轼。可没关系,苏轼照样想进便进,想出便出。来到一座不太知名的小寺,住持不识苏轼,指着门厅小凳,道声坐,又朝小和尚说个茶字。苏轼落座端茶,主客寒暄起来。住持觉得来者出语不凡,态度立变,把苏轼迎入客厅,指指宽凳,道声请坐,再嘱小和尚敬茶。聊上一阵,弄明白坐在面前的原来是天下大才子苏轼,住持赶紧打拱作揖,把他请入禅房,扶椅请上坐,命小和尚敬香茶。

香茶入喉,主客相谈甚欢,不觉天色向晚,苏轼准备告辞,住持让小和尚拿出纸笔,恭请苏轼留墨宝。苏轼不假思索,挥笔写下两行字:

坐请坐请上坐,茶敬茶敬香茶。

有位叫作佛印的游方僧人,几年前游历京都时,就与苏轼相识相知。在苏轼眼里,世间只有好人,没有坏蛋,面对与世无争或假装与世无争的僧道,自然备感亲切,易成好友。佛印成为苏轼好友后,苏轼还把他推荐给皇上,受到专门接见,获赐度牒一枚,一时名动朝野。苏轼南贬杭州,佛印也在江南,两人自然走到一起,同游湖山。

苏轼是天下大名士,佛印是佛界高僧大德,两人又如此友好,世人便以他俩为主角,编些有趣故事,广为传播。说是有次两人走进一座古寺,迎面碰上两尊巨大的怒目金刚,苏轼问哪尊厉害,佛印说两尊都厉害。苏轼说肯定拳头大的厉害。佛印说佛家讲愿力,不讲武力,不以拳头大小论英雄。苏轼说拳头大,拳头空心便大,愿力也大。佛印说何以见得?苏轼说色即空,空即色,空大色大,愿力自然大。佛印哈哈大笑,连说有理。

进得内殿,见观音手持念珠,唇间似念念有词,苏轼问观音在干吗?佛印说在念佛。苏轼说观音自己是佛菩萨,干吗还念佛?佛印说求菩萨保佑。苏轼说求什么菩萨?佛印说求观音菩萨自己。苏轼说原来佛界如人间,求人不如求己。

苏轼与佛印不仅拿金刚和菩萨打趣,也彼此开玩笑,聊以取乐。寺观藏深山,山深林泉美,两人游够寺庙和道观,又徜徉林泉,累了就对坐溪边石上,听鸟鸣啾啾。苏轼偏偏耳朵,再望望佛印,说唐人写得最好的诗句,都是有关山僧与林鸟的,比如"时闻啄木鸟,疑是叩门僧",再如"鸟宿池边树,僧敲月下门",还有"野鸟啼幽处,名僧笑此情"之类。佛印问好在哪里?苏轼说好在鸟不离僧,僧不离鸟,鸟僧配对,妙不可言。佛印伸出指头,指指自己的鼻子,又指指苏轼,说你我坐在此处,恰如唐诗僧鸟对。

还有更离谱的故事,说苏轼也有公务繁忙时,没法陪佛印同游,佛印就住进钱塘江对岸山寺,坐在禅房里,手敲铜磬,嘴念佛号,做样子给自己看。念得累了,走出寺门,下到江边,透透气,观观江景。江中有好鱼,佛印一时口馋难耐,从渔民手里购得鲜鲤,捎带回寺,放禅房里偷偷烹煮,独自享用。这日苏轼忙完公事,想起多日未见佛印,过江探望。正值佛印刚把鱼烧熟,未及进口,闻得苏轼响动,赶紧藏到铜磬下面,以免露出破绽。

苏轼走进禅房,闻到鱼香,也不挑明,笑笑道,山寺地处南坡,树茂林深,可谓向阳花木早逢春。慌乱中佛印不知苏轼何意,只嘿嘿傻笑。苏轼拍拍脑袋,说后面好像还有一句,本官一时想不起来,不知和尚知不知道?佛印顺口道,积善人家庆有余。苏轼乐道,既然磬有鱼,还不赶紧端出来,招待客人?佛印只好移开铜磬,把鱼端到苏轼面前,两人同吃。

这显然是坊间传说,佛印作为德高望重的和尚,竟与俗人一样,陪苏轼吃鱼,成何体统?且故事没完,说两人吃完鱼后,苏轼由佛印陪同游寺,参拜莲坐上的菩萨,至晚才渡江回衙。夜里想起白天鲜鱼滋味和礼佛经过,苏轼兴致盎然,赋诗曰:

稽首天中天,毫光照大千。
八风吹不动,端坐紫金莲。

八风者,称讥毁誉,利衰苦乐也。唐朝诗僧寒山子有八风不动句,苏轼借来一用,意思是遭贬以来,见怪不怪,面对八风袭扰,亦可泰然处之,就如莲座上的菩萨,坐怀不乱。苏轼当即将此诗书到纸上,天亮交给书童,渡江送给佛印一阅。

佛印持诗瞧了两眼，也不多话，只在背面写个屁字，还给书童带回。苏轼见字，暗想好个佛印，昨日磬下鱼被我分吃，竟记恨于心，今天正好借故，以屁骂人，简直岂有此理。当即放下公务，过江找到佛印，责问何意。佛印微微一笑，另题十字：八风吹不动，一屁打过江。苏轼哈哈一乐，怒气全消。

苏轼与佛印的故事，多源自野史趣闻，属无稽之谈，发不得真。但也可从中窥见，苏轼心胸何等开阔，官场受挫，不以为意，与朋友交往，口舌上吃点亏，更不会当回事。

有山水可游玩，有伎僧可来往，苏轼全然忘记自己贬臣身份，日子过得越来越开心。又想既然僧在山间伎在湖，山僧不离左，湖伎不离右，何不把二者撺掇到一起，打打趣，取取乐？想得到，自然就得做到，苏轼专门带着歌伎，去游近湖寺庙。虽说佛家清规戒律多，佛门容不得不干不净的歌伎，可寺里大通禅师是苏轼好友，尽管心中不悦，也不好阻拦。

苏轼还觉不够，又得寸进尺，授歌伎以刚填的词，再拿过禅师手上经槌，转递歌伎，要她击木鱼为节，现场歌唱。禅师无奈苏轼何，只能听之任之。歌伎也觉得好玩，自然配合，一边学禅师样手敲木鱼，一边嘴里唱道：

师唱谁家曲，宗风嗣阿谁；借君拍板与门槌，我也逢场作戏莫相疑。　溪女方偷眼，山僧莫皱眉；却愁弥勒下生迟，不见阿婆三五少年时。

随着驻杭时间日久,苏轼游历范围渐渐扩大,近如富阳、临安、嘉兴,远如靖江、常州,只要有山水和朋友,都会趁视政之便,游访个遍。这日他取道富阳,入临安于潜,办完公事后,游历寂照寺。见寺内有绿筠轩,绿竹成荫,风过叶摇,苏轼甚是欢愉。原来苏轼正在跟文同学习画竹,一见绿竹,倍觉亲切。

与晋人王徽之一样,文同一生酷爱竹子,竟至不可一日无竹之地步。屋前屋后种满竹子,官余不是观竹赏竹,就是咏竹画竹。文同常常感叹,世无知己者,唯子瞻识吾妙处,每有得意竹画竹诗,皆会函寄苏轼,交流心得。苏轼仰慕文同竹画,作文盛赞曰:"故画竹,必先得成竹于胸中,执笔熟视,乃见其所欲画者,急起从之,振笔直遂,以追其所见,如兔起鹘落,少纵则逝矣。"胸有成竹一词正由此而来。

受文同影响,苏轼对竹子亦情有独钟,有空也挥毫泼墨,画几笔竹子。今见绿筠竹可爱,想起文同竹诗和竹画,即赋诗曰:

宁可食无肉,不可居无竹。
无肉令人瘦,无竹令人俗。
人瘦尚可肥,士俗不可医。
旁人笑此言,似高还似痴。
若对此君仍大嚼,世间那有扬州鹤。

诗写得随意,近乎口语,苏轼崇尚高洁、鄙视流俗的志趣却跃然纸上。

苏轼还曾远赴靖江，在能诗善书的老友柳瑾家一待三个月。相见易得好，久住难为人，三月累达百日，谁好意思如此长时间赖在朋友家不动？原来柳瑾有儿叫柳仲远，妻子正是苏轼眉山老家堂妹。前文说过，坊间盛传一时的苏小妹，极有可能与苏轼堂妹为一人。苏轼与堂妹青梅竹马，感情笃深，久滞柳家不去，与主人和堂妹多待些时日，实属人之常情。其时堂妹已生儿育女，苏轼既为堂妹嫁入良家，儿女成行，感到无比欣慰，又略觉惆怅和失落，赋诗曰：

羞归应为负花期，已是成荫结子时。
与物寡情怜我老，遣春无限赖君诗。
玉台不见朝酣酒，金缕犹歌空折枝。
从此年年定相见，欲师老圃问樊迟。

他乡遇故知，何况还是小时暗恋过的堂妹，苏轼甚是不舍，心里想着能就近结庐，日后见面岂不方便得多？然宦迹如萍，归宿在何处，谁也说不准，苏轼才不得不暂时放下此念，告别柳家主人和堂妹，悻然回到杭州。

九、忧来不自寐　心系黎民疾苦

　　杭州是天堂，可也有贫穷和饥饿，有刑案和监狱。谪居杭州三年时间里，苏轼并非天天歌舞美酒，佳山丽水，其实烦恼常常占据他聪明又敏感的头脑。

　　身为判官，苏轼不得不面对新政造成的冤案，却没法为受害人申冤洗刷，其愤闷可想而知。还有蝗害与旱涝天灾，灾民无力自救，官府办法不多，只能徒叹奈何。可朝臣却无视民瘼，报喜不报忧，一味放开喉咙，为新政大唱赞歌。苏轼悲天悯人，始而忧虑，继而恐惧，又苦于别无良策，唯有自己生自己的闷气。

　　气堵在胸口，吞不下去，吐不出来，实在让人难受。干脆躺倒床上，扯过被头，蒙上眼睛耳朵，眼不见，耳不闻，心不烦。最好睡死过去，大梦不醒，免得再做窝囊官。结果却辗转反侧，难以成眠，不是前胸痒，就是后背麻，不是臂似虫爬，就是腿若蛭咬，反正不自在，没法安身。甚至连胡子都变得多余，放在被子外头不对，塞入被子里面不妥，里里外外，捣鼓来，拨弄去，总不得要领。睡在另一头的夫人王闰之，被丈夫折腾得实在受不了了，在他的大腿上狠狠掐一把，再把他两腿死死抱在怀里，强行不让动弹，苏轼这才被迫控制住自己，渐渐收住意念，沉沉睡去，打起鼾声来。

王闰之还有一个办法，就是每逢苏轼感于时事，心不平，气不顺，夜难成眠，便事先炒几盘好菜，温一壶美酒，待丈夫退堂归屋，让他喝个半酣，可换一夜安睡。苏轼自然受用，感激妻子懂得心疼丈夫。想起刘伶妻，王闰之真是要强多少有多少。刘伶欲借酒浇愁，刘妻不仅不理解，还老阻止他喝酒。刘伶系魏晋七贤之一，因不满朝政，又没法与权贵对抗，只好纵情杜康，麻醉自己。出门坐在鹿车上，也手不离壶，还让仆人扛把锄头跟在后面，说若我醉死，就地挖个坑，拖下车，扔进坑里埋掉，图个爽快。几乎没醒过，常脱个精光，在屋里耍野发酒疯。客人来访，看不下去，说他无视礼法，刘伶振振有词道，我将天地当房屋，将房屋当裤子，你未经同意，贸然钻进我裤裆，还说我无礼。

刘妻担心刘伶醉死，自己守寡不易，力劝他戒酒。刘伶说自己没法戒酒，无非请神灵相助。刘妻信以为真，准备好祭祀用酒肉，摆到神位前，要刘伶向神灵发誓，日后别再沾酒。刘伶扑通一声跪到灵前，举手念叨道：

天生刘伶，酒是我命。一次一斛，五斗消病。妇人之言，千万莫听。

念毕,一手抓住祭肉,一手举过祭酒,大吃大喝起来,然后醉倒于神前。

听苏轼将自己与刘伶妻打比,王闰之笑道,我比刘妻强,你也比刘伶可爱,刘伶酒醉撒酒疯,你酒醉躺倒便睡,可放下烦恼,置于脑后。苏轼苦笑笑,心想抽刀断水水更流,借酒浇愁愁更愁,酒再浓再烈,也没法浇灭心中块垒。有其诗为证:

三杯忘万虑,醒后还皎皎。忧来不自寐,起视天汉渺。

也许诗比酒更管用,苏轼又作《山村五绝》,如其三:

老翁七十自腰镰,惭愧春山笋蕨甜。
岂是闻韶解忘味,迩来三月食无盐。

另如其四:

杖藜裹饭去匆匆,过眼青钱转手空。
赢得儿童语音好,一年强半在城中。

苏轼外出巡游,一是察访民情,二是排解愁绪,可看到地方官员强行新政,民众苦不堪言,心里就老大不乐。这天来到杭州下边县里,适逢朋友为老父祝寿,苏轼受邀入席,与县令杨贵和主簿王笔坐在一起。杨、王二人不认识便服在身的苏轼,苏轼却因杨、王执行新政手段最狠,早知他俩大名。本想当面教训两位几句,考虑朋友为父办寿,扫人兴致不妥,苏轼忍隐不声,只顾低头喝酒吃菜。偏偏杨贵自作聪明,说满座看去,不是达官贵人,便是文人雅士,何不赋几行诗,作几句词,助助兴致?

王笔知道自己上司有附庸风雅的爱好,大声附和,提议杨贵来打头。杨贵早有准备,出口道:

一个朋字两个月,一样颜色霜如雪,不知哪个月下霜,哪个月下雪。

王笔带头鼓掌,不惜把手掌拍肿,继而道:

一个出字两重山,一样颜色煤和炭,不知哪座山出煤,哪座山出炭。

杨贵表扬王笔不愧县里第一笔,才华卓绝,催促下首县吏跟进。县吏不敢不从,望望桌的上茶和酒,发挥道:

一个吕字两个口,一样颜色茶和酒,不知哪张口喝茶,哪张口喝酒。

轮到苏轼了,他本不愿参与这种低俗游戏,岂料杨贵视其衣不高雅,裳不华贵,以为是普通乡巴佬,混到首席冒充贵宾骗吃

骗喝,硬逼他出句。苏轼瞥眼杨贵,又瞟瞟王笔,不慌不忙道:

一个二字两个一,一样颜色龟和鳖,不知哪一个是龟,哪一个是鳖。

在座都叫好,说万年乌龟千年鳖,友人为父祝寿,以龟鳖作句,倒也合情合理。看朋友面子,杨贵不得不肯定两句,唯遗憾没能难倒乡巴佬,心里不大得劲。只有王笔脑袋好使,意识到龟贵声似,鳖笔音近,乡巴佬明明在拐了弯子骂人。要过杨贵耳朵,悄悄说出自己的想法。杨贵顿时大怒,指着苏轼的鼻子正要发作,恰好主人出面敬酒,赶紧制止,说出苏轼的身份。杨贵先是讶然,继而满脸羞愧,酒也不喝了,拉着王笔,狼狈窜去。

杨王滚蛋,苏轼心情大好,胃口大开,不觉多喝了几杯。然散席回衙途中,面对淫雨霏霏,眼见田土受灾严重,民情堪忧,他心头又沉重起来,吟道:

今年粳稻熟苦迟,庶见霜风来几时。
霜风来时雨如泻,耙头出菌镰生衣。
眼枯泪尽雨不尽,忍见黄穗卧青泥。
茆苫一月垅上宿,天晴获稻随车归。
汗流肩赤载入市,价贱乞与如糠粞。
卖牛纳税拆屋炊,肤浅不及明年饥。
官今要钱不要米,西北万里招羌儿。

龚黄满朝人更苦,不如却作河伯归。

苏轼还对比今昔,作诗曰:

君不见,钱塘湖,钱王壮观今已无。屋堆黄金斗量珠,运尽不劳折简呼。四方宦游散其孥,宫阙留与闲人娱。盛衰哀乐两须臾,何用多忧心郁纡。溪山处处皆可庐,最爱灵隐飞来孤。乔松百丈苍鬣须,扰扰下笑柳与蒲。高堂会食罗千夫,撞钟击鼓喧朝晡。凝香方丈眠氍毹,绝胜絮被缝海图。清风时来惊睡余,遂超羲皇傲几蘧。归时栖鸦正比逋,孤烟落日不可摹。

除借酒麻醉自己,写诗表达忧患,苏轼实在想不出良法,为民稍解苦难,却还得坐在堂上,审理本可避免的人为积案。这天胥吏陈诉张二拖欠绫捐两万,迟迟不肯缴纳,苏轼宣张二上堂,讯问怎么回事。张二说,我家以制扇为业,不幸家父去世,花钱葬父后,已家无余财,偏又连逢阴雨,天寒地冷,扇子卖不出去,没法缴纳两万捐款,并非有意拖欠。

苏轼明知绫捐属新政苛捐,却没法为张二免罪,不出声地骂自己不中用。寻思片刻,苏轼心生一计,命张二拿二十把扇子来,帮他售卖纳捐。张二望望苏轼,又望望堂外阴雨,心想我家几代经营扇业,从来没在寒冷天卖出过一把扇子,你一个判官,有何能耐把扇子卖出去?莫非调动衙役,执扇上街,强逼路人购买不成?又不便多问,疑惑着回家取来二十把扇子,呈于苏轼案前。苏轼取过办案用毛笔,在扇面上勾画竹石草木,再题句落款。半个时辰没到,二十把扇子画写完毕,还给张二道,拿去卖钱纳捐吧。张二抱扇出衙,路人纷纷围上来,以千钱一把为价将扇子抢购一空。二十把扇子售卖所得不多不少,正好两万钱,足够偿还欠捐。

苏轼帮张二卖扇的故事很快传开,杭城人无不翘指称颂,同僚也赞判官体恤民情。苏轼却一点也开心不起来。你可帮制扇户卖扇,难道还能帮成千上万新政受害者卖儿鬻女不成?

就在苏轼郁郁寡欢之际,有位岭南太守从京城南返,途经杭州,约见苏轼。太守北上时,曾短暂逗留杭州,还让苏轼看过奏请朝廷简化免役税征收手续呈文。苏轼一直惦记着此事,听到太守名字,赶紧去旅馆拜会。但见太守满脸怒容,大声叫道,吾为夜枭逐回矣。

苏轼不知何意,问哪有夜枭。太守说燕子早出晚归,觉得一天始于日出,蝙蝠昼伏夜出,认定一天始于日落。它们争执不下,前去请教凤凰。时值黉夜,凤凰窝前小鸟拦住不让,说凤凰正在安睡,由夜枭代职。来到夜枭窝前,夜枭判蝙蝠正确。燕子不服,张开嘴巴,刚辩论说天亮为一日之始,夜枭大发雷霆,咆哮着把燕子赶走,以便耳根清静。

苏轼明白过来,知道太守大人呈文与当权者政见不合,不受待见,只好狼狈南逃,白忙一番。不过太守也带来一个好消息,说他出京时,与郑侠见过一面,时局也许会有所改变。

十、十年生死两茫茫　密州悼亡妻

郑侠乃福州人氏。郑父任江宁酒税监时，因子女多，家里太穷，郑侠只能就读于城外清凉寺。郑侠非常用功，赋诗曰：

漏随书卷尽，春逐酒瓶开。

正逢王安石知江宁，闻郑侠诗，爱其才，邀至府衙见面，嘉勉慰藉，还派学生去寺里陪读。功夫不负有心人，郑侠二十七岁那年终于考中进士，授秘书省校书郎。不久王安石入阁拜相，提拔郑侠为光州司法参军，主管民刑案件，所有疑案经由郑侠审理呈报，皆一一照准。郑侠感激王安石知遇之恩，立志竭智尽忠，报效君国。三年后郑侠任期届满，入京述职，多次拜访王安石。王安石刚颁行考选新人办法，考中者可越级升任京官，他力举郑侠参考，以图进用。

不想郑侠目睹新法弊端，不愿为王安石所用，以不熟悉新法为由，拒绝参考。不仅如此，郑侠还向王安石力陈青苗法、免役法、保甲法、市易法以及用兵边境等举措造成的种种危害，希望朝廷及时刹车，改弦更张。王安石怒不可遏，贬郑侠为京城监门小吏。过后又觉得郑侠忠心可鉴，托人劝说他，只要回心转意，可另升要职。郑侠不为所动，婉辞拒绝。

由于朝廷强行市易法，小民商户无所适从，连挑水理发售粥卖茶的小贩小摊都得上交重税，交不足不能营业。新政苛如虎，税收层层加码，货物税钱超过本金，商贩无以为生，只得以死抗争。又偏遇干旱，赤地千里，风起沙飞，天昏地暗，疲夫羸老食不果腹，身无完衣，大批大批流落街头。地方官图政绩，不肯罢休，继续催逼灾民交还青苗贷款本息。灾民无力偿还，只有卖田卖土，卖房卖屋，甚至卖儿卖女，应付官差。仍还不起，别无他路，唯有背井离乡，逃往他处，一时间饥户流民不绝于道。

郑侠身为京城门吏，眼见饥民自四面八方拥向城门，阻拦不是，放入也不是，干脆拿出纸笔，趴到城门上，画成《流民图》，另作《论新法进流民图疏》，假称边境急报，越过王安石所控阁门，直接呈入后宫。神宗展图御览，长吁数四。又阅郑疏："但经眼目，已可涕泣，而况有甚于此者乎？陛下如行臣之言，十日不雨，即乞斩臣宣德门外，以正欺君之罪。"

神宗内疚不已，诏废新法，发放常平仓粮，救民于即倒。又下《责躬诏》，以求直言。

巧的是，三日后天降大雨，远近沾洽。事已至此，王安石只好上表求去。离京前，荐吕惠卿接任相位，以继续推行新政。郑侠劾吕惠卿结党为奸，堵塞言路，铲除务速。吕惠卿大怒，命御史捏造事实，反参郑侠，欲置其于死地。神宗需吕惠卿办事，只能迁就他，把郑侠贬出京都。吕惠卿刚舒一口气，察觉神宗有重新起用王安石之意，担心屁股下位置难保，密使亲信，嫁祸于恩师。神宗左右为难，一时拿不定主意。时任天章阁待制的王安石独子王雱实在气不过，暗中罗织吕惠卿罪状，反被吕惠卿抓住把柄，倒打一耙。王雱本来身体虚弱，事情败露，忿恨和愧疚交集，一病不起。残酷的权争将独生子都搭了进去，王安石痛不欲生，无意还朝，恨只恨自己瞎了两眼，起用小人吕惠卿，可谓木匠戴枷，自己做的。

且说苏轼得知朝中有变，不禁百感交集。自己手里也有支笔，却只能给制扇户画画扇子，卖两万钱，偿还官债，人家郑侠一幅《流民图》，便中止遗患无穷的新政，何等高明！苏轼从没敬佩过任何人，唯郑侠此举，让他不得不刮目相看。

就在朝中权争闹得沸沸扬扬之际，苏轼三年任期届满，须离开杭州，转任他处。其时苏辙已自陈州调往山东济州任职，苏轼忙给朝廷呈文，请调鲁境当差，日后与弟弟近一些，来往起来方便。朝廷一地鸡毛，没人顾及外官，苏轼侥幸升任密州太守。

熙宁七年（1074）秋冬之交，苏轼打理行装，准备离杭北上密州。临行前夜，竟然心神不安，背着双手，在庭前来回踱步，以排遣烦闷。直至夜深，进到屋里，仍无睡意，拿出笔来想作几句词，或写几行诗，一时不得要领，最后在纸上留下四句旧作："水光潋滟晴方好，山色空蒙雨亦奇。欲把西湖比西子，淡妆浓抹总相宜。"

夫人王闰之看在眼里,也不打扰丈夫,出屋给家仆吩咐几句,独自去偏房睡下,任苏轼自个儿瞎折腾。天亮吃过早饭,一家人出得官衙,登车启程,苏轼仍惶惶不安,左顾右盼,不肯放下窗帘,仿佛魂魄掉在哪里,没能跟上来似的。

恰在此时,一个十二岁的女孩出现于路旁,苏轼两眼顿时亮了,口里喊停,抬脚欲下车。侧首望望座旁妻子王闰之,不觉犹豫起来,仿佛怕做错事的小孩,没征得大人同意,不敢随便动弹。王闰之瞪苏轼一眼,轻声骂道,你不就盼着西子出现吗,还不赶快下去,把人家请上车来?苏轼嘿嘿一笑,面露羞涩,下车拉过女孩的手,往车里直推。

女孩不是别人,正是西湖小歌伎王朝云,王闰之已花钱为其赎身,以便带在身边做侍女。也是王闰之聪明,知道丈夫生性浪漫,与其让他去外面任性,还不如买个绝色女子放在家里,拴住他不安的心。王朝云从此成为苏家一员,再没离开过苏轼半步。

妻子善解人意,加之小朝云陪侍左右,苏轼心情大好,旅途再坎坷,也不觉得辛苦,一路有说有笑,向齐鲁徐徐推进。只是水陆迢遥,越往北行,山越贫瘠,水越干瘦,苏轼的情绪慢慢低落下来,初晋太守时的兴奋已荡然无存。

迎寒风,冒飞雪,赶到密州,已是年底。入住残破府衙,啃着硬如石头的黑馒头,嚼着牛草般的老干菜,苏轼想起江南湖光山色和歌舞美味,才明白何谓天堂,何谓地狱。本以为升任密州太守,拣了个大便宜,原来不过徒有虚名,哪像做杭州通判,日子总过得下去。

凄凄惶惶度过年关,进入熙宁八年(1075)正月。天寒地冻,官民都在猫冬,鬼都不上门,苏轼无所事事,白天黑夜都缩在简陋的书房兼单人卧室里,读闲书,作闲文,打发无聊时光。无聊容易让人颓废,况苏轼喜欢热闹,走到哪里都离不开朋友和茶酒,初至天高皇帝远的密州,人生地不熟,年节期间又无公事,难免心神不安,度日如年。联想江南和家乡蜀地,好山好水好人情,居家有美酒佳肴,出门有良朋益友,日日书剑诗酒,何等惬意!

又由蜀地想起祖坟上自己栽下的三千松树,及埋在树旁的结发妻子王弗,掐指算来已整整十年。十年三千六百日,人生苦短,能有几个十年?十年来,苏轼已从风华正茂的黑发壮年,变成霜欺两鬓的不惑老翁,也自心比天高的初进士子,熬成暮气沉沉的无为太守。

心猿意马着,苏轼不觉悲从中来,暗想若水能倒流,重回十年前,不为吏,不做官,跟发妻王弗守住家乡那片山水,与世无争,只问稼穑,日出而作,日入而息,多生儿,多育女,岂不美哉?心有所思,必然梦有所托,夜里恍恍惚惚,回到十年前的眉山故居,正逢王弗临窗而坐,对镜梳妆。王弗仍那么年轻漂亮,那么沉静贤淑,苏轼欢喜不已,奔到窗前,频频招手。王弗看到苏轼,欲说还休,只眉目间饱含千般情,万般爱。苏轼懂得王弗眼里的内涵,抬腕欲执她的手,但觉臂如绑石,直往下沉,没法抬起来。王弗也似有探身向外的意思,却僵着身子,没有动作。两人愣怔着,启开嘴唇,然未及出声,已泪流满面。

泪流得正欢之际，苏轼兀地醒过来，才意识到身处鲁地，与故乡远隔千里，不免伤心欲绝，湿枕边又添泪痕。一遍遍回思梦里情境，直想飞身归蜀，到王弗坟前，陪她说上几句话，稍解其寂寞。可作为朝廷命官，又哪来自由身？苏轼能做的，唯有借纸笔代言，向亡妻一吐衷肠。也不用打腹稿，随手而成《江城子》一词：

十年生死两茫茫，不思量，自难忘；千里孤坟，无处话凄凉；纵使相逢应不识，尘满面，鬓如霜。　夜来幽梦忽还乡，小轩窗，正梳妆；相顾无言，惟有泪千行；料得年年肠断处，明月夜，短松冈。

这是正月三十日深夜，词写成后，苏轼心头才略觉平静些，重新回到床上，迷迷糊糊睡去。直至天色大亮，书房门依然紧闭，王闰之有些奇怪，推门而入。见苏轼还在床上蒙头大睡，想过去叫醒他，一眼瞥着桌上的字纸，忍不住多瞄了两眼。

这一瞄不打紧，气得王闰之柳眉倒竖，杏眼圆睁，恨不得抓过字纸，几下撕碎，再拎起床上人，问个究竟。自己嫁鸡随鸡，嫁狗随狗，跟你颠沛流离，东奔西跑，服侍你穿，招呼你吃，搁一边不说，且没少遭罪，没少担惊受怕，到头来你心里只有埋在土里的旧人，全然没活生生站在面前的现妻，你的良心到底被狗吃掉了，还是被狼叼走了？

不过盛怒之下，王闰之没失去理性，还是强忍住火气，掉头出了门。碰着朝云，她也不理睬，甩甩袖子，回了内室。朝云到苏家后，负责服侍女主人，兼打理苏轼书房。早餐时间已过，她没见苏轼现身，过来探探原委。碰上女主人摔门而出，不知出了何事，又不好多问，待王闰之消失在回廊后，才抬手推开书房。

苏轼已被王闰之惊醒，只是还赖在床上没下地。朝云正要打招呼，一眼瞧见桌上的新词，忍不住笑笑，出门来到女主人内室，轻言细语道，先生真乃有情有义之人，夫人嫁得如此夫君，真是前世积的德，今世修的福。

王闰之冰雪聪明，经朝云一点，似有所悟，脸上怒气顿消。人说一日夫妻百日恩，苏轼可谓数载夫妻一生情，前妻亡故十年，还心心念念，无以释怀。对亡妻尚且如此难忘，于眼前活人岂不更加珍爱？比起喜新厌旧之徒，苏轼绝对属真君子，伟丈夫，值得珍惜。

两个女人取得共识，对苏轼又敬爱三分。其实早逝的王弗也不亏，虽命不永年，却与苏轼夫妻一场，又随此天下第一悼亡诗，流传千古。

十一、但愿人长久　对月怀君思亲

　　苏轼毕竟是苏轼，很快置儿女情长于一旁，将失意苦恼抛到脑后，打起精神，升堂视事，履行其太守职责。正好碰上密州灾患频仍，先是大雨如注，洪水滔天，接着蝗虫四起，过境如火，继之连月干旱，田皲土裂。天灾往往与人祸相连，密州吏治混乱无序，官不作为，民不堪命。加之吕惠卿拜相后，推行手实法，规定家家户户自报田土家产，照官定物价，课以重税。重赏告发者，谁少报瞒报，只要有人举报，立令其倾家荡产。灾害与恶政叠加，以至岁不比登，公私匮乏，百姓居无屋，口无粮，只得剥啮草木，啖食泥土。饥馑又导致疾疫盛行，一时民命如发，流殍横陈。

　　面对此情此景，苏轼痛心疾首，赶紧上书朝廷，详报灾情，力陈新法弊端，请求救济和免税。奏折发走后，步出衙门，组织抗洪抢险，兴修水利，疏浚河道。待蝗虫成灾，又来到田间地头，指挥灭蝗。偏遇庸官腐吏，说蝗不为灾，还可为民除草。苏轼气愤不过，大声质问：蝗不为灾，将谁欺乎，坐观不救亦何心！然后挽起衣袖,与百姓携起手来,秉畀炎火,荷锄散掘,力使蝗虫不再复生。还亲自制作疾疫中草药单方,命衙役连夜誊抄,张贴于街头巷尾,让看不起病的百姓用得起药,有效缓解了疫情。

饥寒起盗心,大灾之年,民不聊生,必然匪患泛滥,一时间盗贼满野,狱讼充斥。苏轼做过通判,揖盗办案经验丰富,常亲自查阅案卷,问案审案,往往朝衙达午,夕坐过酉,以至废寝忘食地步。为缉拿匪盗,更是用尽心机,想尽办法。苏轼知道匪与匪不同,盗与盗有别。确属活命需要,偶尔为之,从轻发落;趁火打劫,屡犯不改,则严惩不贷,决不轻饶。匪焰因此渐渐熄灭,民众终于可睡安稳觉,不用再担惊受怕。

百姓受苦受难,苏轼忧心忡忡,自然不可能搜刮民脂民膏以自肥,府衙缺吃少用,也就不足为奇。断粮时他甚至脱下官袍,与百姓一起去城根墙角和远郊荒地挖野菜,摘野花,拿回家熬粥充饥。路上发现民多弃子,饿婴随处都是,苏轼于心不忍,抱回府衙,宁肯自己和家人挨饿,也要给不幸的孩子留条活命。前后抱回四十多位,后衙几乎成为育婴堂,王闰之和朝云手忙脚乱,主动当起孩子的临时母亲来。后衙容量只有那么大,苏轼又挖空心思,盘量劝诱米,得出剩数百石,另外储存,专门供食城乡弃儿,所活多达数千人。

要想真正改变窘境,还得指望田土能有好收成。无奈老天不长眼,正值庄稼生长季节,连月滴雨不见。苏轼只好跑到城南卧虎山上,虔心求雨。老天终于开恩,一祈得雨。尝到了甜头,苏轼连续数次上山,求雨皆获成功,可谓常祈常验,卧虎山被百姓改名为常山。

多亏连降及时雨,秋后喜获丰收,辖区出现少有的富庶和稳定局面。百姓信心百倍,秋粮入仓后,又着手冬种,还跑进府衙,请苏轼再帮忙祈雨。苏轼自然乐意,带领同僚和衙役,直奔常山而去。又是一祈而雨。苏轼兴高采烈,归途中与同僚会猎于山沟。想起西夏经常侵扰大宋,朝廷御敌无方,苏轼恨不得打马西北,挽大弓,射贼骑,保我北疆。当天写下豪迈的《江城子·密州出猎》:

老夫聊发少年狂,左牵黄,右擎苍;锦帽貂裘,千骑卷平岗;为报倾城随太守,亲射虎,看孙郎。 酒酣胸胆尚开张,鬓微霜,又何妨;持节云中,何日遣冯唐;会挽雕弓如满月,西北望,射天狼。

此词一出,一扫儿女情长风花雪月的柔媚词风,宣告豪放词派正式粉墨登场,与婉约派双峰对峙,共同演义出宋词之洋洋大观。苏词很快传入京中,神宗读罢,甚是喜爱。又得知苏轼知密州后,普施善政和德政,泽被生民,想起当年苏家兄弟同中皇榜,爷爷仁宗为子孙选得两位宰相的话,遂起召苏轼回朝之念。

可吕惠卿不愿他人跟自己争宠,故意从中作梗,神宗只好退而求其次,准备调苏轼为紧邻汴梁的汝州太守,至少他有新作,能及时传进宫中,先睹为快。神宗意图传出宫外,苏轼甚慰,眼巴巴等着任命下达,好奉旨东迁。

可左等右等，也没等来圣旨。也许神宗正调整朝廷人事，把苏轼给忘到了脑后。原来神宗觉得王安石虽然激进，至少比吕惠卿人品正，资历深，容易服众，下旨贬吕出京，迎王归朝。王安石两度推辞，还是没法拒绝神宗严旨，只好勉强北上，途中作《泊船瓜洲》：

京口瓜洲一水间，钟山只隔数重山。
春风又绿江南岸，明月何时照我还。

诗写得实在太漂亮，尤其第三句，以"绿"字描写江南春，简直神乎其神。其实得来不易，王安石颇费了一番心思。初为"春风又过江南岸"，王安石觉得有些平淡，改"过"为"入"。看看还是太普通，改为"掠"。仍觉不出新，又改为"暖"和"满"。依然不满意，沉吟之际，忽灵机一动，想起"绿"字来，成为"春风又绿江南岸"，顿时境界全出。

好诗无腿走千里，结果王安石人没进京，朝野都在盛传此诗。然推行新政毕竟不是做诗，牵一发而动全身，说有多艰难就有多艰难。王安石入朝后才发现，不仅司马光为首的旧党人物与自己势不两立，连新党也多系小人，相互撕咬，以至四分五裂，不成体统。待没多久，眼见大势已去，王安石再次挂冠而去。

朝中乱局和王安石进退故事传到密州，苏轼庆幸自己远离京都，耳根清静，可以超然是非之外。这天办完公事，时间才过午，苏轼背着双手，走出衙门，行行止止，观起街景来。经大力整治,密州总算百废俱兴,政通人和,城乡百姓安居乐业,一年多来的太守算没白做。

不觉到得城西北的潍水旁,有废台兀立于前,阻住前路。苏轼好奇心起,手分萋萋野草,脚踩断砖残砾,往高处攀援。登上废台,举目四望,但见夕阳西下,山远水长,令人惊喜。荀子曰:"跂高而望矣,不如登高之博见也。"苏轼寻思,人长不过七尺,两脚跐得再高,又何如站到危处,望得远,见识多?

逡巡良久,直到夜色降临,苏轼才恋恋离台。返回府衙,嘱咐僚属,借废台旧基,略作修复增葺,以旧貌换新颜。不久新台筑成,苏轼喜不自胜,率领僚众,欣然登台,览其山川而乐之。一时不知取何名为妥,写信给苏辙,请他命名。

苏辙见信,想起兄长本可赴任汝州太守,靠近朝廷和皇上,因小人作祟,愿望落空,修复废台,不时登临,正可涤荡心中不平。于是取老子虽有荣观,燕处超然之意,命名超然台,并作《超然台赋》,一并函寄兄长。

苏轼见函,正合心意,登台览胜,吟出《超然台记》,阐明只要超然物外,忠实于内心,自然祸忧自去,福乐自来。苏轼活到四十,经多人事,已大彻大悟。兴犹未了,继作《望江南》:

春未老,风细柳斜斜;试上超然台上看,半壕春水一城花;烟雨暗千家。　寒食后,酒醒却咨嗟;休对故人思故国,且将新火试新茶;诗酒趁年华。

词意不难理解，密州远离京都，然有超然台，有诗酒茶，有不老年华，此生足矣。心情正好，闻文同书信送达。文同已从兴元调任洋州太守。洋州跟密州一样穷困，文同却不以为意，相反非常欢愉，因洋州竹子漂亮。尤其境内筼筜谷翠竹，枝叶婆娑，色如泼墨，置身其间，恍若仙境。文同甚是喜爱，建亭于竹林中，常待在里面赏竹吟竹画竹，忘记今夕何夕。这天文同所寄正是筼筜谷竹画，苏轼甚喜，当即作成《筼筜谷》一诗：

汉川修竹贱如蓬，斤斧何曾赦箨龙。
料得清贫馋太守，渭滨千亩在胸中。

巧的是诗到洋州，文同与夫人就在筼筜谷煮笋佐饭，读罢苏诗，一时大乐，失笑喷饭满桌。饭毕回信，实叙此情，苏轼记入文中，令人喷饭一词就这么流行开来。

也是洋州与密州都属偏地，只要没有天灾人祸，公务并不繁忙，两位太守有大量时间写诗画竹，抒发情怀。除筼筜谷，文同几乎游遍境内湖光山色和亭台楼阁，皆画成画，写成诗，寄赠苏轼。苏轼欣然命笔，依题唱和，存有《和与可洋川园池三十首》。诸如《望云楼》：

阴晴朝暮几回新，已向虚空付此身。
出本无心归亦好，白云还似望云人。

已届不惑的苏轼对佛家即色即空概念,已有独特感悟,什么都已看淡。况帝都遥远,引颈难望,何如置身局外,做个望云人,望云卷云舒,更惬意,更自在。最有意思的还是《吏隐亭》:

纵横忧患满人间,颇怪先生日日闲。
昨日清风眠北牖,朝来爽气在西山。

出仕为吏与归隐林泉,本来不可兼得,文同和苏轼皆为朝廷命官,吏职在身,何隐之有?然苏轼不这么看,他觉得隐不在于身隐,更在于心隐,就如陶渊明诗里所言:心远地自偏。心隐心远,自然清风在耳,爽气于胸。

有超然台,有诗文画,苏轼不再在意宠辱和得失,活得颇有滋味。天公也赏脸,要风给风,要雨给雨,一年来五谷丰登,官民康乐。八月中旬,新谷入仓,新米出锅,苏轼尝过鲜,心情大好,踏着夕晖,出得府衙,东看看,西瞧瞧,不经意间,已穿过祥和安宁的密州城,信步来到超然台前。拾级登台,夕阳已然西去,极目环顾,远方山影迷蒙,近处水光如银,仿佛置身梦幻之中。秋月格外明亮,似乎近在头顶,触手可及。苏轼情不自禁,吟诵起李白的诗篇来:"青天有月来几时,我欲停杯一问之。人攀明月不可得,月行却与人相随。"

吟毕,苏轼才想起已至中秋,走下超然台,回到府衙。王闰之已备好月饼和美酒,一家人围坐一起,只等苏轼上桌,一起举酒赏月。苏轼坐到桌前,顾不得赏月,也顾不得家长和太守的尊严，大吃大喝起来。女人与孩子们也无所顾忌，该吃吃，该喝喝，该笑笑，该闹闹，府衙后堂几乎成为集市，热闹无比。

有女人孩子，有月亮月饼，有美味美酒，苏轼豪性大发，哪里还舍得放杯？一直喝到子时，把自己灌得大醉，倒伏桌前，被家人搀进屋里，搬到床上。刚盖好被子，苏轼便鼾声大作，打雷一样。直到漏尽更残，雷声才止住，屋里静得针掉地上都听得见。苏轼兀地醒过来，喝口朝云搁在床头的温水，往窗外一望，只见月光如水，洗得夜空纤尘不染。顿时睡意全消，翻身下地，披衣来到窗前。推开窗户，正值万里无云，皓月当空。苏轼忽然鼻头一酸，不出声道，朗月光耀东隅密州，定然也辉映着帝京，不知此时皇上在梦中，还是像自己一样正抬头望月？臣子望月如望君，君上见月能想得起远在密州的臣子吗？

他又由帝京联想到济州，弄不好苏辙也夜不能寐，正对月思兄。本来主动奏调鲁地，就想着与苏辙同境供职，见面方便，谁知一个在西一个在东，依然未能谋面。掐指算来，还是赴任杭州途经陈州时共度中秋夜，至今已过去整整五年，未知何时兄弟才能团聚。

由帝京与济州，由君恩与兄弟情，苏轼浮想联翩，心潮澎湃，千言万语一齐涌上心头，最后凝聚于笔端，成就一首《水调歌头》：

明月几时有，把酒问青天；不知天上宫阙，今夕是何年；我欲乘风归去，又恐琼楼玉宇，高处不胜寒；起舞弄清影,何似在人间。 转朱阁,低绮户,照无眠;不应有恨,何事长向别时圆;人有悲欢离合,月有阴晴圆缺,此事古难全;但愿人长久,千里共婵娟。

此词通过时空的巧妙转换,毫无保留地抒发了出世与入世的复杂心情,既含理趣,更具情趣。上片望月,凌空起笔,入处似虚。天上没有险恶人心,没有你争我夺,没有升降浮沉,却有朗朗明月,有琼楼玉宇,若能出世上天,该有多么畅意?可高天可问不可登,身为臣子和百姓父母官,还得放弃幻想,回归人间,面对现实。

下片怀人,怀君父,怀臣民,怀子由,怀亲人。只是天地茫茫,离合无常,离愁长,合欢短,无法圆满。好在明月当空,照见我,也照见你,望见明月,就如望见令我日思夜想的你,空间的阻隔也不再难以忍受。何况月亮阴晴圆缺本属常理,人生离合悲欢也属常情,只要好好地长久地活下去,天上有月,人间有情,也没啥可遗憾的。

一首伟大的作品就这么横空出世,成为天下第一中秋词,也标志着苏词第一座高峰勃然形成。此词传播之广泛,更是古今无双,无出其右。每逢中秋佳节,几乎无嘴不诵东坡词。岂止中秋,只要天上月不落,人间酒不干,只要泪在眼,笑在脸,伤在身,爱在心,只要有思有念,有恩有德,有悲有欢,有忧有乐,有愁有喜,有甜有苦,有疑有惑,有郁有结,而你又不是木脑袋,冷血人,还能敏锐地感知世上事物,体会人间冷暖,无不仰天咏叹苏子词,以抒心头情怀,以释胸中块垒。

十二、南城夜半千沤发　徐州抗洪抢险

苏轼仿佛是专程来密州写作《水调歌头》的,此作完成,也到了离开密州之时。两个多月后,也就是熙宁九年(1076)十一月,苏轼接到调令,改任山西河中府。

月前苏轼才在距离超然台不远的潍水边建了座亭子,取名快哉亭,想不到没来过几回就要西去,真可谓快亦哉,虽说此快非彼快。密州官民感念苏轼恩德,在快哉亭里摆上酒水,为其饯行。苏轼走进亭里,阑干拍遍,尔后一口喝下杯中酒,挥手从兹去。

冒着风雪,来到济南,已是翌年正月。苏辙官舍就在城内,两家正好借着浓浓年味,团聚一起。只可惜苏辙不在济南,年前西行去了京都。京中时局有变,吕惠卿和邓绾、曾布失势后,王安石复职,见难有作为,不久又请辞回了南京。苏辙已改任商丘通判,觉得机不可失,留下家眷,提前晋京,向朝廷呈交治国方略。

在几位侄子陪同下,苏轼欢欢喜喜,游遍济南城,才带着两

家人起程西行。二月中旬来到黄河岸边,开封已历历在望。苏辙站在雪地里,迎住兄长,然后把两家人领进范镇府上。

范镇系四川华阳人,与苏洵年龄差不多,范苏两家还有姻亲关系。因公然批评新法为残民之术,范镇跟王安石闹翻,以户部侍郎致仕退休,暂居开封城外。苏轼兄弟的到来,令主人欣喜不已,日日陪着品茶喝酒,说不完的四川话。

可兄弟俩带职在身,在范家小住数天后,留下家眷,入城觐见皇上。谁知到得陈桥门外,为门吏所阻,说皇上已改变主意,任苏轼为徐州太守,不用入城觐见。看来朝中有人作祟,担心皇上见到苏轼后,心下喜爱,不再外放,苏轼成为势利小人的眼中钉,肉中刺。

兄弟俩只好返回范家。一个多月后,苏轼率家眷东返,苏辙恋恋不舍,送兄长上路。一直送到徐州,又在太守府同住三个月,才迟迟西归,去商丘上任。

时值八月,黄河中上游连降暴雨,苏辙前脚刚走,滔滔洪水就汹涌西来,在澶州曹村冲决堤坝,淹没四十五县,毁坏田地三十万顷。王安石主持朝政期间,曾拨款五百万缗疏浚黄河水道,谁知工程失效,负责人畏罪自尽。朝中小人唆使神宗,改派苏轼知徐州,用心也许正在此处,哪怕他运气好不葬身黄河,也会为治水不力担责获罪。

徐州又名彭城,北低南高。洪水迫境时为城南山势所阻,环城不去,城下水深二丈八。苏轼赋诗曰:

黄河西来初不觉，但讶清泗奔流浑。

夜闻沙岸鸣瓮盎，晓来雪浪浮鹏鲲。

全城陷入混乱中，不少百姓，尤其富户纷纷外逃。苏轼正带着两个儿子，布衣草屦，持锸荷畚，亲临现场抢险，见状忙站到高处，大喊道：吾在此，洪水无以败城！然后苦口婆心，劝阻大家别走，以免引起更大恐慌，承诺只要官民团结，众志成城，一定能战胜洪水。众人这才掉头退回城里，拆掉自家门板，或用布袋装上砂石，来到城边，汇入抗洪队伍里。

苏轼又走进武卫营驻地，对卒长道：水将害城，事急矣，且为我尽力。武卫营属皇家禁军，没皇帝手谕，谁也不能动用，也是苏轼真诚所致，卒长顾不得那么多，说太守犹不避涂潦，吾岂可袖手旁观？率军队走出营房，投身抢险，成为抗洪主力。

连续四十五个日日夜夜，苏轼庐于城上，过家不入，与全城军民携手，夯堤护坝，硬是把汹涌的洪水挡在城外。洪水只能服输，悄然退回旧水道，危险解除，徐州得救。

神宗闻彭城生齿及仓库庐舍免遭漂没之害，特颁旨表彰苏轼救护城壁有功。苏轼修书谢恩，趁机奏请朝廷豁免徐州赋税。然后拨出款项，征调劳力，夯筑高一丈长九百八十四丈的护城堤。且在堤上加建十尺高楼，依五行土克水之意，涂上土黄色，称作黄楼。

黄楼落成已是来年九月。苏辙应约所作《黄楼赋》已经寄到，苏轼亲笔书写，刻到石碑上，立于楼前。又主持黄楼落成庆

典,与彭城官民同乐。还邀请三十名贵宾,登楼览胜,作记赋诗。苏轼率先以《九月黄楼作》为题述之:

去年重阳不可说,南城夜半千沤发。
水穿城下作雷鸣,泥满城头飞雨滑。
黄花白酒无人问,日暮归来洗靴袜。
岂知还复有今年,把盏对花容一呷。
莫嫌酒薄红粉陋,终胜泥中千柄插。

苏轼所邀三十多名贵宾里,自然少不了苏门六君子:秦观、黄庭坚、晁补之、张耒、陈师道及李廌。秦观是江苏高邮人,风流倜傥,很有女人缘,年轻时景仰柳永,词作不乏柳词风格,犹如时女游春,略伤婉弱。代表作如《满庭芳》:

山抹微云,天连衰草,画角声断谯门;暂停征棹,聊共引离尊;多少蓬莱旧事,空回首,烟霭纷纷;斜阳外,寒鸦数点,流水绕孤村。　销魂当此际,香囊暗解,罗带轻分;谩赢得青楼薄幸名存;此去何时见也,襟袖上空惹啼痕;伤情处,高楼望断,灯火已黄昏。

真是绝妙好词,要苏轼不喜欢也难,将秦观与柳永相提并论:"山抹微云秦学士,露花倒影柳屯田。"柳屯田即柳永,露花倒影乃其名作《破阵子》首句,与秦观《满庭芳》首句山抹微云正好相对,可谓妙趣横生。

也是惺惺相惜,苏轼欣赏秦观,秦观自然也崇拜苏轼。受到偶像邀请,秦观激动不已,赶紧起程,说是:"生不愿封万户侯,但愿一识苏徐州。"苏徐州即时任徐州太守苏轼。见着苏轼,秦观惊为北斗,倒头便拜,又作诗曰:"不将俗物碍天真,北斗以南能几人?"

苏轼从此与小自己十三岁的秦观结缘,师生情谊终生不渝。民间就有苏轼嫁妹给秦词人的传说,可见苏秦两家关系多么密切。在苏轼影响下,秦观词风发生不少变化,婉约而不失豪放。尤其一首《鹊桥仙》,一经面世,天下盛传,几乎无人不晓:

纤云弄巧,飞星传恨,银汉迢迢暗度;金风玉露一相逢,便胜却人间无数。　　柔情似水,佳期如梦,忍顾鹊桥归路;两情若是久长时,又岂在朝朝暮暮。

在苏门六君子里,与秦观名气一样大的当属江西人黄庭坚。黄庭坚词逊秦观,但诗好,为江西诗派开山之祖,诗评家每以苏黄并称,尽管诗名和成就不比苏轼。书法也了得,与苏轼、米芾、蔡襄同称为宋四家。晁补之等其他四君子文名都很响亮,此处不一一赘述。倒是另有三位,不在六君子之列,却颇有特点,也被苏轼请到黄楼观光,值得一提。

一是河南莘县人王巩。王巩字定国,能诗善画,仕途畅达,加之出身高贵,爷爷做过太尉,父亲当过尚书,也就跌宕傲世,其口可畏，不容于人，常上书言事，臧否人物。惟仰慕苏轼才华，诗画往来，甚为快慰。黄楼建成，苏轼遍邀名流雅集，自然少不了王巩。王巩收到邀请函，先寄诗请教，苏轼以为他来不成，差人送去《次韵答王定国》，嘱曰：愿君不废重九约。王巩见诗，及时赶到徐州，欣然参加黄楼庆典。典毕，各路才俊陆续踏上归途，惟王巩依依不舍，仍滞留不去，与苏轼饮酒赋诗于黄楼。苏轼很享受这份友情，喜曰：李太白死，世无此乐三百年矣。又带王巩游泗水，登魋山，吹笛吟啸，乘月而归。客不走，主不安，王巩不好老占用苏轼时间，几次提出走人，苏轼以诗相留：相逢不用忙归去。

二是诗僧参寥子。参寥子系于潜（临安）人，人称道潜或潜僧。可能长年在外云游，苏轼任职杭州时没能谋面，直到主政徐州，参寥子才随秦观来登黄楼。苏轼与参寥子一见如故，说他身寒而道富，辩于文而讷于口。参寥子敬仰苏轼才德，把他当作良师益友，从此追随一生。也就在黄楼上，参寥子诗赠苏轼，苏轼大乐，和以《次韵僧潜见赠》，其中有言：

多生绮语磨不尽，尚有宛转诗人情。
猿吟鹤唳本无意，不知下有行人行。

苏轼坦言，因天性使然，自己就好做诗，仿佛猿吟鹤唳，不过顺乎天性，发乎本心，纯属本能，哪里顾得上会被别人听去？意思是写诗难免引火烧身，不写诗活着没劲，更要老命。这就是苏轼，为图痛快，冒再大风险，也不会轻易闭上嘴巴，搁下笔头，有话该说得说，有屁想放得放。

三是贺铸。贺铸字方回，出生于河南卫州，祖籍则是浙江山阴，系盛唐诗人贺知章后代。杜甫曾作《饮中八仙歌》，把贺知章列入八仙之首。贺知章留存的诗不多，但有两首非常著名，几乎说中国话的人都会。一首是《咏柳》：

碧玉妆成一树高，万条垂下绿丝绦。
不知细叶谁裁出，二月春风似剪刀。

另一首为《回乡偶书》：

少小离家老大回，乡音无改鬓毛衰。
儿童相见不相识，笑问客从何处来。

贺知章诗如此好，岂可后继无人？幸贺铸横空出世，才不至于有辱先祖。贺铸还有个高贵身份，即宋太祖贺皇后族孙，所娶亦宗室之女。祖上名显，又系皇亲国戚，这还不算啥，关键是贺铸才大，不仅豪爽精悍，任侠喜武，笔头也非常厉害，所作诗词雍容妙丽，超凡脱俗。有次访钟山定林寺僧不遇，信手题诗于壁："蜡屐旧痕浑不见，东风先为我开门。"其如虹气势，连王安石都深受震撼，逢人便翘拇指。

就是这么一位心高气傲的贺铸，对苏轼敬服有加，与秦观结伴来徐州拜访偶像，可见苏轼在士人心里多有威信。苏轼自然高看贺铸，视同门生。贺铸背景深厚，也就不屑功名，一直从事武职。他不以铸为名吗？朝廷让他管些铸钱收税之类的杂务，让他很感憋屈。原来宋代重文轻武，武职不受待见，贺铸心里郁闷得很，后还是苏轼等人出面举荐，才改为文职。贺铸心存感激，苏轼倒大霉时，越贬越远，官场小人避犹不及，他毫不避讳，公然作诗怀念恩师。当然苏轼最满意的是贺铸不负众望，诗词越写越好。比如《鹧鸪天》：

重过阊门万事非，同来何事不同归；梧桐半死清霜后，头白鸳鸯失伴飞。 原上草，露初晞，旧栖新垅两依依；空床卧听南窗雨，谁复挑灯夜补衣。

贺氏《鹧鸪天》毫不逊于苏轼怀念前妻的《江城子》，两词堪称天下悼亡词双璧。更为人津津乐道的还是贺铸的《青玉案》：

凌波不过横塘路，但目送芳尘去；锦瑟华年谁与度？月桥花院，琐窗朱户，只有春知处。 碧云冉冉蘅皋暮，彩笔新题断肠句；试问闲愁都几许？一川烟草，满城风絮，梅子黄时雨。

因丽人自眼前晃过，转瞬又消失在视野里，便愁绪难抑，如一川烟草般宽广，满城风絮般绵密，没完没了的梅雨般悠长，写尽愁绪的宽度、广度、密度和长度，实在妙不可言。简直是宋词里的奇葩，宋金词人步其韵唱和仿效者多达二十五人，共二十八首，词史上能享受此殊荣的仅此一人。贺铸因而获贺梅子美誉，一跃进入北宋词家前五之列。黄庭坚更是大加赞赏，认为贺铸是秦观之后词坛第一人，作诗赞曰："少游醉卧古藤下，谁与愁眉唱一杯。解道江南断肠句，而今唯有贺方回。"南宋也有人评价说："宋景文为工学问，贺方回亦擅诗歌。半山人去苏轼没，妙墨空嗟楯一磨。"

宋景文即宋祁，半山即王安石，南宋人认为贺铸作品可与宋、王、苏比肩。纵观北宋词界，确实无人能超越柳永、苏轼、秦观和贺铸四大家。

十三、丑妻恶妾胜空房　民丰太守陶然

行有余力而为文，苏轼向以行为先，最看重自己的太守职责，不会因交朋结友，饮酒赋诗，耽误正事。治黄大功初成，又遇大旱，苏轼急民众之所急，亲自赶往石潭，向龙王祈雨。如愿得雨后，又专程去石潭答谢龙王。

谢雨途中，苏轼访村入户，再以诗入词，将所见所感形诸笔端，收获清丽新颖的《浣沙溪》五首，可谓洗尽华靡见真淳，与时兴的艳词形成强烈对照，开创一代词风。比如其四：

簌簌衣巾落枣花，村南村北响缫车，牛衣古柳卖黄瓜。酒困路长惟欲睡，日高人渴漫思茶，敲门试问野人家。

再如其五：

软草平莎过雨新，轻沙走马路无尘，何时收拾耦耕身。

日暖桑麻光似泼,风来蒿艾气如薰,使君元是此中人。

苏轼出身农家,热爱农村,乐意把自己当成农人,尽情享受田园风光。田园由人与庄稼组成,人与庄稼离不开水,苏轼非常重视水利建设,足迹踏遍徐州山山岭岭,查找水源,然后征集民夫,修筑池塘水库,以解决饮用和耕种用水难题。在南部山上走动时,见成片成片栗树林被砍伐殆尽,露出秃坡,苏轼问怎么回事,随僚说徐州冬天寒冷,民众全靠烧栗柴取暖,加之北山发现铁矿,长期烧柴炼铁,栗林也就不可幸免。有好山才有好水,山上树木砍光,又怎么涵养水源?苏轼打听到徐州地下有煤炭,亲自出面勘察,在白土镇发现煤层,组织民众挖取,用以取暖和炼铁,让南山重新变绿,恢复生机。

经不懈努力和励精图治,徐州迎来好年景,苏轼终于有了闲情逸致,与远处老友诗书往来,与徐州新朋寻芳览胜。这天他收到文同来信,说画墨竹本为好玩,谁料天天有人拿着鹅溪细绢,上门求画,门槛都被踩破。鹅溪系文同四川老家小地名,因盛产细绢,被文同拿来画墨竹,一时名声在外,自然亦受求画人青睐。文同很不耐烦,把细绢扔到地上,说画画画,老夫哪画得这么多?还不如拿去做袜子,裹裹臭脚。求画人也不见怪,弯腰拾起细绢,轻轻放到案上,继续厚着老脸坐等。文同无奈道,如今墨竹画得最好的人不是老夫,是苏子瞻,你们赶快扛着鹅溪绢,到彭城找他去。写到此处,文同玩笑道,子瞻你就等着用鹅溪细绢做袜子吧。尔后附诗曰:"拟将一段鹅溪绢,扫取寒梢万尺长。"

意即苏轼答应给人画墨竹，减轻自己的负担，就用鹅溪绢给他画一根万尺长的竹子为谢。

读完信，苏轼回复道，画一万尺长的竹子，至少要用二百五十匹鹅溪绢，您老快别费劲，直接赠送二百五十匹鹅溪绢，我自己抽空慢慢画就是。文同回信道，我有二百五十匹鹅溪绢，早拿去买田购地，回乡做富家翁去了，哪用得着惊动你的如椽画笔？再说世间也没万尺竹，即使勉强画出来，也令人难以置信。苏轼复曰："世间亦有千寻竹，月落庭空影许长。"文同辨不过苏轼，只得打发新画的墨竹画，说画中竹虽只数尺，却有万尺气势，还请笑纳。苏轼这才饶过文同，说万尺之势也不赖，还可节省二百五十匹鹅溪绢，倒非坏事。

与文同不一样，徐州朋友想跟苏轼来往，不用借助书信，直接邀约就是。城东南有阳春亭，亭美景妙，是苏轼与友人见面佳处。友人觉得阳春亭其名太平常，请苏轼重新命名。苏轼想起密州快哉亭建成不久，没待过几回，便移调徐州，至今耿耿于怀，顺口说了快哉亭三字。众人都叫好，请苏轼以赋记之。苏轼也不客气，挥毫而成。也许那天陈师道也在场，他系徐州人，又是苏门六君子之一，老师有赋于先，自然得附和附和，赋诗《登快哉亭》以凑趣。贺铸也有《病后登快哉亭》诗，可谓锦上添花。

亭内有好友，亭外有妙景，当然还不能缺少佳酿。偏偏徐州人酿酒技艺不高，酒水寡薄，众人皆以酒薄为憾。苏轼却不以为意，觉得喝酒喝酒，全在一个喝字，心情好，跟谈得来的人喝酒，酒再薄也能喝出厚味。还戏作《薄薄酒》：

薄薄酒，胜菜汤。粗粗布，胜无裳。丑妻恶妾胜空房。五更待漏靴满霜，不如三伏日高睡足北窗凉。珠襦玉柙万人相送归北邙，不如悬鹑百结独坐负朝阳。生前富贵，死后文章，百年瞬息万世忙。夷齐盗跖俱亡羊，不如眼前一醉是非忧乐都两忘。

还觉不过瘾，又续作曰：

薄薄酒，饮两钟。粗粗布，著两重。美恶虽异醉暖同，丑妻恶妾寿乃公。隐居求志义之从，本不计较东华尘土北窗风。百年虽长总有终，富死未必输生穷。但恐珠玉留君容，千载不朽遭樊崇。文章自足欺盲聋，谁使一朝富贵面发红。达人自达酒何功，世间是非忧乐本来空。

知道苏轼醉翁之意不在酒，只在乎佳山丽水，云龙山隐士张山人大着胆子，把他请到山上，以酒款待。有美景佐酒，苏轼忘乎所以，很快醉倒于山前石床上，似醒未醒之际，赋诗曰：

醉中走上黄茅岗，满岗乱石如群羊。
岗头醉倒石作床，仰看白云天茫茫。

张山人如愿得诗，赶紧抄到纸上，逢人赠送，云龙山因而声名大振。还把苏轼醉后躺过的石床保护起来,供人观赏,此后历代诗人至此,皆有咏唱。

张山人喜欢养鹤,筑放鹤亭于云龙山顶,特意把苏轼请入亭内,一边饮酒,一边观赏闲云飞鹤。苏轼甚喜,更加不愿放杯,酒后作《放鹤亭记》,以酒对鹤,意谓清闲者莫如鹤,乱德者莫如酒,然卫懿公好鹤亡其国,刘伶、阮籍以酒全真而名后世,看来君主南面之尊,不足以易隐者林泉之乐。看得出苏轼并非记鹤,明明是羡慕鹤和放鹤人清闲自得,恨不得脱去官袍,做只山鹤,遨游天地之间,追逐闲云和日月。

徐州城里有座老宅院,叫作燕子楼,楼主闻知只要备下薄酒,便可从苏轼手里讨得妙诗奇文,心里痒痒,入衙恭约苏轼前去做客。燕子楼与黄楼隔水相望,苏轼早有此意,今有楼主相邀,二话不说,拔腿直奔而去。楼主迎住苏轼,一路介绍园子的前世今生。

原来唐时有位张尚书,曾在徐州做官,特造官宅寄居。徐州名伎关盼盼,懂风情,善歌舞,雅多风态,深得张尚书喜爱。张尚书专在园内建燕子楼,重金赎得盼盼身,蓄于楼中。后来张尚书病殁,归葬东洛,盼盼念旧爱,再不外嫁,居燕子楼十余年,幽独诀然。不久白居易调任徐州,闻盼盼名,参观燕子楼,作诗曰:

黄金不惜买蛾眉,拣得如花只一枝。
歌舞教成心力尽,一朝身死不相随。

盼盼见诗，怏怏旬日，不食而卒。

这是白诗杀伎典故，苏轼喜欢白居易，自然早有耳闻。诗不是刀，哪能杀人？定是盼盼感念张尚书知遇之恩，故人去后无知音，被白诗触着痛处，觉得继续活下去没啥意思，才绝食而亡。苏轼置身燕子楼，有感于盼盼的痴情，心里难免几分沉重，到得席上，望着杯中酒，迟迟难以下咽。害得楼主暗自着急，担心苏轼酒喝得少，要他留下诗文，怕没么容易。又不好逼客喝酒，毕竟苏轼是徐州最高长官，岂可胡来？楼主心生一计，宴罢又拿出好茶，留苏轼品茶赏月。直到月过中天，一阵倦意袭来，苏轼哈欠连连，楼主正好扶他至盼盼住过的房间睡下。楼主的意思是，改日再置酒宴请苏轼，非叫他喝醉不可，好留千古诗文。

也是日有所思，夜有所梦，苏轼躺下不久，恍惚觉得夜风透窗，窗外有人影晃动。于是他心生好奇，起身下床，迈出门外，竟然是风情万种的盼盼。正要问深夜来访，莫非有话要说，有事相托，盼盼广袖一甩，往楼外飘然逸去。苏轼紧追不舍，非要问个究竟不可。眼看就要够着盼盼，忽然脚下踩空，身子往前一栽，猛然醒来，原来是个奇梦。

回想着梦中情境，苏轼再没法入睡，干脆披衣下地，临窗观赏起楼外夜景来，仿佛盼盼还徘徊园中，迟迟未去。月光照着园子，夜风悠悠拂过楼前水面，不动声色地摇动着田田荷叶，一切显得那么幽清而凄美，说醒似梦，说梦似醒。一种无可名状的幻灭感悄然溢上心头，苏轼情不自禁吟咏道：

明月如霜，好风如水，清景无限；曲港跳鱼，圆荷泻露，寂寞无人见；紞如三鼓，铿然一叶，黯黯梦云惊断；夜茫茫，重寻无处，觉来小园行遍。　天涯倦客，山中归路，望断故园心眼；燕子楼空，佳人何在，空锁楼中燕；古今如梦，何曾梦觉，但有旧欢新怨；异时对黄楼夜景，为余浩叹。

这便是苏轼著名的《永遇乐》，借助梦中的燕子楼和盼盼故事，由景入情，由情入理，将深沉的人生感慨，将古与今，倦客与佳人，虚幻的梦境与实在的眼前景，悄悄嵌入幽幽的禅意里，隐藏着词家出离尘世彻底解脱的意愿。

然出世解脱又谈何容易？就在苏轼担任徐州太守刚两年，已熟悉这片山水，热爱上这方人情时，新的任命又从朝中发出，寄达府衙。新职为浙江湖州太守。

湖州位于苏杭之间，苏轼杭州通判任上去过，离杭北上密州时亦经过该处，做过短暂逗留。比之徐州，湖州富庶得多，只是与弟弟任职的商丘相距更远，苏轼不知该喜还是该忧。然喜也罢，忧也罢，只能听命朝廷，卸任旧职，整理行装，准备南下履新。

同僚和友朋都来饯行。苏轼重情，实在舍不得徐州的山山水水，不愿作别这方土地上的纯朴百姓和新朋老友，临行作《江城子·别徐州》：

天涯流落思无穷,既相逢,却匆匆;携手佳人,和泪折残红;为问东风余如许,春纵在,与谁同。　　随堤三月水溶溶,背归鸿,去吴中;回首彭城,清泗与淮通;欲寄相思千点泪,流不到,楚江东。

十四、莫作使君看　位重不忘寒友

三月泪别徐州，四月下旬苏家便到了湖州。湖州紧挨杭州，山水人情相近，苏轼觉得一切那么熟悉，心生欢喜，暂时撂下流落天涯的愁思，升堂视事，行使太守职责。又循例撰呈《湖州谢上表》，先叙微弱政绩，再颂皇恩浩荡，收笔时忍不住夹几句牢骚："陛下知其愚不适时，难以追陪新进；察其老不生事，或能牧养小民。"句中以其自称，一看就知讥讽朝中新进小人当道，自己老大不小，不愿陪人家玩儿，正好管理地方，为民造福。

这也属实话。虽说王安石两度罢相，吕惠卿也贬官出京，可王、吕得势时提拔任用的新进党人仍充斥御史台等要位，苏轼惹不起还躲得起，心甘情愿留在地方，做些力所能及的实事。想想密州荒僻穷困，徐州水旱频仍，尚且能大有作为，受到朝廷表彰，湖州系江南鱼米之乡，水丰田肥，苏轼不信不会干不出政绩。

也是湖州有幸，此前苏轼老友孙觉和李常皆担任过湖州太守，尽量绕开新政干扰，百姓遭罪较轻，地方还算安宁。孙觉系江苏高邮人，本为朝廷大员，也因反对新政，外贬出京，做了地方官。此君还是黄庭坚的岳父，秦观的老师，门生故吏遍布杭湖。李常乃江西永修人，为王安石老乡，两人关系一向密切。后王安石主政，拉李常主持三司条例司，李常觉得新政弊大于利，坚拒不就，还上疏批评青苗法，遭贬外放，辗转调任湖州太守，勤政之余，广结善缘。苏轼踏着孙觉与李常的足迹入主湖州，自然朋友多多，如鱼得水。

湖州还有位老秀才贾收，字耘老，大苏轼三岁，诗写得不错，苏轼通判杭州时，经孙觉介绍，两人就相识相知，颇为投缘。贾收家里很穷，苏轼笑他，新政大行青苗法，官府白银黄铜真收，到了贾家门上，反正你拿不出钱，自然只能贾（假）收。苏轼不时接济贾家财物，贾收偶尔笑纳，大都不受。欲给现钱，更会伤他的自尊，苏轼便画了枯木怪石相赠，再透露给字画商，商家上门收购，贾收偏偏不肯，说不能出卖朋友。

得知苏轼到任，老友们纷纷来访，只有贾收没露面。苏轼知道他人穷骨头硬，不肯趋炎附势，官事稍理出些头绪，便走出府衙，跑到南门横塘贾家看望故人。别看贾家穷，却临水而居，苏轼以前去过不止一次两次，每每诗酒过后，醉意沉沉，就躺倒在阁楼里，枕波酣睡。还说他日罢官，没地方可去，就到贾家旁购地建房，彼此为邻。

贾收没想到苏轼会撇下公事，突然登门，有些不知所措。不过还是满心欢喜，毕竟四五年未见，怪想念的。忙吩咐大儿购鱼，小儿沽酒。俩儿站在地上，无动于衷，贾收瞪瞪老眼，问怎么还不动步？俩儿也不吱声，只抬抬头，朝天花板瞥去。天花板下横有房梁，梁上悬只小箧篓，恰逢微风穿户，正轻轻晃悠着。

贾收顺俩儿目光望眼梁上箧篓，尴尬地朝苏轼笑笑，起身去了屋后。很快回来，手上多了把长柄画叉，即用来挂取字画的叉子。这是堂屋，不是书房，四壁空空如也，无一字一画，苏轼不知此老拿画叉干吗。正在疑惑，只见贾收手臂一抬，将画叉举过头顶，支向房梁，熟练地叉下箧篓，从里面掏出数枚铜钱，先放手上掂掂，然后一分为二，交给两位儿子。

俩儿走后，贾收再将箧篓挂回原处，收藏好画叉，才回来陪苏轼。苏轼道，钱放高处，莫非怕老鼠啃咬？贾收自指唇齿道，这张嘴比老鼠厉害得多。苏轼已明白主人的意思，笑道，你又非铁嘴铜牙，还咬得破铜钱不成？贾收自嘲道，都怪咱家穷，别无赚钱法，只好节省点，月初把钱分成三十份，放进箧篓，高挂房梁，每天用画叉取用一份，再把画叉藏起来，以免任意多取。今日饭钱已用掉，照规矩不能再取，太守大人光临寒舍，只好破例一回。

苏轼闻言大笑道，高明高明，他日老夫丢官去职，山穷水尽，也学耘老妙招，把钱悬到高处，不让自己心痒手贱，任意支取。

酒醉饭饱，又在贾家水阁里美美睡上一觉，苏轼才晃晃悠悠回到府衙。正好王巩由歌女宇文柔奴和秦观陪同，专程来湖州看望苏轼，苏轼大悦，又摆酒款待，欢饮一场。王巩还带来一样东西，即王诜印制的苏轼诗集。王诜与苏轼同年，山西太原人，因娶英宗女为妻，官拜驸马都尉和左卫将军。诗书俱佳，擅画山水，兼写墨竹，师法文同。王诜富有，不时在驸马府西园宴请苏轼、黄庭坚、李公麟等名士。李公麟白描绘画为当朝第一人，常当场给各位画像，画得惟妙惟肖。还作《西园雅集图》，以记宴会盛况。

　　有诗有酒有友人，苏轼在湖州的日子自然再惬意不过。且风调雨顺，无灾无害，也就有大量时间和好心情，携友游赏湖光山色。大儿苏迈已经成婚，刚生下儿子，苏轼有空便抱孙于膝，尽享天伦之乐。苏辙的女婿也在湖州，代岳父入府祝贺，拜望岳伯。又与苏迈一起，陪苏轼去林间水上漫游。游到兴浓时，苏轼作诗曰："莫作使君看，外似中已非。"不再自视为太守，觉得自己骨子里早已成为山民水翁。

　　也许过于顺心遂意，苏轼反倒有些隐隐不安，总觉得会有什么事发生似的。莫非出任密州和徐州太守时太忙太辛苦，习惯成自然，湖州任上和顺安逸，风平浪静，觉得没太大意思？此念只在脑袋里一闪而过，苏轼也没当回事，依然故我，该理政理政，该交友交友，该漫游漫游，该诗酒诗酒，一样都不落。

　　苏轼哪里知道，就在他自得其乐之际，一股浊流已暗暗涌过来，渐渐形成强大漩涡，非把他吞没掉不可。早在苏轼出任杭州通判时，沈括作为水利专家，奉旨赴江南调查农田水利，苏轼因两人同在崇文馆共过事，盛情款待不说，还题字以赠。沈括酒杯一端，笑口大开，叙旧论今，亲热得不得了。谁知屁股一抬，离席转背，便偷偷搜集苏轼诗作，一一抄录于册，回京后将自以为诽谤朝廷和新政的句子加以注解，趁给皇上呈递调查报告的机会,附笺于后,送入宫中,强烈请求整治苏轼。

沈括系史上著名科学家,其科普著作《梦溪笔谈》,尽人皆知。然宋代重文,科学家地位不高,沈括见苏轼文名卓著,自己望尘莫及,心生嫉妒,才施放暗箭,非射落文曲星不可。

幸神宗不以为意,没理睬沈括,苏轼当年才免去一难。可沈括开了因言整人的恶例,待苏轼离开杭州,到密州和徐州转上一趟,返回江南,政绩越发突出,文名越发响亮,朝中小人再也坐不住,开始张牙舞爪,恶狠狠地向苏轼扑过来。

原来王安石与吕惠卿内讧,两败俱伤,相继离朝,并没完全动摇神宗的决心,他对新政加以适当调整,再度推向全国。有人于是揣摩圣意,既然皇上初衷不改,肯定不容许不同声音存在,压制非议新政言论,不用说足可讨其欢心。也怪苏轼一贯恃才傲物,密州和徐州任上又干得风生水起,颇受神宗推崇,哪天神宗心血来潮,调他回京主政,还有其他人好事?苏轼不是喜欢写诗吗?沈括已揪过他的辫子,这些人正好借沈括的伎俩,把苏轼这小子打压下去。

首先跳出来的是一位叫何正臣的新进御史。何正臣系江西人,小时有神童之誉,二十几岁高中进士。平时也吟诗作赋,只是格调低下,味同嚼蜡,却自视比苏轼高明,心里老大不服气。今又在朝廷公报上见到苏轼《湖州谢上表》,如蝇入喉,更不自在,连夜摘引其中新进与生事等语上奏,说苏轼愚弄朝廷,妄自尊大。

事起新政推行之初,旧党领袖司马光心生反感,写长信批评王安石生事,从此生事成为反对新党的惯用语。苏轼也在《上神宗皇帝书》里说王安石招来新进勇锐之人，以图一切速成之效，以至朴拙之人愈少，巧进之士益多。偏偏巧进之士吕惠卿出卖王安石，新进一词也就格外让人敏感。

单凭《湖州谢上表》里一两句牢骚话，想置苏轼于死地，自然做不到。另一位状元出身的御史舒亶跃跃欲试，找来王诜印制的苏轼诗集，废寝忘食，苦心钻研，终于发现惊天罪证，上折弹劾道："包藏祸心，怨望其上，讪渎谩骂，无复人臣之节者，未有如轼也。盖陛下发钱（青苗贷款）以本业贫民，其曰赢得儿童语音好，一年强半在城中。陛下明法以课试郡吏，其曰读书万卷不读律，致君尧舜知无术。陛下兴水利，其曰东海若知明主意，应教斥卤（盐碱地）变桑田。陛下谨盐禁，其曰岂是闻韶解忘味，尔来三月食无盐。除此之外，其他触物即事，应口所言，无一不以讥谤为主。"

继而御史中丞李定赤膊上阵，历数苏轼罪行，声称非斩其首不足以谢天下。接着咬牙切齿，列出苏轼四该杀："初无学术，滥得时名，偶中异科，遂叨儒馆，一该杀；急登高位，欲速不达，心怀不满，讥讪权要，二该杀；君恩浩荡，宽容已久，冀其改过，拒不从命，三该杀；信口雌黄，借诗泄愤，荒谬浅薄，流毒深远，四该杀。"觉得还不解恨，又补充道："臣叨预执法，职在纠察，罪有不容，岂敢苟止？伏望陛下断自天衷，特行典宪，非特沮乖慝之气，抑亦奋忠良之心，好恶既明，风俗自革。"

本来神宗爱苏轼之才，无意治其罪，可三人成虎，当一封又一封劾折摆到面前，也就有些抵挡不住，开始怀疑苏轼对自己的忠诚,点头同意传其回京,问个究竟。

一位叫皇甫遵的御差于是带上捕快,离开京城,打马往江南方向急驰而来。

十五、今日捉将官里去　打入乌台大牢

这天阳光正好，苏轼没有出游，想起湖州湿气重，纸张容易受潮，抱出所藏字画，摊到廊外坪里晾晒。其中便有文同的墨竹，苏轼的目光久久停在上面，不肯挪开。

数月前文同蒙恩擢拔，不料履新途经宛丘时病逝，享年六十一岁。想起两人书信传递，诗画往来，而今字存画在，人已亡故，苏轼不觉黯然神伤，禁不住两眼模糊起来。又怕泪水打湿画作，只得缓缓仰起脑袋，去瞧屋檐上的燕子钻进钻出，衔泥作窝。

正在出神，忽闻衙外马蹄得得，由远而近，苏辙所派家仆飞驰而至。原来王诜得知御差出京收捕苏轼，大吃一惊，赶紧差人急赴商丘通知苏辙。苏辙闻讯，吓得瘫软在地，却还是强打精神，指派家仆，快马加鞭，南奔湖州。其时皇甫遵一行已过境商丘，沿途经由各处驿站，不断更换饱马，风驰电掣，直指目的地。苏辙家仆无权入驿换乘，只能不停地鞭策老马，艰难前行。也是

苍天长眼，皇甫遵一行经过金陵时，有差人突然中暑，不得不入城问医用药，耽误半天时间，结果让苏辙家仆后来居上，抢先一步抵达湖州。

苏辙家仆跳下快趴倒在地的老马，跟跄着跌进府衙大院时，已口吐白沫，嘴不能言，只呆呆看着正在为文同伤感的苏轼。苏轼认识家仆，赶紧收住眼泪，走上前来。家仆指指自己胸前，苏轼伸手进去，掏出苏辙短信，低头一瞧，顿时吓傻在那里，半天动弹不得。还是通判祖无颇听到动静，来到廊外坪里，拿过苏轼手上的信笺，匆匆看了几眼，搀他回到办事房，要他照苏辙的意思，把手头的诗文和亲友信函通通烧掉，以免落到皇差手上。

苏轼慢慢回过神来，开始翻箱倒柜，搜寻自作及亲友所赠诗文。祖无颇又派人到后衙去，通知王闰之，快将家里有字的纸张统统处理掉。

文章千古事，得失寸心知。读书人视文字如生命，苏轼虽搜出一大摞字纸，却怎么也舍不得毁掉。还是祖无颇果断，一把推开苏轼，搂过他面前的纸堆，来到院子里，丢到地上，点火焚烧起来。嫌火势不够大，他又抓起苏轼晾在廊下的字画，投进火中。仍呆立屋中的苏轼透过窗页，看着院里升起腾腾火焰，心里一阵阵疼痛。他真想跑出去，从火下抢出自己心爱的诗文和字画，可两脚没法挪动，像被钉死在地上似的。

其时皇甫遵已率捕快赶往湖州，直奔府衙而来。到得衙门外，令牌一亮，衙役只得诺诺而退，入衙禀报苏轼。苏轼闻报，不知如何是好，问祖无颇要不要负荆出迎皇差。倒是祖无颇冷静，说还没听到旨意，应以太守身份见差。苏轼想想也是，努力镇住自己，拿过官帽、官袍和官靴，穿戴整齐，手执笏板，再由祖无颜和衙役护拥，来到庭中，面对皇甫遵和捕快站好，开言道，臣知开罪皇上和朝廷，此番抵押入京，必死无疑，请容许回趟后衙，与妻儿别过，再受缚上路。皇甫遵冷冷道：还没到如此严重地步。

苏轼正待再言，祖无颜上前一步道，吾乃湖州通判祖无颜，请问皇差，可有公函否？皇甫遵朝旁边捕快抬抬下巴，捕快从包裹里取出刑部公函，送到苏轼手上。苏轼打开一看，里面说，遵旨罢去苏轼太守职务，传唤进京问讯。苏轼也干脆，脱下官帽官袍官靴，连同笏板一起，递到祖无颜手上，请他代理太守职责，又回头再次对皇甫遵道，上路前请容轼与家人道别。皇甫遵点点头，苏轼转过身，向后衙走去。

得知皇差捕人，苏家妻儿及塾师、家仆正乱作一团，哭的哭，泣的泣，叹的叹，如丧考妣。苏轼鼻头一酸，觉得愧对家人，让他们跟着担惊受怕。却还是故作轻松，亮着嗓门道，皇上想念臣子，召唤进京觐见，你们该高兴才是，有啥好哭的？家人止住哭，怔怔望着苏轼，像在说，别自欺欺人，哪有皇上召见，先摘官帽官袍，再缉拿入京的？

苏轼咧嘴笑笑，说起故事来。当年真宗求贤若渴，听大臣说新郑有个杨朴，满腹经纶，诗写得好，下旨征召入京。偏偏杨朴不肯应召，皇上特派皇差下去，强行把人带走。到得宫中，皇上问杨朴在做什么学问，答曰不会做学问，只会种田刨地。再问写过何诗，又答没喝几滴墨水，不敢亵渎诗神。皇上拿杨朴没法，又问你肚里墨水少,身边朋友定有饱读诗书善于吟咏者,免不了以诗相赠,可否拿来一阅?杨朴说走得匆忙,没人赠诗,倒是拙荆献打油诗一首,还没忘记。皇上说打油诗也是诗,不妨念来听听。杨朴念道:且莫落魄贪酒杯,更休猖狂乱咏诗。今日捉将官里去,明日断送老头皮。真宗直摇头,放杨朴出宫,回了乡下。

听完故事,家人破涕而笑。王闰之则数落苏轼道,你无聊时,打打牌,钓钓鱼,下下棋,听听戏,多么快活,何等自在,胡思乱想作啥诗?现在可好,引来皇差,捉去京师,手起刀落,割下脑袋,看你还怎么作诗?

说罢叫过大儿苏迈,叮嘱曰,你陪父亲先走一步吧,日后老头皮落地,赶紧拣起来,别让野狗叼走,也好对接到一处,留个全尸。咱们收拾收拾,随后上路,抵达京师,再购些黄纸,到坟上去烧化。

苏迈挎上肩包,随父回到前衙。皇甫遵使个眼色,两名捕快拿出绳子,将苏轼结结实实绑了,牵出衙门,直奔城外。湖州百姓听说太守被捕,前来送行,一个个洒下伤心泪。一直送到城外码头,苏轼已上船入舱,渐渐远去,众人还站在岸边,久久不肯离去。

船过太湖,桨页损坏,皇甫遵下令停船修桨。暮气沉沉,夜雾如纱,湖水在浓雾里悄然荡漾,无声无息。苏轼呆坐船舱中,侧首望着茫茫湖面,脑袋里一片空白,仿佛还没从惊惧中回过神来。从朝廷命官到令人不耻的囚犯,之间仅差一根绳子,绳子加身前还是堂堂一州太守,加身后便成捕快手中绑翅缚腿的可怜小鸡。

在苏迈恳求下,皇甫遵给苏轼松了绑。苏轼活动活动四肢,出舱来到舷边,呼吸着拧得出水汁的湖风。湖风无声拂过,浓雾慢慢散去,弦月浸在水中,似幻似真。入仕二十年,忽东忽西,忽南忽北,来去无踪,无异于捉摸不定的噩梦,苏轼顿生幻灭感,绝望至极。也不知此番解京,到底是死是活。死倒也干净,就怕欲死不能,欲活不得,还要连累亲朋好友。尤其王诜和弟弟,给自己通风报信,肯定会受追究,轻则罢官去职,重则下狱定谳,自然难有好下场。还不如翻出舷外,投身湖中,一了百了,说不定皇上怜悯心起,放过无辜亲友。转而又想,如此不明不白死去,岂不辜负弟弟他们一片苦心,也正中朝中小人下怀,不费吹灰之力,就如愿拔去你这眼中钉,肉中刺?

苏轼打消死念,回到舱中,倒头便睡。横竖是一死,何不如先睡个饱,养足精神,黄泉路上动作利索些,也好早超生,早投胎,数年后又是一条好汉。

皇差也不愿耽搁,船桨修好,立即开船,继续上路。自七月二十八日苏轼湖州遭捕,至八月十八日到京,投入御史台监狱,仅二十天时间,速度够快的。御史台署院深深,遍植柏树,树上常有乌鸦筑巢栖息,又名乌台,苏轼因诗被押入御史台受审,史称乌台诗案。

中国有四大发明,乌台诗案首开文字狱恶例,怎么也算第五大发明。此前文人作文赋诗,纯系自娱自乐,从没享受过如此"隆恩"。屈原作《离骚》,怨天尤人,指桑骂槐,君臣充耳不闻，屈原自觉无趣，掩面投江而亡。孟子不满齐宣王寡情少义，当面指责道："君视臣如手足，则臣视君如腹心；君视臣如犬马，则臣视君如路人；君视臣如草芥，则臣视君为寇仇。"齐宣王羞愧难当，正眼都不敢看孟子，更没想要捂其嘴，烧其书，消除影响。祢衡恨曹操，口诛笔伐不过瘾，干脆搬张大鼓，击鼓骂曹，什么话最难听，最毒辣，拣什么话骂，把曹操前世今生里里外外都骂个透，曹操心里不乐，却还得装大度，说祢衡有才。杜甫愤而著"三吏三别"，无情批评时政，揭露当朝黑暗，还嫌不够，又作《自京至奉先县咏怀五百字》，公然叫嚷："朱门酒肉臭，路有冻死骨"，振聋发聩，君臣却装聋作哑，不闻不问，更没想起追究杜甫文责。白居易作《琵琶行》，与琵琶女同病相怜，闻琵琶而悲叹，说"座中泣下谁最多，江州司马青衫湿"，以发泄不满。又创《长恨歌》，公然讽刺唐明皇误国误民误己，一时传遍天下，人人成诵。如此放肆，白居易不仅没闯祸，相反受恩深重，该升官升官，该加薪加薪，以至禄寿双全，有滋有味活到七十四岁。

未曾想轮到苏轼，写几句歪诗，忍气吞声发几句牢骚，竟被小人揪住，告到神宗面前，逮捕下狱，叫他如何想得通？可想不通也没法，既然身陷囹圄，只能任人宰割。苏迈送父亲进得狱舍，留下衣被，转身准备外出寻水觅食，苏轼凄然道，为父将不久于人世，喝得再好，吃得再美，也属白喝白吃，弄点粗茶淡饭即可。苏迈强忍泪水道，吉人自有天相，父亲别太悲观，儿自会准备可口茶饭，尽量让父亲喝好吃饱。苏轼放低声音道，就送些豆腐蔬菜,容易入喉,利于消化,千万别送鱼呀鳝呀的,除非君要臣死,吃过断头餐就上路。

  这是父子间的秘密约定,苏迈自然照办,餐餐萝卜白菜,豆腐海带,偶尔炒些有权有势之人不屑上桌的猪肉,给父亲打打牙祭,哄哄肠胃。

十六、世间惟有蛰龙知　古今第一文字狱

两天后的二十日,由李定和舒亶提讯苏轼。两位都是文人,自觉才高,不输苏轼,却名头没他亮,影响没他广,心里老不自在,才串通同伙,向其发难,如愿得手。苏轼终于蜷缩于堂下,成为足下罪犯,李、舒二人感觉自然再美不过。李定一拍惊堂木,大声喝道,堂下何人,报上名来。

苏轼斜眼看看李、舒二人,心想天下何人不识苏?你俩睁眼瞎,认不清我是谁?可还是老老实实说道:本人姓苏,名轼,字子瞻。继而报上籍贯、年龄、中举年月以及历任官职。又交代为官以来,受过两次记过处分:一次是凤翔通判任上,与陈太守不和,拒未出席秋季庆典,受罚红铜八斤;另一次是出任杭州通判时,下属挪用公款,没及时报呈,同样被罚红铜八斤。除此之外,别无不良记录。

李、舒二人也知苏轼不贪不腐,不懒不惰,要他乱纪怠政,几乎没有可能,只能揪住其所作诗文不放,才问得出名堂。李定

拿出苏轼任杭州通判时所作《山村五绝》，问还记不记得其三有句："岂是闻韶解忘味，迩来三月食无盐。"苏轼点头说还记得。舒亶问是何用意。苏轼也不含糊，坦白说讽刺新政和盐法。李定又问还记不记得其四里的句子："杖藜裹饭去匆匆，过眼青钱转手空。"苏轼照样说还记得，同样承认是讽刺青苗法。

二十二日再审，李、舒二人揪住苏轼作于杭州的《八月十五日看潮》诗句："东海若知明主意，应教斥卤变桑田"，责问是何用心。也许诗里有明主二字，苏轼心里惴惴，没那么干脆，拖到二十四日才说是讥讽朝廷水利之难成。李定又拿《戏子由》说事，指责苏轼违抗朝廷所倡新律，居心叵测。因诗涉弟弟，苏轼顾虑重重，不肯轻易点头。李定便大声呵斥，肆意辱骂，自己累了，再让舒亶等人轮番审讯，不让苏轼睡觉歇息。拖到二十八日，苏轼实在受不了了，不得不照李、舒二人的意思，他们说是啥便是啥。

李定如获至宝，带着审讯笔录，跑去觐见神宗，兴高采烈地说苏轼照御史弹劾内容，一一供认不讳。还说以为苏轼是大忠臣，想不到他一向不满新政，痛恨朝廷，那还了得？神宗道，苏轼招供得这么快，只有两种可能，要么确属反新政反朝廷反朕，心中有愧，无可否认，要么用刑过重，受不了皮肉之苦，屈打成招。李定忙道：苏轼名高当时，辞能惑众，为避人言，不敢用刑。神宗龙颜大怒，说朕待苏轼不薄，他竟如此离心离德，那还了得，继续给朕审，把其他朋党通通给审出来，非审出个水落石出不可。

李定要的就是神宗这个态度，大喜而出。马上派出多路御史，分赴各地，搜寻与苏轼有关的信函和诗文。又广发布告，谁能举报苏轼嘲讽新政和朝廷的诗文言论，予以重奖，该给位给位，该给钱给钱。此招一出，效果立见，检举信函陆续飞往京师。安徽灵璧县教谕李宜之正恨自己官比芝麻小，又无直达天听机会，探知苏轼离豫赴任湖州途经县城时，曾寄寓张氏私家园子，觉得有文章可做。想那张园，山雅水秀，楼佳阁美，曲径通幽，苏轼置身其间，能不手心痒痒，留字纪念？跑去一问，果然苏轼写过一篇园记，张家不知李宜之的意图，主动拿出来，以示炫耀。园记说古之君子不必仕，必仕则忘其身，必不仕则忘其君。语出孟子对孔子的评价，意即有美妙张园可栖身，自会忘功名利禄甚至君恩于脑后。读得李宜之心里怦怦直跳，不出声道，该轮到咱姓李的出息了。连夜上书曰：天下之人，仕与不仕，不敢忘其君，独苏轼有不仕忘君之险恶用心，是废为臣之道尔，云云。

　　李定和舒亶见书，正中下怀，奏调李宜之入京做上御史，为虎作伥，帮着整治苏轼。李宜之边地九品小吏，动动笔头，递封举报信，一步登天，做上京官，能不令人垂涎？自有不少阴险小人跟着效仿，搜寻苏轼言辞，献给新党，谋求仕进。

　　如此一来，苏轼所题大量诗词，经由不同渠道，源源不断汇集京师，李、舒一伙废寝忘食，挑灯夜战，从中挑出一百多首，加以重点索引和阅评，一下子牵出三十九人。旧党领袖司马光的名字赫然于首，令人瞩目。原来王安石罢相后，苏轼曾赠诗司马光："先生独何事，四方望陶冶。儿童诵君实，走卒知司马。抚掌笑先生，年来效喑哑。"意思是普天之下皆知当政者无道，推行新政，误国误民，连儿童都口呼司马大名，切盼其出来执政，陶冶天下。

又如写给黄庭坚、王诜、孙觉、曾巩、张方平、范镇、周邠、王巩等人的诗文里，要么批评新政伤民，要么讥讽新进小人得志猖狂，白纸黑字，谁也抹不掉。有些诗作直白，一看就知咒骂奸佞小人，可轻松认定为罪证。有些比较隐晦，用典深奥，李、舒二人一时看不明白，就拐弯抹角套苏轼的口气。苏轼心生蔑视，不出声道，你们都是读书人，舒亶还是堂堂状元郎，自觉比俺高明，不想诗里藏几个典故，就不知所云，诗书都读到牛屁眼里去了！

也是一时兴起，苏轼竟滔滔不绝，畅论起作诗的奥妙来。有位名叫刘恕的官员被罢出京，苏轼赠诗两首，其一曰："敢向清时怨不容，直嗟吾道与君东。坐谈足使淮南惧，归向方知冀北空。独鹤不须惊夜旦，群乌未可辨雌雄。庐山自古不到处，得与幽人仔细穷。"李、舒二人不甚明白，苏轼得意道，首句取自孔子不怨不容，次句典出东汉经学家派弟子东行，三句藏萧何智平淮南王，四五六句言冀北无骏马，朝中独鹤不容于鸡群和乌鸦。

不是苏轼不打自招，李、舒之徒哪知苏诗骂人不留痕迹？又要他解释其二："仁义大捷径，诗书一旅亭。相夸绶若若，犹诵麦青青。腐鼠何劳吓，高鸿本自冥。颠狂不用唤，酒尽渐须醒。"苏轼乐得免费讲诗，笑笑道，前四句指责你们这些虚伪书生侈谈仁义，不过背几句旧诗，作几篇酸文，便谋取功名富贵，谁知官瘾没过足，便口含珍珠，葬身地下，不多时尸烂骨散，棺朽坟平，惟余麦苗青青。后四句更直白，楚王派专使请庄子入朝做官，庄子冷冷一笑,说乌鸦觅得腐鼠一只,正趴枝上忘情享用,有鹤自空中经过,乌鸦大惊失色,以为来抢自己爪下美食,抬首大声尖叫,威胁鹤敢横刀夺爱,跟你拼老命!鹤毫不理会,倏然飞入云中。

说完故事,苏轼指指李定和舒亶,你们手里那点权力不过乌鸦爪中腐鼠,以为自己一日无腐肉可食会死人,别人也好这一口,非夺走不可,殊不知鹤志不在此,你们实在多虑啦。气得李、舒二人嗷嗷大叫,恨不得冲过去,掐死苏轼,又怕神宗那里不好交代,只能先忍住,咬牙切齿道,好你个苏轼,死到临头,还要练嘴皮子,你等着瞧吧。

看看罪证搜集得差不多,李定正要呈送神宗,拿掉苏轼项上脑袋,舒亶担心道,万一皇上忽然改变主意,不杀姓苏的,又如何是好?李定拍拍手里的案卷,说苏轼罪状在此,一桩桩、一件件,白纸黑字,谁否定得掉,还怕皇上不定苏轼死罪?舒亶点头道,照卷上所载,苏轼死一百次都不够,怕就怕圣意难测,心生怜悯,放过苏轼脑袋,咱们岂不白忙数月?要么多奏几人死罪,到时皇上杀不了那么多,总得拿首犯苏轼试刀结案。

李定觉得有道理,让舒亶拟折,奏斩苏轼,另让司马光、张方平、黄庭坚、范镇、苏辙、李常、王诜、王巩、曾巩等人陪斩,黄泉路上也好诗酒唱和,免得寂寞。

折子拟就,舒亶又有点担心,对李定道,说来说去,苏轼不过口咒新政和朝臣,好像没涉及皇上本人,恐怕不足以置其于死地。李定沉吟道,若能拿到关涉皇上本人的诗文,触怒龙颜,苏轼则死定了,只是又到哪里去找这种诗文呢?舒亶想想说,有位叫作王复的秀才，因仰慕苏轼，曾邀赏庭前古桧，据说苏轼观桧有感，做过《王复秀才所居双桧》诗，里面有九泉与蛰龙字样。皇上乃真龙天子，苏轼不颂天龙，却吟什么泉下蛰龙，岂不犯大忌？

李定闻言窃喜，随舒亶赶到王家，一番威逼利诱，迫使王复交出苏轼的亲笔诗："凛然相对敢相欺，直干凌空未要奇。根到九泉无曲处，世间惟有蛰龙知。"

《桧诗》也许是斩苏最利武器，两人觉得不能轻易出手，该找有分量的人代呈神宗。想起副相王珪，自觉文章天下一流，却被晚辈苏轼盖过名头，一直衔恨在心，由他呈递苏诗，挑逗皇上，定见奇效。又值王珪久居副相位置，倍觉委屈，李、舒二人送上苏诗，自然乐得配合，说不定整苏有功，皇上一高兴，一句话提拔自己晋级正相，也不是没有可能。

几天后，李定把厚厚的诗案卷宗送入宫中，神宗仔细翻阅，觉得苏轼实在混账，灭苏之心渐起。王珪又及时出现在面前，呈上苏轼《桧诗》，火上浇油道，陛下飞龙在天，轼以为不知己，转求之地下蛰龙，非不臣而何？

怂恿得神宗怒从心头起，恶向胆边生，更加坚定了杀苏的想法。王珪看在眼里，乐在心头，觉得晋升正相希望就在眼前。出宫召见李定和舒亶，说杀苏已有九成把握，暗示事成后，别忘吁请皇上，促成自己去副转正。

十七、龙可喻君亦喻臣　章王出面营救

得知苏轼栽倒在自己所作诗文里，脑袋难保，朝臣们有幸灾乐祸的，也有心惊肉跳，不无忧患的。想想朝内朝外，几位不是文人出身？文人都有个臭毛病，动不动便触景生情，感物伤怀，然后形诸笔端，留在纸上，自鸣得意。一旦苏轼死于诗文，首开恶例，日后小人看你不顺眼，逮住你只言片语，小题大做，你岂不成为苏轼第二第三？也是兔未死，狐先悲，众臣开始自觉行动，出面为苏轼说话，希望能保住他项上脑袋不掉。

有意思的是，挺身而出者偏偏不是苏轼旧日文朋诗友。也许诗文本系玩物，以诗交友，以文结朋，不过好玩而已，无关利害，认真不得。欧阳修故去，苏轼成为文坛领袖，舞文弄墨者谁不想往他身边蹭，也好癞子跟着月亮走，顺便沾沾光？只要能与苏轼同桌喝过酒，同几饮过茶，同室说过话，便添油加醋，到处张扬，生怕别人不知自己与苏轼有缘。若有幸获其所赠诗画，更是沾沾自喜，逢人便拿出来炫耀一番，证明能入苏轼慧眼，绝非凡夫俗

子。或手执所写歪诗，所涂劣画，拿去请苏轼斧正，苏轼碍于情面，应付式说两声不错不错，可以可以，则到处吹嘘，非把稻草说成金条不可。诸如此例，看上去属务虚玩玄，其实另有图谋。说不准上司正好喜欢苏诗苏文，听说你跟苏轼有些瓜葛，一高兴给你晋个级，升个官，自不在话下。哪怕你非官场中人，借苏轼大名，到权贵门下混顿嗟来之食，甚而至于蒙骗衙门长官，谋份抄抄写写的差事，狐假虎威，唬唬贱民，也不是没有可能。

正应了文人无行的老话，平时三句不离苏轼直接或间接得过其好处的文朋诗友，此刻像约好了似的，一个个闭紧嘴巴，作失语状，仿佛从没听闻过苏轼二字。此时的苏轼身上已无任何光芒，有的只是癞癣疥疮，谁沾边谁受传染，遭毒害，起疱生疹流黄脓。不过也不能全怪这些人，苏轼本属皇上宠臣，名重当时，浑身都是光环，李定、舒亶、何正臣之流略施伎俩，就可逮入狱中，小命难保，连王诜贵为驸马，司马光、张方平几朝元老，皆因跟苏轼交换过诗文，便被告到御前，在劫难逃，其他屑小文人，不小心被牵扯到苏案里，哪还有生还可能？也就恨不得遁入地底，消失于无形。

就在苏轼文朋诗友躲得不知去向时，有个人物出现在神宗面前。此人不是别人，正是苏轼好友章惇。与苏轼正好相反，章惇热衷新政，深受王安石器重，屡任要职，成为变法得力干将。王安石罢相，章惇也因母逝回籍服丧，今丧期届满，回朝觐见神宗，领受新职。王安石和吕惠卿两败俱伤，一时朝中无人，神宗欣赏章惇才干，授其参知政事，以继续施行新政。君臣说完正事，论及苏轼,章惇恳求神宗,别开因言杀臣先例,留下骂名。神宗不乐,拿出王珪所供苏轼《桧诗》,要章惇自己看。

章惇自视才高,一向瞧不起王珪尸位素餐,对其落井下石的伎俩,颇不以为然,质疑道,皇上圣明,可知王珪呈献苏诗的意图?神宗说,苏轼不臣,王珪呈诗,无非维护君威。章惇道,王珪维护君威恐怕是假,借苏轼诗案讨好皇上早日转正才是真。就王珪那点能耐,担任副相已名不副实,真让他做上正相,岂不坏皇上大事?再说苏案朝野震惊,官民一个个都鼓大眼睛盯着,见王珪之流耍点小聪明,做点小动作,就提拔重用,以后谁还肯给朕干正事?

神宗默然片刻,才又道,就算王珪有私心,可苏轼以蛰龙反讽朕,也太可恶了点。章惇道,以龙喻天子,已然俗成,然龙可喻君,亦可喻臣,苏轼以蛰龙入诗,并无反讽皇上之意。神宗惊讶道,龙还可喻臣?也是章惇满腹经纶,佐以龙喻臣之古诗文,神宗才无话可说。

听说章惇诋毁自己,极力为苏轼辩驳,王珪大为不满,又跑进宫中,咒苏骂章。神宗已隐隐意识到,自己首开文字狱恶例,定会受后人诟病,对苏轼诗案渐生厌倦,眼望王珪,面无表情道,算了吧,苏轼咏桧,与朕何干?

王珪再不好强词夺理,灰溜溜告退而出。正好王安石有折呈入,奉劝神宗:太祖赵匡胤立有家法,除谋逆大罪,大臣犯错,只能降职贬谪,不可乱开杀戒,皇上英明,安有圣世而杀才士乎?神宗寻思,苏轼反对新法,与王安石对着干,王安石尚且愿意饶恕政敌，反过来为其说情，自己身为一国之君，揪住苏轼讽刺新政一事不放，斤斤计较，岂不显得太没肚量？难道宰相肚里能撑船，皇帝肚里却容不得几行苏诗？

放下王函，宰相吴充来问事，话题又触及到苏轼身上。吴充系福建人，虽是王安石儿女亲家，却并不完全认同新政，王安石与吕惠卿去国后，神宗为平衡新党和旧党之间关系，拜吴充为相。吴充也认为杀苏轼容易，为神宗洗刷杀才士恶名难，劝阻道，陛下以尧舜为法，薄魏武固宜，然魏武猜忌如此，犹能容祢衡，陛下不能放过一苏轼何也。

魏武就是曹操。曹操疑心重，宁肯天下人负我，我不负天下人，然祢衡击鼓骂曹，字字如枪，句句似刀，曹操一笑了之，大度饶过人家，苏轼不过借助诗文，含沙射影，站在百姓立场，说几句实话，发几声牢骚，且不容于当朝，要后人如何评判？难道自己还不如曹操么？神宗心里开始松动，已起不杀苏轼之念。

神宗还收到苏辙的折子，说他情愿纳还朝廷所给的官位和俸禄，为兄长赎罪，只要皇上开恩，放过兄长，兄弟俩立即卷上铺盖，南归眉山，耕地种田，自食其力，也好减轻国家负担。苏辙为人谨慎低调，为官清正廉明，神宗暗想兄弟同母所生，弟弟官声颇佳，哥哥还能坏到哪里去？只不过苏轼直爽率直，口无遮拦，笔不留情，容易得罪人，才为笔舌付出沉重代价。

当然促使神宗最后下决心放过苏轼的，还是祖母曹太后。曹太后乃仁宗皇后，受仁宗影响，一向欣赏苏氏兄弟，每每得到兄弟诗文，总是反复吟诵，赞叹不已。有宋以来，文风鼎盛，历代皇帝皆能善待文人，各自皇后耳濡目染，也对才士津津乐道。曹太后最爱苏轼才情，久不读苏诗苏文，便食不甘味，怅然有失。仲秋以来，再无苏轼诗文进呈，曹太后甚觉不适，问身边人，都支支吾吾，语焉不详。原来神宗知道祖母喜欢苏氏兄弟，苏轼下狱后，便叮嘱宫人闭紧嘴巴，千万别胡言乱语。可纸包不住火，终被曹太后探知实情，大骂李定、舒亶等人无耻，坏我祖规，敢对才士下黑手。正柱杖要去责问孙子怎么回事，忽然发病，卧榻不起，只有静待神宗来看自己时，再好好教训教训他。

仁宗无后，传位于养子赵曙，是为英宗，英宗再传位给儿子赵顼，即神宗。父子非仁宗一脉，之所以得以继位，全凭一个孝字，孝字功夫不够，其合法性便大打折扣。因而得知祖母病倒，神宗赶紧扔下朝政，飞快来到榻前，探视病情，亲手侍奉汤药。

曹太后病得不轻，已无力气教训孙子，勉强喝口他双手呈上的良药，气若游丝道："祖母多次讲过尔祖父策选贤良的故事，你可否还记得？"神宗意识到祖母要说什么，点头道："孙儿一直铭记于心。"曹太后盯住神宗道："那你复述一遍给祖母听听。"神宗躲避着曹太后的目光，说："昔日爷爷策获良才，心情大好，回到后宫，脸上还满是喜气，曰今为子孙选获俩太平宰相也。"曹太后又问："哪俩太平宰相？"神宗低下头道："盖轼、辙兄弟也。"曹太后再道："你祖父明言，策选苏氏兄弟，是留给你做宰相，帮助治理大宋江山，你却听信小人谗言，借口苏诗讽喻新政，将其打入大牢，意欲办成铁案，杀之而后快，不有些欠妥吗？"

神宗羞愧不已，表示祖母教诲得对，一定善待忠良才士，不轻开杀戒。别过曹太后，出得后宫，神宗盘算着诏令御史台，放苏轼出狱，无奈苏轼讽刺新政的诗文，字字句句在脑袋里晃悠着，挥之不去。国家贫弱，外族觊觎，朕用心良苦，推行新政，以富国强军，苏轼身为臣子，不体谅朕之苦衷，相反自恃才高，舞文弄墨，对新政冷嘲热讽，公然与朕叫板，朕岂可因祖母说情，一时心软，轻易放过这小子？

寻思良久，神宗召来皇甫遵，说苏轼系你缉拿归案，他在狱中情形，可否知晓？皇甫遵道，把苏轼移送御史台后，臣不好再插手苏案，只是苏轼名头太响，传言满天飞，听说他受不了御史逼问，对以诗文讽喻新政的事实供认不讳。神宗说，朕知苏轼毫不隐瞒对新政的不满，然新政由朕倡行，他因新政入狱，不知恨不恨朕？皇甫遵想想道，要不臣去狱中会会苏轼，试探试探其口风？神宗道，苏轼认识你，就是对朕怀恨在心，也不会当你的面说出嘴吧。皇甫遵道，要么臣安排一个信得过的太监，入狱潜伏在苏轼身边，苏轼心直口快，有啥说啥，他真衔恨皇上，自会口吐实言。

神宗就让皇甫遵物色机灵可靠的太监，装作犯人，入狱看看苏轼有何表现。皇甫遵起身欲出，神宗又道，叮嘱太监，见着苏轼，千万别出声，只管睡到他旁边，察言观色即可，苏轼聪明过人，被他识破，就没法试出实情。皇甫遵应诺而去。

十八、魂飞汤火命如鸡　死里逃生出大狱

就在神宗召见皇甫遵的当儿,御史台大狱里出了个有趣的小插曲。苏轼入狱后不久,一家大小也迤逦来到京城,住进苏洵当年购置的老屋,等候诗案进展,万一苏轼死罪难免,多几个人手,到时也好置齐香蜡,抬了棺材,上刑场收尸,免得人头落地,被野狗抢先叼走。可怜一家大小十多口,要吃要喝,苏轼犯案以来,亲朋好友一个个躲得不知去向,苏迈只能与母亲王闰之协商自救办法,以粗粮糙米果腹。粮米再粗糙,也得花钱,苏轼薪金已停,家里积蓄微薄,案子一拖三月,眼见坐吃山空,苏迈兄弟别无良策,惟有分头行动,外出借贷。想起父亲在狱中张口待食,苏迈行前特嘱远房亲戚代为送饭。

亲戚想起苏家窘迫,苏轼吃不起大鱼大肉,正好家有熏鱼,赶紧取出来,照川菜制法,佐以生姜、花椒和干辣椒,烹熟盛好,连同米饭,一起送入狱中,由狱卒梁成转给苏轼。

揭开饭盒,一见熏鱼,苏轼不禁大吃一惊,哪里还下得了筷

子？入狱之初，他便与儿子暗中约定，平时只送蔬菜，最多炒些便宜猪肉，以塞饥肠，除非得到不好的消息，才送鱼暗示，意思是剩余时光已不多。也是一家大小空腹待哺，苏迈借钱心切，走得匆忙，忘提醒亲戚，以致苏轼见着熏鱼，大惊失色，以为死罪已定，只待押赴刑场问斩，等候家人收尸入殓。顿时心如死灰，任凭泪水盈出眼眶，流到腮边，滴到熏鱼上。

　　苏轼一生光明磊落，正直善良，心底无私天地宽。在朝公忠体国，外任爱民如子，恪尽职守，勤政廉洁，属公认的好官。无非体恤民情，见新法伤农害商，于心不忍，才吁除弊政，给百姓留条活路。君臣固执己见，朝中小人当道，苏轼无力回天，惟有借诗文冷嘲热讽，无非图笔墨之快，不想引火烧身，遭此大劫。可惜自己才四十四岁，正值盛年，治国平天下的理想远未实现，竟身陷囹圄，脑袋难保，实在太不值得。人总有一死，早死几年与多活几岁，区别只那么大。何况早死早超生，来世吸取教训，但做愚夫，不当文人，再享寿禄也一样。舍不下者是儿孙尚小，成年的也未及成器，自己一家之主倒下，他们怎么过活？还有闰之贤惠，朝云温柔，自己撒手而去，留下她俩枯守空房，情何以堪？

　　又联想到苏辙，四十年兄弟，情同手足，一朝手足分离，岂不悲哉！人生在世，前半生属于父母，后半生属于妻儿，算来都只有半世缘，兄弟则不同，一起长大，一起成年，一起变老，可是一生一世的情义。苏轼也就格外看重苏辙，觉得四十年兄弟远没做够，但愿人长久，同生共死，双双走完此生。然君要臣死，不得不死，父要子亡，不得不亡。君父既已听信李定、舒亶等人的诬告，拿你的项上人头为新政壮胆,也只能抛下苏辙,独自一人踏上黄泉路。

极度悲伤之际,苏轼面对窗外寒霜和天上冷月,朝狱卒梁成要来纸笔,给苏辙写下两首绝命诗。其一曰:

圣主如天万物春,小臣愚暗自亡身。
百年未满先偿债,十口无归更累人。
是处青山可埋骨,他年夜雨独伤神。
与君世世为兄弟,更结来生未了因。

其二曰:

柏台霜气夜凄凄,风动琅珰月向低。
梦绕云山心似鹿,魂飞汤火命如鸡。
额中犀角真君子,身后牛衣愧老妻。
百岁神游定何处,桐乡应在浙江西。

刚写完,梁成端热水进来,放到苏轼面前。其实两人非亲非故,只不过梁成粗识文墨,喜读苏轼诗文,大诗人蒙冤来到自己所值狱舍,就想着尽己所能,为他做点什么。身为小小狱卒,大事做不来,只有每晚烧半桶热水,让苏轼洗个脸,泡泡脚。苏轼不幸,白天接受审讯,被御史无情咒骂,唾面自干。苏轼有幸,夜里回到狱舍,可用梁成送来的热水洗去脸上的唾痕和屈辱,再泡泡因久坐而肿胀的腿脚,让热流传遍全身,抚慰受疮的灵魂。正是梁成这半桶温度足够的热水,暖和着苏轼一个个寒夜,让他睡得沉实,梦得香甜,隔日一觉醒来,又有足够的智慧和力量,对抗小人的诬蔑和诅咒。

看着木桶里冒着白气的热水,苏轼心头一阵温暖,满腔悲愤也随腾腾热气,消散于无形。跟往常一样,梁成放下热水,准备走开,苏轼叫住他,拿出刚写的诗,嘱他转交苏迈。亲戚送饭时说过,苏迈出城借钱,当天就会回城。梁成应承着收好诗作,转身离开狱舍。

听着梁成的脚步声远去,苏轼洗把脸,坐到吱嘎作响的窄榻前,抬起双脚,伸进热水里,美美地泡起来。他觉得世上最大的享受不过三件事:一是有感而发,赋诗写字;二是与知己对坐,喝酒品茶;三就是睡前无事,热水泡脚。

水温略高,微微有些烫,腿脚血脉受热后,加快流速,往上传送暖意,让人通体舒畅。苏轼微合双眼,尽情享受着这份温暖,似入物我两忘之境,熏鱼带来的悲凉悄然退去。半炷香的时间,水温由烫至温,苏轼双脚还在水里赖会儿,才起出水桶,用毛巾抹干,脱了外衣,钻入被子里。暖流在体内循环,刚刚合上眼皮,思维便被睡意慢慢笼罩,天地混沌起来。

就在苏轼意识模糊似眠未眠之际,有人蹑手蹑脚进了狱舍,站在窄榻边,瞧了眼仰卧榻上的苏轼,弯腰整理整理地上的稻草,以包裹为枕,倒头便睡。苏轼隐约感觉出狱舍里的动静,以为是新来犯人,也不去理会,依然合着沉重的眼皮,很快睡死过去,鼾声大作。

这是受皇甫遵所托,以犯人身份前来监视苏轼的宫中太监。苏轼鼾声太响,太监一时难以成眠,心里骂道,真有你小子的,死到临头,还没事人似的,睡得这么沉。莫非真是文曲星降临人世,并非吾等凡夫俗子?太监辗转反侧,实在无以成眠,只好两手捂耳,尽量不受苏轼的鼾声干扰,才好不容易进入梦乡。

一觉醒来,天光已透入狱舍。见苏轼还在窄榻上呼呼大睡,太监过去推他一把,吼道,你鼾声真响,屋顶都快被轰塌啦。苏轼吸口气,收住鼾声,似醒非醒道,你是谁呀,管天管地,还管人打鼾放屁!身子扭扭,往里一侧,沉睡过去,鼾声又起。太监在苏轼背上拍拍,好好好,算你能睡,能睡就没事。然后提起包裹,出得狱舍,禀报皇甫遵去了。

皇甫遵得报,再觐见神宗,如实转奏太监夜探狱舍所获情形。神宗慨叹一声,说苏轼于心无愧,才睡得沉实,倒是朕偏听王珪他们怂恿,错怪他怀有不臣之心,实在不该。

皇甫遵面奏苏轼狱中表现时,苏迈提着饭盒来到狱舍门口,由梁成转交父亲,梁成顺便拿出苏轼写给苏辙的绝命诗,塞给苏迈。苏迈见诗,伤心欲绝,却还是忍着悲痛,回到家里,派家仆快马送往商丘,呈于苏辙手上。苏辙读毕,顿时昏倒在地,不省人事。家人一阵手忙脚乱,把人救醒过来,苏辙又捧诗反复吟诵,久久不能释怀。直至夜深人静,想起兄长因诗获罪,何不供出绝命诗,说不定皇上心生怜悯,饶过兄长也难说。

心里这么寻思着,苏辙连夜动身,急奔京师,走进御史台,嚷嚷着要检举罪臣苏轼。李定和舒亶甚觉奇怪,上个月苏辙还上折,情愿纳还朝廷所给官位和俸禄,为兄长赎罪,此时又跑来检举苏轼,他到底要干什么?接过苏轼的绝命诗,问来自何处,苏辙理直气壮道,苏轼不关在御史台狱中吗,诗系其亲笔所写,墨迹未干,还能来自他处不成?

既是苏轼的文字,又系御史台管理不善流传出去的,李定和舒亶岂敢隐瞒,自然得送入宫中,呈送神宗,虽说他们也害怕神宗见诗写得可怜,一时心生恻隐,轻易饶恕苏轼。

果然神宗见诗,大受感动,差点流下热泪来。试想苏轼天纵英才,当年爷爷慧眼识珠,专为子孙策选出来的宰相人物,自己不知好好珍惜,为我所用,竟一时糊涂,听信谗言,把他打入大牢,任由御史蹂躏摧残,实在太不像话,别说传诸后世,背千古骂名,就是哪天跪到爷爷灵前,也没法向他老人家交代啊。

神宗心里已赦免苏轼。只是考虑诗案由自己点头,恩准李定、舒亶他们审理的,赦免苏轼,还得有个说得过去的理由,否则出尔反尔,也不像君王所为。恰在此时,曹太后驾崩,神宗只有搁下诗案,专心治丧。照惯例,遭遇国丧,得大赦天下,苏轼正在赦免之内。李定、舒亶他们心急火燎,暗暗诅咒曹太后,亲口为苏轼求情还觉不够,还要以死为其提供赦免机会,真乃岂有此理。又不甘心就此作罢,继续网罗苏轼的罪证,非逼神宗砍下其脑袋不可。

神宗已厌倦御史台的无耻伎俩,不再理会李定和舒亶他们,曹太后丧事结束不久,便果断下达圣谕,免去苏轼死罪,责授检校水部员外郎黄州团练副使,本州安置,不得签署公事,由御史台差人转押前去,交由州官严密监督,不可擅离谪区。

其他涉案官员自然也得受罚。惩罚最重者为驸马王诜,身为皇亲国戚,常屈尊跟朝臣往来,诗酒唱和,爱苏轼胜过爱公主,且紧要关头泄露机密给苏家兄弟,责加一筹,削除一切官爵,贬为庶民。其次是王巩,虽没收藏苏轼谤诗,因平时不肯搭理御史,而与苏家兄弟过从甚密,发配天高皇帝远的岭南,要他够不着苏家兄弟。再次是苏辙,得到王诜所泄御史台消息,派人赴湖州通风报信,后又奏纳官位替兄长赎罪,降职为江西筠州酒监。此外,张方平罚红铜三十斤,司马光、范镇等涉案官员二十人各罚红铜二十斤。

十九、不辞相送到黄州　凄惶南谪路

轰动朝野的乌台诗案至此结束。苏轼结束一百四十天的牢狱之灾，于除夕当天由御史台两名解差押解，走出监狱大门。狱外雪光如镜，已习惯黑暗的苏轼无法适应，犹如芒刺在眼。正要闭上眼睛，寒风裹携着雪絮，呼啸而至，打在脸上，苏轼一阵头晕目眩，感觉天旋地转起来。幸苏迈候在门外，箭步上前，扶住父亲，才没让他倒下。

寒风过去，苏轼揉揉双眼，尝试着慢慢睁开眼皮，同时深深吸了口气。与监狱里混浊污秽的气味不同，这是久违的自由的空气，虽寒彻骨髓，毕竟清新甜润得多，吐纳之间，五脏六腑仿佛清洗过一遍，顿时通体清爽起来。苏轼有些不相信这是真的，重重咳了两声，同时偏耳谛听，倒看是不是自己的声音。又摸摸头皮，拍拍后颈，确认脑袋还在项上，才无声笑笑，征得解差同意，往自家老屋方向，蹒跚而去。

见苏轼死里逃生，没少腿少胳膊，全家人不禁喜极而泣。

苏轼呵呵一笑，说别哭别哭，先留点泪水养眼，待下次老夫还被捉去，断送老头皮，再哭再泣也不迟。

五个月前苏轼在湖州府衙后堂告别家人时，说过捉去断头的笑话，今日全家重逢，想起当时的戏谑，又拿来自嘲，倒也别有意味。王闰之忍不住笑骂道，你是全身而归，心有不甘，非断掉老头皮不可是吧？然后向朝云挥挥手，摆上酒肉。苏迈把父亲扶到上席，一家人围桌而坐，欢欢喜喜吃年饭。死到临头，还能留着脑袋回家与家人团聚，苏轼已非常满足，有说有笑，大口喝酒，大口吃肉，像什么也没发生过似的。其实心有余悸，不时下意识支棱起耳朵，捕捉屋外动静，生怕皇上临时改变主意，派来皇差，又把自己逮回大牢里去。

王闰之哪知苏轼心中后怕？一个劲往他碗里夹肉，催他多吃点，补补羸弱的身子。朝云则递上茶水，请他多喝茶，少饮酒，意思是别酒后失控，又作诗招祸。要苏轼不喝酒，不写诗，又哪里做得到？苏轼放下酒杯，便借酒壮胆，命苏迈呈上笔墨，落字于纸道："百日归期恰及春，残生乐事最关身。出门便旋风吹面，走马联翩鹊唶人。却对酒杯疑是梦，试拈诗笔已如神。此灾何必深追咎，窃禄从来岂有因。"

还觉不够，苏轼又写道：

平生文字为吾累，此去声名不厌低。
塞上纵归他日马，城东不斗少年鸡。
休官彭泽贫无酒，隐几维摩病有妻。

十九、不辞相送到黄州 凄惶南谪路

堪笑睢阳老从事，为余投檄向江西。

写完诗，苏轼扔掉笔头，开怀大笑，得意忘形的样子。隔日亦即元丰三年（1080）大年初一早上醒来，他记起夜里写过诗，让朝云取来一瞧，不觉冷汗直冒，心下暗思，皇上开恩，留下你脑袋，放黄州团练副使，你不颂圣感恩，又嬉笑怒骂，借诗说怪话，发牢骚，被御史侦知，岂不又要再蹲大牢？苏轼觉得京师片刻不可逗留，让苏迈叫上一直守候在门口的两名解差，立即起程，留下家眷，择日从容上路。

出得开封城，回望高高的城门，苏轼不免唏嘘不已。自己本系眉山乡民，因熟读经史，喝过墨水，随父亲和弟弟来到这座城市，殿试高中，成为天子门生，朝中大臣。本想凭平生所学，致君尧舜，经邦济世，造福生民，谁知生性耿直，疾恶如仇，不容于官场窝斗，不得不奏请外任，出京辗转各地。以为远离朝廷，便可置身是非之外，却因见不得民间疾苦，手心痒痒，以诗文讽喻几句新政，被小人抓住把柄，逮入京城，关入大牢，问成死罪，幸章惇、吴充、王安石等人搭救，曹太后力争，才拣回小命一条，得以放生出京。

苏轼下意识抬起手来，朝城门挥挥，然后慢慢低下头去，不出声道，别了我圣明的皇上，别了我威严的皇城，别了我大喜大悲大惊大恐的四十五年惨痛人生，哪怕自此流落天涯海角，甚至抛尸荒郊野岭，但愿也不要再回到这万众瞩目又让人望而生畏的险恶朝廷。

嘴里咕哝着，苏轼转过身，凄然就道，望南而行。忽又想起文同半年前卒于陈州宛丘驿，停灵城外，此行必经陈州，正好前往吊唁。文家有子，娶苏辙女为妻，还是苏轼保的大媒，因寄信南都商丘，希望弟弟来陈州一晤。

苏辙见信上路，昼夜兼程，步行两百里，赶往陈州。苏轼早到数天，已吊唁过文同，迎出北门，接住苏辙，兄弟悲喜交加，执手相看，半日无语。互携进城，入住文家，以酒压惊。席上约定，苏辙赴任江西筠州酒监时，顺路负责将兄长家眷护送到黄州。

对床夜话，同居三日，又到分手之时，苏辙翁婿为兄侄置酒饯行，苏轼含泪写下《子由自南都来陈三日而别》：

夫子自逐客，尚能哀楚囚。
奔驰二百里，径来宽我忧。

苏辙捧诗读上没几字，已哽咽无声，再没法继续。苏轼拍拍他后背，慢慢转过身，踏上谪途。数日后过蔡州，道遇春雪。冒雪往前，便是淮河。渡河南行，进入黄州地界，绕经麻城城东关山，东风裂石，春雨霏霏，溪涧潺潺，已属南国气象。举目四望，见草丛间寒梅未凋，随风摇曳，似在哀怜行色匆匆的逐客，苏轼不觉悲从中来，口占《梅花二首》。其一曰：

春来幽谷水潺潺，的皪梅花草棘间。
一夜东风吹石裂，半随飞雪度关山。

十九、不辞相送到黄州 凄惶南谪路

其二曰：

何人把酒慰深幽，开自无聊落更愁。
幸有清溪三百曲，不辞相送到黄州。

走出关山，夜宿故县镇驿馆。镇址原属麻城县治，因得此名。镇上有个怪人，外号张憨子，无论寒暑，仅一布褐缠身，三十年不换，近身不觉有秽臭气。白天独行闹市，夜晚不知所终。逢人大骂放火贼，见纸辄书唐人郑谷《雪》诗：

乱飘僧舍茶烟湿，蜜酒歌楼酒力微。
江上晚来堪画处，渔人披得一蓑归。

苏轼心生好奇，请张憨子来驿馆会晤。张憨子立于中堂，俯仰熟视，要他坐不坐，问他话不答。默默相对片刻，张憨子不辞而别。苏轼莫名其妙，以诗记之，寄给苏辙。苏辙复诗为答：

得罪南来正坐言，道人闭口意深全。
天游自本有真乐，羿彀谁知定不贤。
构火暾暾初吐日，飞流滚滚旋成川。
此心此去如灰冷，肯更逢人问复然。

苏轼幡然醒悟,原来张憨子在告诫你慎言远祸。翌日上路,途经岐亭镇,路遇眉山故人陈慥。原来父亲陈公弼逝世后,陈慥隐居麻城岐亭,建宅名静庵,自命静庵居士。喜戴高帽,岐亭人称为方山子。禁不住陈慥盛情挽留,苏轼在陈家一住三天,谈诗赏画,说禅论佛,颇为投缘。只因解差催促,不得不暂别故人,继续南行。

天黑进入黄冈境内,落宿禅寂寺。寺名倒也不虚,僧人两三,菩萨四五,寂静如止水。临近夜半,山雨欲来,风拂修竹,其声呜呜。僧人不知去向,苏迈和解差也已进入梦乡,惟燃灯黯淡,无力摇曳,饥鼠跳上佛案,先是挤眉弄眼,左顾右盼,继而大胆啃咬起供果来。

毫无睡意的苏轼,面对昏沉灯影和大饱口福的饥鼠,心中无比凄凉。脑袋里忽冒出两行诗句:夜凉疑有雨,院静似无僧。此系少年时在村庙墙上见过的无头诗,当初懵懂不解,谁知四十年后诗中情境历历于眼前。苏轼惊疑不已,从行囊里取出笔墨,题诗于壁:"佛灯渐暗饥鼠出,山雨忽来修竹鸣。知是何人旧诗句,已应知我此时情。"

题毕,雨住风停,曙色渐明,又打起精神,离寺上路。

经过一个月跋涉,二月初一来到长江边,在波声浪语催促下,进入黄州城。黄州太守是临川人,正好与苏轼同名,叫作陈轼,字君式。也许缘于这份难得的巧合,陈君式没当素昧平生的苏轼为罪臣逐客,打发走御史台解差后,便摆上好酒好肉,为苏轼接风洗尘,颇为客气。还腾出后衙上房,安置苏轼父子。

苏轼清楚谪臣没资格寄居官舍，若轻易接受太守美意，后果不堪设想，请求另外安排住处。陈轼也知朝廷规矩，不便勉强，送苏轼父子至城东南定惠院，嘱住持颙师多加关照。颙师打扫精舍，安顿妥苏家父子，又在院内竹丛旁特辟啸轩，让苏轼读经礼佛之余，临轩观竹，吐纳呼啸，以排解心中郁闷。

苏轼就此栖身于定惠院。陈太守又送上折支，交苏轼度用。宋廷循例，贬官一律停供薪俸，然苏轼水部员外郎即水曹郎前有检校名衔，可享受折支待遇。宋时酒为国家专供品，官府售出酒水后，可将回收的酒囊折价成银，充抵检校官薪俸，名为折支。折支微薄，毕竟聊胜于无。又可随僧蔬食，每日一餐，留着小命诵读佛经，只是不复近笔砚矣。

此系苏轼寄给章惇信里说法。话虽如此，要苏轼不近笔砚，又怎么做得到？他实在忍耐不住，提笔记下心头落寞思绪："自笑平生为口忙，老来事业转荒唐。长江绕郭知鱼美，好竹连山觉笋香。逐客不妨员外置，诗人例作水曹郎。只惭无补丝毫事，尚费官家压酒囊。"

题诗毕，又作谢上表。比之一年前到任湖州作谢表心态，已完全不同。当时还有密州与徐州两任太守政绩可恃，又想在湖州有所作为，难免意气风发，慷慨陈词，末尾忍不住夹枪带棒，批评几句新政，以至引火烧身，招来百日牢狱之灾。如今戴罪外贬，死里逃生，难免心有余悸，再撰谢表，自然再无锋芒，只剩愧疚和感恩。咬着笔头反思，落到今天地步，责任还在自己，不能全怪他人。尤其自恃才高名重，又有三代皇帝皇后厚爱，也就目空一切,谁人敢挖苦,诸事敢讽刺,触犯众怒,暗遭忌恨,还沾沾自喜,毫不知情。其实才再高,名再重,皇帝皇后再看得起,又能如何?御史照样抓鸡样把你捉入大牢,办成铁案,差点拿掉你狗命,多亏皇上心慈,置御史奏请于不顾,才把你脑袋从铡刀下搬走,多留项上几日。

正因有此觉悟,苏轼谢表写得情真意切,字字感恩,既悔而不屈,又哀而不怨。先检讨自己为才名所累,用意过当,日趋于迷,赋命衰穷,叛违义理,辜负恩私,茫如醉梦之中,不知言语之出,以至众议不容,案罪责情,所幸皇上德刑并用,善恶兼容,使法行而知恩,用小惩而大戒,让自己猛醒回头,有机会洗心革面,重新做人,惟当疏食没齿,杜门思愆,深悟积年之非,永为多士之戒。

二十、缥缈孤鸿影　心有余悸情寄海棠

　　谢表交邮发走，苏轼一时不知干啥好，心头空落落的，百无聊赖。出门游山玩水吧，初来乍到，不分东南西北，不知哪儿好游，哪儿好玩。访亲问友吧，独在异乡，哪来亲友？人生地不熟，举目无亲，环顾无友，只有研墨执笔，给各地亲朋好友写信，一诉衷肠。一连寄出十多封，尔后眼巴巴静候反馈，好抚慰自己心头创伤。结果望眼欲穿，竟没一人肯回复只言片语。化用杜甫诗，叫亲朋无一字，老病有孤寺。

　　苏轼浑身上下凉透，对空质问道：你们都死哪儿去啦？从前哭着喊着接近我，拉拢我，讨好卖乖，求字索画，我再忙再累，也不敢怠慢你们，如今我僻居黄州，连个说话的人都没有，给你们去信，希望给片字纸，打发打发我寂寞时光，竟一个个装聋作哑，毫无反应，你们良心都被狗吃啦！

　　苏轼肚里无声咒骂着，又摇头苦笑笑，自哂道，你不咎由自取么，怎能怪罪人家？你胸无城府，心里怎么想，笔下怎么写，被

人踩住尾巴,逮进大牢,首开文字狱,牵连亲友跟你获罪,罚的罚铜,降的降职,流的流放,甚至差点掉脑袋,幸皇上网开一面,没往深里追究,才留下活口,你不思悔改,还到处寄信,勾引亲友,莫非又想拖人下水,跟你倒霉!

想明白了,苏轼也就不再轻易写信,换取同情。他开始努力收住心思,跟着僧人读经诵佛。然毕竟不是僧人,眼到心不到,念得出经语,参不透佛意。转而翻阅随身所带典籍,也心猿意马,集中不了意念。好在佛门清静地,僧人坐禅念经,容易发困,必备上等茶水润嗓提神,最不缺好茶,苏轼干脆放下手中黄卷,倒茶品味起来。

茶真是世间好东西,用唐人卢仝的话说:一碗喉吻润;两碗破孤闷;三碗搜枯肠,唯有文字五千卷;四碗发清汁,平生不尽事,皆向毛孔散;五碗肌骨清;六碗通仙灵;七碗吃不得也,唯觉两腋习习清风生,蓬莱山,在何处?玉川子,乘此清风欲归去。

喝上七碗茶,能两腋生风,飞往蓬莱仙山,又何乐而不为?偏偏苏轼初至黄州,水土不服,又受春寒,腹痛不止,只好断了成仙念头,弃茶服用汤药,卧床静养。养上大半日,下得床来,已日落西山。恍惚间不知何处去,缓缓踱到院门前,痴看外面世界。嘴里已吟成一诗:"病腹难堪七碗茶,晓窗睡起日西斜。贫无隙地栽桃李,日日门前看卖花。"

不写信,不念经,不读史,不喝茶,只得让苏迈出寺,购些薄酒回来,安抚愁肠。苏轼酒量不大,小饮则醉,倒可省掉不少酒钱。无奈醉后清醒过来,又后悔不已,担心醉里胡言乱语,万一隔墙有耳，举报出去，重入大狱，恐怕唯有断掉老头皮，再无生还之日。苏轼无声哀叹道：饮中真味老更浓，醉里狂言醒可怕。

不敢喝酒，便走进啸轩，面竹发呆，耳听佛堂里传出来的纶音。听着听着，一阵倦意袭来，头一歪，依靠栏杆，迷迷糊糊睡去。正要睡熟，忽一阵惊悸，猛地醒过来，满眼都是恐惧。醉里难免狂言，难道梦中不会胡语？一不小心，说了不该说的梦话，传入小人耳里，还能有好果子吃？苏轼呓语道：梦中胡语觉心惊，忧患已空犹梦怕。

怕怕怕。昼也怕，夜也怕。行也怕，坐也怕。俯也怕，仰也怕。忧也怕，乐也怕。笑也怕，哭也怕。诗也怕，文也怕。语也怕，默也怕。醒也怕，醉也怕。梦也怕，觉也怕。苏轼恨不得削尖脑袋，钻入地底，任由嬉笑怒骂，谁也奈何不了。

然天生方头大耳，钻地不太可能，还得继续留在地面上。若能找件隐身衣，把自己从头到脚蒙严实，你看得见人，人看不见你，你听得到人，人听不到你，那该有多好！可又到哪去找隐身衣呢？没有隐身衣，做不了隐身人，你就没法逃避世人耳目的捕捉。

苏轼能做的就是尽量把自己关在禅房里，小门不迈，大门不出。可他生性好奇，喜欢到处游玩，要他与世隔绝，闭门自守，一天两天做得到，多几天又怎么熬得下去？唯一的办法只有趁夜色降临，鸟归窝，人归家，耳目消失，再出去走走。

走进黑暗里，苏轼才发现这个主意真不错。万籁俱静，百虫无语，连不远处长江的波翻浪涌，也成为不动声色的微鼾。沉沉夜色仿佛巨大的隐身衣，自己正好钻进里面，做个隐身人，自由出没，任意游走。完全隐身当然做不到，夜色毕竟挡不住晴夜的天光，或头上星月。做不成隐身人，就做个半隐半显、半明半暗的幽人吧，总比大白天完全暴露于人前，要强多少有多少。苏轼得意起来，对着黑暗笑了笑。这是他谪居黄州后两个月来，头次发自内心的自得的微笑，虽说笑得有些扭曲，笑得比哭还悲凉。

嘴里挂着笑，苏轼围绕院墙，缓缓踱上半圈，迎面一棵桐树，挡住去路。桐树不小，干粗枝展，阔叶稀疏。不知何时，弦月攀上桐枝，无声无息，默默盯着苏轼，像在询问，已夜深人静，你不上床好好睡觉，一个人外出闲逛，莫非来与谁约会？苏轼不无感激地微微一笑，感激弦月及时出现，以解自己无边寂寞。

人月正在对望，忽有鸟影盘旋而至，在桐枝间寻寻觅觅，似在找合适的栖息处。鸟影腿修翅长，苏轼一眼认出来，是只落单鸿雁。对对对，正是鸿雁，孤傲的鸿雁，若是别的鸟，早躲入温柔窝里，不至于寂寂寒夜，还独往独来，流落荒野古寺。苏轼想起当年赴任凤翔途中所见雪泥鸿爪，莫非此鸿即彼鸿，知我贬谪黄州，专程前来探望，一解我心中苦寂？

像已领会苏轼心思，鸿雁落爪于桐枝，脑袋一低，瞰向树下孤影。苏轼心头一动，默然道，一定是当年的孤鸿，且已经认出自己。难道它也受到鸿们排挤，没法在北国待下去，特意千里迢迢，南飞黄州，来与老友聚首，殷勤安慰，惺惺相惜？

就这样，借着淡淡月色，鸿雁与苏轼，一幽鸟，一幽人，相看两不厌，不忍收回各自的目光。这么久久对视着，苏轼一时不知

二十、缥缈孤鸿影　心有余悸情寄海棠

鸿是己,还是己为鸿。也许鸿是人留在枝头的幽姿,人是鸿投到地上的幽影,幽鸟幽人,本系一体,无分彼此。

又过去许久,岭上飞来一片薄云,遮住枝头弦月。鸿雁一惊,扭头望望天空,双腿一弹,双翅一展,低吟一声,向不远处的长江方向飞去,隐身于江边沙洲。云过月还在,苏轼依然一动不动站在桐树下,对月发怔,嘴里喃喃道:

缺月挂疏桐,漏断人初静;谁见幽人独往来,缥缈孤鸿影。　惊起却回头,有恨无人省;拣尽寒枝不肯栖,寂寞沙洲冷。

偌大的世界,无处觅知音,幸有鸿雁千里探看,一慰心头创伤。这便是做幽人的最大妙处。从此每当夜幕来临,苏轼就踱出定惠院,走向桐树,企望幽鸿出现于枝头。遗憾的是幽鸿一去不返,再没显影。莫非它已找到走失的同伴,把你这人间知己置于脑后?苏轼落落寡欢,低头在桐树下兜圈,仿佛被一头蒙上眼睛绕磨转圈的老驴。

好在弦月还在。只是姗姗来迟,刚出天际,还没挂上桐树枝头。苏轼朝院东小山走去。山不大,名叫柯山。苏轼准备爬上山头,走近弦月,问问它,看没看到那晚的幽鸿。

到得山前,有块菜地,四周筑有竹篱,篱内种着各种蔬菜。篱外则是个斜坡,但见草腐木枯,毫无生气。倒是杂花生树,桃李开放,似在卖力向苏轼献媚。苏轼却嫌桃李太平常,太粗俗,没有多少好感，连登山问月的兴致也已消失，打算返身回定惠院，闭门枯坐。

就在苏轼正要掉头之际，忽见篱外桃李丛中一树海棠，幽然独立，别具一格。可知海棠盛产于蜀地香海棠国，别处并不多见，苏轼来黄州两月余，还从没与海棠遭遇过。与俗花粗草不同，海棠风姿绰约，外美内秀，华丽富贵，犹如清淑绝伦的美人。生在风季，处于雨时，却毫无惧色，不畏风摧雨折，敢跟命运抗争。苏轼最懂海棠，能在异域相逢，自然欣喜不已。只惊疑怎会从遥远蜀地，迁移黄州，生根开花。难道幽鸿早知你会贬谪黄州，提前绕经蜀地，衔来海棠花籽，植于柯山，开花吐蕊，静候你的光临，且又于数日前夜晚飞到桐树枝头，暗示海棠已开，千万别错过花期？

苏轼来到海棠树下，捧过枝头繁花，放鼻底闻闻，再贴到脸上，有如亲近久别重逢的佳人。他认定自己与幽鸿和海棠相遇黄州，绝非偶然，是早就注定的缘分。自己系逐臣，幽鸿为离群鸟，海棠乃异乡花，同是天涯沦落客，因相同的命运，才流落黄州陋邦。苏轼百感交集，《海棠诗》油然而生心底：

江城地瘴蕃草木，只有名花苦幽独。
嫣然一笑竹篱间，桃李漫山总粗俗。
也知造物有深意，故遣佳人在空谷。
自然富贵出天姿，不待金盘荐华屋。
朱唇得酒晕生脸，翠袖卷纱红映肉。

林深雾暗晓光迟，日暖风轻春睡足。
雨中有泪亦凄怆，月下无人更清淑。
先生食饱无一事，散步逍遥自扪腹。
不问人家与僧舍，拄杖敲门看修竹。
忽逢绝艳照衰朽，叹息无言揩病目。
陋邦何处得此花，无乃好事移西蜀。
寸根千里不易致，衔子飞来定鸿鹄。
天涯流落俱可念，为饮一樽歌此曲。
明朝酒醒还独来，雪落纷纷那忍触。

此系苏轼平生最喜欢的诗作，后多次抄送友人，以明心志。友人知道，苏轼是以海棠自况，诗言海棠的天生丽质和孤芳自赏，意喻自己高贵清洁和不随流俗的独立品格，哪怕遭遇再多不公，受到再重打击，也不后悔，不哀怨，不自暴自弃。

海棠就这样成为苏轼最大的精神寄托，让他苦寒和寂寞的逐客生涯变得炫丽和浪漫起来。以至哪天不见海棠，便无所适从，站不是，坐不是，日食不甘味，夜寝不能寐。

二十一、身垢犹念浴　僧汤洗身又洗心

又一个清寂之夜,苏轼辗转反侧,怎么也睡不着,干脆起床下地,出门来到山前,又去与海棠幽会。已是下半夜,长江白雾迷茫,在夜风吹送下,漫向柯山。空濛的夜雾里,海棠仿佛失却以往的光艳,显得无精打采,对苏轼爱理不理的样子。莫非夜太深,海棠以为你不会再来赴约,变得心灰意冷,昏昏欲睡?不行不行不行,老夫还醒着呢,你怎可独自睡去?苏轼返身回寺,找支高烛点燃,回到山前,凑到海棠面前,映照其芳容。嘴里吟成一诗:

东风袅袅泛崇光,香雾空濛月转廊。
只恐夜深花睡去,故烧高烛照红装。

有意思的是,在高烛照耀下,海棠似乎一下子清醒过来,又变得光彩夺目,美艳无比。苏轼欣喜不已,就这么手举烛火,痴迷地盯着海棠花,连眼睛都不肯眨一下。直至夜阑日出,驱散白

雾，蜡烛也已燃尽，才恋恋不舍转身离开。走没几步，又扭头回顾，生怕人走花悲，又昏昏睡去。却透过花影，瞥见山边有檐角隐约可见。这倒是平时没留意过的，难道山那面还有人家不成？苏轼好奇心起，也不回定惠院了，浴着初阳，望南而行。

绕过柯山，但见长江横陈于前，浪涌波奔，浩然而至。临江有片林子，树茂竹盛，红墙碧瓦隐现其间。走近林子，原来是座寺庙，看去规模大过定惠院好几倍。寺名也更有气势，叫作安国寺。偏僻黄州陋邦寺庙，动不动冠之以安国，总会有些来头吧？

苏轼寻思着，迈上台阶，走进寺门。寺院开阔而敞亮，清静而幽雅，修竹摇曳，池水清澈，亭榭古朴。有位小和尚正在碧池前清扫落叶，见有客人入寺，停扫竖腰，怀抱竹帚，合掌行礼。苏轼也拱拱手，问安国寺三字有何来历？小和尚告知，本寺建于唐时，初名护国寺，本朝仁宗嘉祐年间，韩琦来黄州投奔兄长，在寺里用功读书，后入京科考，一举成名天下知，成为当朝宰相。仁宗嘉奖韩琦安邦定国有功，赐其读过书的护国寺为安国寺。

小和尚正说得眉飞色舞，有位老和尚身披袈裟，出现在池后拱门前。一见苏轼，边念佛号，边上前问道，来者可是苏大学士？苏轼诧异，施行道，长老怎么知是谪臣？小和尚得意道，长老乃本寺住持继连师傅，学识渊博，德行高尚，胸怀天下，朝野人事无不知晓。继连要苏轼别听小和尚吹嘘，说苏学士美名远扬，天下何人不识君？未至黄州，州民便奔走相告，等着一睹学士风采。今天一大早老纳见瑞云绕寺，喜鹊登枝，便知有贵人光临，适才闻听院中动静，出来一瞧，见客人气宇轩昂，又带外乡口音，就认出是苏学士无疑。

黄州地窄人稀,都系熟悉面孔,偶有陌生人入寺,又不像普通信众,继连猜也猜得出是你苏轼。苏轼哈哈一笑,说谪臣贸然来访,惊扰长老,还请见谅。继连说,老纳心仪苏学士已久,请都请不来,今日驾临,是看得起本住持。

说话间,继连把苏轼请入禅房,待以香茶。时间尚早,知苏轼没吃早饭,又嘱小和尚,端上斋食,让客人果腹充饥。饭后陪着游览寺院,参观各处宝殿和经堂。到得后院,见回廊后面有热气蒸腾,苏轼觉得奇怪,问怎么回事。继连说本寺虽不宽裕,薪炭还算充足,可烧热水,以供洗用,今正逢洗浴日,刚在浴池内注了腾腾热水,只待僧众早课毕,入池洗浴。

苏轼不无羡慕道,入贵寺为僧真幸运,还有浴池涤污洗垢,如吾戴罪之人,有个小盆,几勺热水,以洗身泡脚,已够奢侈了。继连道,趁着徒弟们在做早课,池里热水干净,学士入池洗浴洗浴如何?苏轼求之不得,说如此谪臣正好洗心革面。继连就带苏轼转过回廊,来到浴池旁,要他泡个足够,泡好再一起叙话。

见着满池干净热水,苏轼心生欢愉,没等继连走远,便宽衣解带,脱光衣裤,钻入水里。热水仿佛千万只细腻纤指,抚摸着苏轼疲惫的肌肤,沉睡的毛孔一下子苏醒过来,喜迎这无形而可感的热吻。苏轼美美地泡上一会儿,把脑袋埋进水里,慢慢搓洗头发。尔后拿过小和尚送来的毛巾,擦拭身上积垢,直擦得浑身发红,看去仿佛水煮的大虾。擦够了,也擦累了,才消停下来,半浮半沉,懒懒躺在热水里,只是脑袋搁到池沿上,仰望不高的天花板,还有寺外青山碧云。心里则想,多么过瘾的热水澡,与其说是擦洗身上污秽,毋宁说是刷涤存积于灵魂深处的屈辱啊!濯洗干净,才好扔下旧我,重新做人,轻松前行。

出得浴池,苏轼穿好衣服,小和尚过来说,继连师傅安排了雅处,要学士过去一坐。苏轼欣然前往,随小和尚转弯抹角,走进一间小阁。小阁很干净,然没见继连,只见窗台上放着茶壶一把,茶碗一只。苏轼因久泡热水澡,口渴难忍,一手执壶,一手端茶,自倒自接,连喝三碗下肚。解过渴,扭头瞧见壁龛里有座小香炉,炉旁放着檀香,心想刚沐浴洁净,不正好焚香默坐,深自省察么?苏轼上前点好香,插入香炉,再坐到几上,鼻闻阁内幽香,面对窗外修竹,尽量放松身子,摒弃杂念,不思不虑,不喜不悲,进入无我境界。

不知何时,继连出现在阁外。苏轼起身,迎其入内。两人无话不说,相谈甚欢。苏轼心存感激,说自己为朝廷谪臣,手无寸权,身无分文,蒙住持不弃,容许浴池洗浴,又安排小阁思过,无以为谢,只腹有酸墨,愿题诗致意。继连求之不得,召小和尚呈上纸笔。

苏轼题诗毕,继连很受用,也写字回敬。是八个字:知足不辱,知止不殆。苏轼端详着继连庄严厚重的字体,心下暗想,知足知止,说来简单,做到又多么难?自己不正因贪恋名利,该足不足,该止不止,才招人嫉恨,惹下大祸,差点命归黄泉?

收好字纸,苏轼谢过主人,走出安国寺。继连送到门外,诚恳嘱咐,寺里浴池经常会放热水,想洗热水浴,只管过来就是。若觉小阁清雅舒适，也随时可来喝茶赏竹。自此苏轼改变昼伏夜出的习惯，每隔一两天便赴安国寺，入小阁焚香默坐，反省过往人生。洗浴日更是不容错过，每次都会到场，从头到脚洗个透彻。

  这天苏轼又至安国寺，入池洗过热水澡，然后披上衣服，来到临竹小阁，燃香独坐。坐上个把时辰，自觉一念清净，染污剥落，逐渐将妄心荡尽，进而物我两忘，身心皆空，不免私窃乐之。回顾多年来，东奔西忙，为名所累，为物所驱，倦了疲了，烦了躁了，也不肯消停消停，冷静冷静，反思一下，只知使性子，发牢骚，逞口舌之胜，争笔墨之强，因而开罪于人，捉拿归案。身陷囹圄，正好悔过，却怨天尤人，归咎于小人作怪，圣上不察。贬谪黄州，仍心怀怨怼，白天不敢出门，夜里心有余悸，怕官怕民，怕神怕鬼，怕醉怕醒，怕睡怕觉，以为只要小心留神，闭目塞听，就可远祸避害，万事大吉。殊不知，道不足以御气，性不足以胜习，不锄其本，而耘其末，后必复作。书生多读几句书，往往自以为高明，身上充满酸气、腐气和戾气，什么人都不放在眼里，什么事都不以为然。一张口，一动笔，不是指桑骂槐，讥三讽四，就是贬低别人，抬高自己。孤芳自赏，唯我是尊，仿佛世上只自己最聪明，人家都是傻子。聪明人自我感觉太好，哪天不在人前显摆显摆，张扬张扬，就心痒难受，很不自在。久而久之，习惯成自然，人视其为狗屎，自己还浑然不觉。本性难移，恶习难改，唯一良法，只有归诚佛僧，涵养道德，修正品性，或可一改不良习气，重新为人。

  这便是洗浴默坐妙处，可静思己过，悟明白许多道理。当然也要苏轼有悟性，不然遭受迫害，坐牢远贬，愤愤不平，恨意难消,哪里还会反躬自问,从自身找起因,究根源?苏轼豁然开朗,当即吟成一诗:"老来百事懒,身垢犹念浴。衰发不到耳,尚烦月一沐。山城足薪炭,烟雾蒙汤谷。尘垢能几何,悠然脱羁梏。披衣坐小阁,散发临修竹。心困万缘空,身安一床足。岂惟忘净秽,兼以洗荣辱。默归毋多谈,此理观要熟。"

人之不良习气,全由心根生发,根不去除,自然万缘皆空,剩下的只有怕字。锄去病根,心底坦荡,无怨无尤,还有何可怕?苏轼终于从心困里解脱出来,不再像以往一样自我封闭,缩头缩脑,怕醉怕醒,怕梦怕觉。而是随缘自适,该睡则睡,该起则起,该吃则吃,该喝则喝,该说则说,该笑则笑,渐臻虚空旷达境界。苏轼心生欢喜,作诗曰:"空堂明月清且新,幽人睡息来初匀。了然非梦亦非觉,有人夜呼祁孔宾。"

《晋书·祁嘉传》载,祁嘉字孔宾,清贫好学,夜读闻窗外有呼:祁孔宾,祁孔宾,隐去来,隐去来。苏轼以此典入诗,意谓幽人不在于夜幽,隐士不在于形隐,全在于心幽心隐。悟透幽隐奥妙,自可昼夜无惑,醉醒无忧,梦觉无惧,自由自在,幽矣哉,隐去来。

二十二、一蚁寄大磨　家人团聚南蛮地

人生就像一面镜子，你朝它愁眉苦脸，它苦脸愁眉；你朝它欢歌笑语，它笑语欢歌。自苏轼解除心中困惑，学会达观对待苦难人生后，世界对他的态度也悄悄发生改变，各地亲友开始给他寄诗写信，赠食送衣。甚至素昧平生的僧道或书生，因爱苏轼诗文和人格，不远千里，赶来探望，同游黄州山水。连官场中人也不再避讳，主动跟他联系，致以问候敬意。陈君式等黄州官吏更不用说，时常给予苏轼资助和关照，比邻黄州的鄂州太守朱寿昌及时伸出援手，又是寄信问安，又是派人送酒送水果，让苏轼备感温暖。

说起朱寿昌，还与乌台诗案有些瓜葛。朱寿昌是扬州人，蒙父荫入仕为官，历任知州和提举，皆有政绩。父朱巽小妾刘氏改嫁民间时已怀有身孕，后产子即朱寿昌。朱寿昌几岁被父亲接走，自此五十年没见生母。至熙宁元年，朱寿昌思母心切，弃官万里寻母，终于在陕州找到母亲，还有两位同母异父弟弟，一起接

到身边供养起来。为报答母恩,朱寿昌连官都可以不做,苏轼遥知,心生敬佩,特作诗赞颂。偏巧御史李定官瘾十足,隐瞒母逝消息,不肯回家守孝,为人所不齿,读过苏诗,以为暗讽自己,心怀恨意,利用手里权力,串通舒亶和何正臣等人,修理苏轼,制造出乌台诗案。

朱寿昌也知苏轼遭难南贬,与自己有间接关系,鄂州紧挨黄州,苏轼近在咫尺,不可能不过问。只是朝廷制度严格,太守不可擅离职守,贬官不得任意走出谪地,两人暂时没法相见,深以为憾。好在信函往来方便,彼此频繁致书不绝。

鄂州、岳州及黄州民间有陋习,一对夫妻只养育二男一女,超过此数,婴儿生下地后便按入水中溺死。尤其女婴,绝不留情,以致三州男女比例失当,许多男子无妻可娶。开始苏轼僻居寺庙,并不知情,后朋友来访,聊天时说起溺婴事,既震惊,又痛心,恨不得揪住狠心父母,一顿痛揍。从此留心打听,闻知黄州神山乡有名石揆者,已接连溺杀两个亲生婴儿,手段非常残忍。初生儿被按入水盆时,往往会本能挣扎,乱弹不止,石揆不忍直视,背过脸去,紧闭双眼,只伸出一只手把婴儿死死压在水里,直至哀鸣着窒息而死。也许善有善报,恶有恶报,后石妻一胎怀四子,因为难产,母子五人全部丧命。

三州溺婴事件频发,不只风俗使然,主要还是产婴家庭太穷,养活不起。苏轼闻知此情,心酸不已,以至饮食难进。欲消除溺婴陋俗,所惜身为贬官,无权签书本州公事。思前想后,只有寄希望于好友朱寿昌,专门去信,言明溺婴属违法行为,地方官不能坐视不管，应严加制止，维护朝廷法律的严肃性。建议将律条抄贴于各乡镇街道，广而告之。实行奖惩措施，举报溺婴属实，可获奖赏，赏钱由溺婴当事人和当地保正承担。鼓励富户行善积德，资助产婴穷家，或收养婴儿。佛言杀生之罪，以杀卵为最重，官府号召，定有不少人家乐意为之。还授以知密州时收养弃儿经验，资三州府县借鉴，挽救无辜。

朱寿昌见信，赶紧联络黄、岳两州太守，照苏轼所示办法，开始四出行动，严禁溺婴行为再度发生。苏轼也没闲着，在黄州士子古道耕等人协助下，组成救婴协会，有钱出钱，有智出智，有力出力，贴的贴布告，做的做讲解，劝谕百姓移风易俗，保护婴儿。由古道耕做向导，苏轼亲自出面，挨家挨户上门，说服城乡大户人家行善举，每年出钱十千，救济养育不起儿女的穷人。为作表率，苏轼不顾自己经济拮据，带头拿出十千钱，交给救婴协会做救济款。富户深受感动，纷纷慷慨解囊。自愿多出者，张榜给予表彰和鼓励。为妥善管理善款，取信于捐助人，苏轼请继连长老帮忙，对每笔款项的来龙去脉，进行详细登记，入有入账，出有出目。购买米面绢絮事宜，由古道耕负责，入库出仓，皆记录在案，不得有误。

经苏轼和官民共同努力，三州挽救婴孩无数，溺婴陋习渐渐消失。救人一命，胜造七级浮屠，苏轼打心眼里高兴，觉得不枉贬黄州一遭。百姓也发自内心感激苏轼，使贫家婴孩存活下来，也让富户在行善过程中获得心灵安慰和道德洗礼。苏轼因而美名远扬，三州官民说起苏子，都翘拇指，啧啧称善。

在苏轼看来，能保全无数婴儿生命，其实也可让自己得到重生，活得更有价值，也更快乐。世道的险恶，命运的不公，已被置之脑后，苏轼正以全新的姿态，迎接新的自己，新的生活。尽管身处陋乡，不官不民，举目无亲，居无定所，吃不饱，穿不暖，生存都困难，毕竟比之心困，缺钱少物实在算不得什么。苏轼向来对物资需求不高，饥有餐，渴有饮，冻不伤，热不死，已足矣！何况天无绝人之路，黄州谷米和肉菜便宜，总活得下去。即使无钱购买食物，还可寻块无主荒地，开垦种粮，糊住嘴巴。端人碗，服人管，不拿薪俸，不用办差，可获自由身，又何乐而不为？最好永远被朝廷忘记，既可免遭暗算，又可学陶渊明，采菊东篱下，悠然见南山，直至老死林泉，埋骨荒丘。

正乐滋滋构想着日后自由人生，苏辙有信寄达，说已率两家家眷行至九江，将亲自送嫂侄逆江而上，来黄州与兄长团聚。苏轼欣喜若狂，赶紧回信，准备出迎弟弟和家眷。

原来年初苏轼离京南行后，王闰之就变卖家中细软，带领全家老小，赶赴商丘，与苏辙一家会合，坐上租船，借二月春风，鼓帆南航。经汴水，走泗水，下淮河，至广陵，再逆长江，破浪而上。到得九江，已是江南五月天，苏辙留自家妻儿于舟中，亲自护送兄长家眷，乘船溯江西向黄州。

眨眼已至五月底，望眼欲穿的苏轼出迎四十里，至蕲水巴河口，接住苏辙和妻儿。相别近半年，重逢异域，苏轼忍不住喜极而泣，泪湿青衫，苏辙、闰之、朝云和一家老小皆笑着流下热泪。重新进舱坐定，继续西行，直至黄州，离船登岸，暂入定惠院安顿下来。

苏辙来一趟不易，苏轼陪他凭吊黄州赤壁，有感于魏吴赤壁之战，吟诗作赋，抒怀古之幽情。继而过江，同登武昌西山，诗文唱和，借古喻今。又游赏过周边数处山水，苏辙不敢耽误赴任行程，望东而行。相从恨不多，苏轼送出三十里，眼望客船载着弟弟东去，直至孤帆远逝碧空尽，才含着离泪，缓缓转身，西归黄州。

踏进定惠院，见一家近二十口的到来，让寺院一下子变得格外窄小和拥挤，苏轼过意不去，当夜写信给朱寿昌，倾诉苦恼。朱寿昌即函商陈君式，说黄州城外有临皋亭，可否安排苏家栖居，以免久扰佛门清静之地。

临皋亭为朝廷命官巡视黄州旅居驿馆，属于官舍，谪官无权居住。好在黄州天高皇帝远，巡官难得来一回，陈君式便与苏轼商量，苏家不妨迁居馆内，遇巡官来黄州，再避让一时，巡官走后再住回去就是。苏轼满心欢喜，率全家搬出定惠院，入住临皋亭。

毕竟是官舍，临皋亭房间不少，宽敞明亮，生活设施齐备，适宜居家。且长江如带，绕亭而过，可赏江月如镜，可酌江水煮诗。逆江远上，正是故乡眉山，换言之，长江流淌着峨眉雪水，能在江里取到家乡水饮用，相当于回到眉山，该多么幸运！苏轼一时兴起，取笔作《临皋闲题》：

临皋亭不数十步，便是大江。其半是峨眉雪水，吾饮食沐浴皆取焉,何必归乡哉!江山风月,本无常主,闲者便是主人。

可不是,我苏轼一贫如洗,无职无权,无金无银,可有一样更为宝贵的东西,那便是空闲。贵者为权忙,惟恨权小,富者为钱忙,只怕钱少,每天眼睛一睁,忙到熄灯,自然没闲情逸致欣赏江山风月,哪像吾等逐客,寄寓临皋亭,名利皆置之度外,只顾坐拥浩瀚长江和两岸青山,江上明月,山间清风,尽归我所有,又何乐而不为!

江山风月可娱目养心,却没法饱肚暖身,苏轼想着一大家子张嘴要吃,伸手要穿,作为一家之主,既无俸禄可支取,又无田土出产粮谷,难免愁肠百结。也许老天是公正的,安排临皋亭供你一家居住,免费享用广阔江山和无限风月,同时又让你饱受饥寒,历经磨难,如此苦乐两抵,仿佛算学题目,一乘一除,仍归原数。

苏轼身处临皋亭,暗叹着人生的无常,感觉自己像只小蚂蚁,寄身时运的大磨盘,只能随磨而动,大磨左旋,跟着左旋,大磨右转,跟着右转,若自不量力,逆磨而行,必死无疑。感叹着,作《迁居临皋亭》诗曰:

我生天地间,一蚁寄大磨。区区欲右行,不救风轮左。
虽云走仁义,未免违寒饿。剑米有危炊,针毡无稳坐。
岂无佳山水,借眼风雨过。归田不待老,勇决凡几个。
幸兹废弃余,疲马解鞍驮。全家占江驿,绝境天为破。
饥贫相乘除,未见可吊贺。澹然无忧乐,苦语不成些。

二十三、佳人言语好　收纳朝云为妻

人处困厄,最离不开亲人的理解和安慰。王闰之懂得丈夫心中苦楚,毫无保留地贡献出离京前变卖细软所得,外加历年节省下来的脂粉钱,说是穿不穷,吃不穷,不会划算一世穷,只要精打细算,紧手支用,总能渡过难关。苏轼惭愧不已,夫人跟随自己多年,不仅四处奔波,担惊受怕,到头来连活命都困难,还要拿出私房钱,维持生计。王闰之要苏轼千万别这么想,吉人自有天相,老天不会亏待好人,朝廷不会忘记忠臣。言外之意,苏轼在职为良吏,在野为善人,挺过这一阵子,哪天老天开眼,朝廷召回,一切都会好起来。

粗衣淡饭有了着落,王闰之又使出另一招,以抚平苏轼心头创伤。原来女大十八变,王朝云至苏家时才十二岁,眨眼间已满十八岁,越发青春靓丽。朝云不仅长得漂亮,且聪明伶俐,手脚勤快,协助主妇把家里打理得像模像样。又有苏轼言传身教,教以诗文,可谓知书达理,秀外慧中。因而深受一家老小敬重,早被看成二号女主人。朝云尊崇主妇,又仰慕男主人才学与人品,心里暗暗发誓,非苏轼一样的男人不嫁。闰之看在眼里,自忖这样的好姑娘,继续留在家里,耽误青春,外嫁出去,又好了别人,实在不舍。回思丈夫,历尽劫难,九死一生,何不把他交给朝云,定能抚平其身心创伤。

夜里夫妻闲话,说起朝云出路,闰之问苏轼有何想法。苏轼何等聪明,心知朝云爱慕自己,自己也喜欢朝云,有心纳为侍妾,只是两人相差二十七岁,太不般配,哪里开得了这个口?闰之故意道,夫君人缘广泛,我把朝云交给你,你负责物色户好人家吧。苏轼道,朝云是你的好帮手,你已使唤习惯,把她嫁走,你情愿?闰之道,女大不中留,今天不嫁,明天总得嫁,莫非放身边搁一辈子?你还是操一下心吧。苏轼道,朝云是你的侍女,我怎好越俎代庖?闰之盯紧苏轼道,你哪是不好越俎代庖,是不甘肥水落入别人田吧?

闰之把话说到这个份上,苏轼不好再装聋卖傻,说夫人安排吧,只要你不吃醋就行。闰之说,我能不吃醋吗?哪个女人乐意其他女人分享自己丈夫?只是我命苦,要为无米之炊不说,且迨儿和过儿还小,一个十岁,一个八岁,生活起居需照顾,读书写字也不好全扔给塾师,得多督促点。我把精力都放在家事和俩儿身上,只有托付朝云,服侍好你,让你多活几年,否则你这一家支柱倒掉,咱们指望谁去?

夫妻俩说定后,闰之又征求朝云意见。朝云当即跪到女主人面前,流着热泪道,我本无父无母孤儿,卖身为伎,夫人不嫌弃，替我赎身，放在身边，待我如同己出，我当牛做马，都报答不了您的大恩大德。先生学富才高，胸怀坦荡，宽厚仁慈，平时教我读经识史，吟诗作文，我受益匪浅，能一辈子陪伴他，照顾他，是我天大福分啊。闰之扶朝云起来，拉着她的手道，你能这么想就好，先生太不容易，因才高名重，招嫉惹恨，屡遭冤枉打击，坎坷一生，只你善解人意，又懂诗会曲，定能抚平他遍体鳞伤。

事情就这么敲定下来。虽说苏轼怜爱朝云，毕竟只是妾小，无须定亲和迎娶，也就不事张扬，一家人吃顿稍丰盛的饭菜，让两人圆房了事。论年龄，苏轼做父亲都有余，可朝云不仅不嫌他老，相反把他当成父亲和兄长，又敬又爱又疼。朝云本为不幸人，年幼失怙，无依无靠，可上天让她遇到苏轼夫妇，进入苏家，受到男女主人善待，说恩同再造都不为过。如今又顺其自然，成为苏轼的女人，有名有分，有依有靠，夫复何求？朝云懂感恩，讲情义，全部身心都奉献给苏轼，可谓千般柔情，万般恩爱。苏轼也感激上苍开恩，把朝云赐给自己，有如此貌美心善的女子在怀，此生所经种种磨难和打击，又算得什么？

女人是天使，可用妙手改写男人年龄，经朝云一番调弄，苏轼一下子年轻十岁，变得青春勃发，仿佛有行不完的云，拨不够的雨。两人享受着灵肉交融的至乐，久久不愿睡去，生怕对方从梦中走失，再也回不到自己身边。眼见得窗外夜空星汉灿烂，苏轼想起正是七夕良夜，提议出去走走，以免辜负难得的好时光。朝云自然乐意，给苏轼穿好衣服，紧紧挽着他的臂膀，走出屋子，汇入迷蒙的夜色里。

信步踱去,不觉到得城南,抬头一望,前面就是朝天门。两人登上门楼,眼见一轮新月悬挂檐角,天空澄明,云薄星密,宛若万千鹊鸟,架成天桥,为牛郎织女提供相聚机会。苏轼抚着朝云柔肩道,织女就要出现,你有何愿望求告于她?朝云往苏轼怀里偎偎,说如此乞巧夜,世间女子都想向织女乞求才智技艺,妾身不求才艺,只祈与先生长相厮守,永不分开,以免担惊受怕,提心吊胆,备受别离之苦。

一语拨动苏轼心弦,他把朝云搂紧点,肚里寻思,人生一辈子,功名利禄也好,诗酒田园也罢,都是身外之物,惟有至亲和心上人的爱是真切的,让人没白活于世。即借《菩萨蛮》词牌,吟道:

画檐初挂弯弯月,孤光未满先忧缺;遥认玉帘钩,天孙梳洗楼。　佳人言语好,不愿求新巧;此恨固应知,愿人无别离。

朝云鼓掌叫绝,说千好万好,不如相知相守好。苏轼说,但愿你我长相厮守,永不分离,别像牛郎织女,聚少离多,备尝相思苦。朝云说,虽说牛郎织女聚少离多,可每年都有一次,且天长地久,永无绝期,哪似凡人,别说生命短暂,更有受不尽的苦难和困厄,无时不忧,无刻不烦,简直度日如年,实在不值得羡慕。

说得苏轼低下头去,良久无语。朝云见状,扑哧一声,笑道,先生别太在意,朝云信口开河,说着玩儿。苏轼道,你说得对,仙人无忧无虑,胜过凡人多多,不然凡人也就不盼着脱离凡尘,为神成仙。朝云道,我还是愿做凡人,可嫁先生为妾。苏轼叹道,嫁子瞻为妾有啥好?颠沛流离,生活无着,吃不饱,穿不暖,苦海无边,我若是你,早逃之夭夭。朝云笑道,先生不是嫌弃我,想把我赶走吧?我偏赖着不走,看你能把我怎么样!

也是说得开心,不觉夜阑月移,两人走下朝天门,返归临皋亭。回到房里,相拥而眠,很快进入梦乡。梦醒时分,疏雨刚过,晓色透窗,苏轼望着怀里天仙般的朝云,想起她羡仙不羡凡的话,不免又心生感慨,轻轻吟成《菩萨蛮》之二:

凤回仙驭云开扇,更阑月堕星河转;枕上梦魂惊,晓檐疏雨零。　　相逢虽草草,长共天难老;终不羡人间,人间日似年。

是朝云,也只能是朝云,成就了苏轼灿烂的夜晚、温馨的梦幻和浪漫的诗词。然人活于凡尘,夜晚过去是白天,梦幻结束得觉醒,诗词后面有衣食。白天是无情的,觉醒是残酷的,衣食是现实的,但都得面对,没法逃避。只要夜晚过去,挣脱朝云怀抱,回到闰之身边,苏轼就会变得清醒和现实,直面生存的残酷。闰之提供的私房钱毕竟有限,一年半载就会坐吃山空,何以为继,一时还无着落。夫妻俩挖空心思,思量来思量去,别无他法,只能先节流,至于怎么开源,日后再说。

也是人穷腹空脑灵光,苏轼记起老友贾收节省开支的办法,于是与闰之商定，每月初一拿出家里积蓄四千五百钱，分为三十串，每串一百五十钱，高挂屋梁上，每日早上用画叉挑下一串，作为当日之需，然后藏好画叉，决不多取。置备一只大竹筒，若当天定额没花完，将余钱存放于竹筒里，以应不时之需。只是苏家人口多，定额有限，能勉强应付已不错，能剩多少钱？竹筒所存也就不容乐观。

为尽量不超支，夫妻俩规定每日早晚饮食，只能一酒一肉，以半饥半饱为准。偏偏苏轼好客，上门拜访者不少，到了饭点，客人兴致正浓，总不好赶人出门，只得挽留就餐。有客上桌，一酒一肉太寒碜，得添菜一道，但仅此而已，不能随意增减，寅吃卯粮。礼尚往来，人之常情，客人上门叨扰过苏家，自会回请，大鱼大肉招待苏轼，让他解馋充腹。苏轼当然受用，然朋友上门，待以两菜一酒，在朋友家吃得太好，一回两回可装痴，多几回面子上哪挂得住？又不可能与朋友断绝往来，苏轼灵机一动，拿出笔来，把自家用餐和待客规矩写成文字，广而告之，言明朋友请客，也只能如此，否则拒不遵命。还煞有介事道，安分以养福，宽胃以养气，省费以养财，口体之欲，何穷之有，每加节俭，亦是惜福延寿之道。

世上也只有苏轼，君子固穷，还穷得这么理直气壮，振振有词，且不顾颜面，形诸文字，与朋友们坦诚相见。朋友们爱的正是苏轼的本真，不假不端不装，肯定不会因吃饭的事跟他较劲，伤了面子，自然尊重其规矩，乐往乐来。苏轼很得意，人穷不丧志，不失节，又能与朋友保持友谊，也属大智慧。

由此渐渐养成不沾腥、不杀生的习惯,连朋友馈赠蟹蛤鱼虾,也舍弃不食,拿去放生。苏轼曾对朋友言:"余少不喜杀生,时未断也。近年始不杀猪羊,然性嗜蟹蛤,故不免杀。自去年得罪下狱,始意不免,既而得脱,遂自此不复杀一物。有见饷蟹蛤者,放之江中,虽无活理,亦愈于烹宰也。非有所求觊,但以亲经患难,不异鸡鸭之在庖厨,不复以口腹之故,使有生之类受无量怖苦尔,尤恨未能忘味,食自死物也。"

二十四、雨洗东坡月色清　甘做识字耕夫

苏轼穷快活着,时光飞速过去,进入元丰四年(1081)。王闰之提醒他,家里积蓄日渐枯竭,再不想办法,就要断炊饿肚皮了。苏轼扬着的眉头当即耷拉下来,满脸苦楚,不知怎么办才好。正好马正卿来访,瞧在眼里,说我去找找太守大人,看有无良策。

马正卿字梦得,河南杞县人。曾做过太学正,清苦有气节。与苏轼同年同月生人,只晚八天。早在嘉祐六年,两人同为京官,东坡造访马家,一时手痒,在马正卿书斋墙壁上写下杜甫《秋雨叹》:

雨中百草秋烂死,阶下决明颜色鲜。
著叶满枝翠羽盖,开花无数黄金钱。
凉风萧萧吹汝急,恐汝后世未独立。
堂上书生空白头,临风三嗅声香泣。

苏轼书杜诗，不过一时兴起，本无他意，马正卿见诗，顿生厌恶官场之念，当日辞官不做，愿永生追随苏轼，给他磨墨洗笔。苏轼迁任凤翔签判不久，马正卿也带着家小，尾随而去。从此苏轼走到哪里，马正卿不离不弃，像影子一样跟到哪里。东坡贬黄州半年后，马正卿又追过来，今见苏家困顿，就想着找找太守，替其排忧解难。

原来太守陈君式年前任期届满，已调离黄州，所幸新任太守徐君猷也是正人君子，对苏轼非常友好。马正卿入衙论及苏家困顿，徐太守颇为同情，恨不得打开府库，出钱救济苏轼。怎奈谪臣不能享受官费，徐太守爱莫能助，只能干着急。马正卿提议，若郡中有荒废官田，可拨给苏家，既让苏轼自食其力，又不至于违反朝廷规定。一语提醒徐太守，黄州城中恰有故营地数十亩，一直闲置在那里，正好无偿划给苏轼，让其耕种糊口。

所谓故营地，即过去黄州厢军驻扎练兵场地，军队撤走后，留下遍地茨棘瓦砾，且地势西高东低，不太平坦，并不适合耕种。然苏家已至山穷水尽，黄州无其他无主熟地，苏轼谢过太守，带着大儿和家中男仆，来到故营地，挥镐扬锄，清理废墟，翻土试种。

劳作是辛苦的，其辛苦程度，没做过农活的白面书生自然没法体会，还以为满目田园风光，诗情画意，好玩得很。只有弯腰贴近地面，在泥土里抠食的农人才清楚，地里长草长棘，绝对不可能长粮食，不把土地侍弄得舒服了，绝不可能有任何回报。要想土地长出庄稼，辘劳饥肠，必须付出高强度体力劳动，流汗出血,劳筋累骨,才可能有所收成。

苏轼虽出生农家,因爷爷辈积下丰厚田产,有足够租谷吃,不用下田躬耕,上山砍伐,从小自顾埋头读书,以考取功名,做官老爷。如今渐至老境,为生活所迫,不得不放下书本,躬耕南亩,且是生硬的废弃营地,其劳累艰辛,不可言喻,常筋力殆尽,释耒而叹:"废垒无人顾,颓垣满蓬蒿。谁能捐筋力,岁晚不偿劳。独有孤旅人,天穷无所逃。端来拾瓦砾,岁旱土不膏。崎岖草棘中,欲刮一寸毛。喟然释耒叹,我廪何时高。"

好在苏轼虽是孤旅人,却并不孤独,黄州朋友得知苏家正在开荒,纷纷伸出援手,提供农具、肥料与种子。其中潘彦明、郭兴宗和古道耕三人,还主动赶来,与苏家男人们一道开垦故营地,渴了同瓢而饮,饿了同锅而食,累了同席而眠,不是兄弟,胜似兄弟。

三人都是读书人。潘彦明多次参加科考,名落孙山,只好在江岸樊口酿酒卖钱,维持生计。郭兴宗属武将之后,祖上做过军医,以开店卖药为生。古道耕乐善好施,喜欢打抱不平,就像古时侠客古押牙一样。正是潘、郭、古这样的朋友日夜陪伴左右,同开荒地,苏轼才战胜肉体的辛劳和精神的苦寂,将故营地开垦出来,播下稻麦种子,也播下人生的希望。

日日面朝黄土背朝天,是对腰身的折磨,也是对意志的考验。何况还是四体不勤的读书人,若非为活命和生存,谁愿放下笔墨,躬耕田亩?不过耕耘也不是没好处,日出而作,日入而息,筋骨劳累,精疲力竭,没时间也没心情胡思乱想,大脑空空,闲愁尽释，不易生出烦恼，做诗作文，愤世嫉俗。苏轼自称识字耕夫，不以为耻，反以为荣，公然向友人吐露心迹，甘愿作陂种稻，觉得劳苦之中，亦自有乐趣。

土地有情，一分耕耘，便有一分希望。眼看田土翻耕完毕，苏轼守在田头，就像守护自己刚出生的儿女，倍觉欣慰。儿女出生，总得安个名字，呼唤起来方便，苏轼琢磨着给这方土地起个好名。想起隔代偶像陶渊明，四十一岁弃官归隐，勤耕鏖糟陂里，死后被朋友私谥为靖节，世称靖节先生，苏轼准备将眼前土地叫作鏖糟陂里陶靖节。

这日有雨，苏轼没出门，在临皋亭里专心读书。放下书本，天色向晚，雨不知何时已停，苏轼惦记田里庄稼，挂杖出屋，前往耕地察看水情。正好月出柳梢头，月光洒在面东的坡地上，幽静清新，格外迷人。地处城乡结合部，城里生意人已收摊散尽，城外农人正荷锄而归，好久没做诗的苏轼耳闻自己的挂杖声，心有触动，情不自禁吟道："雨洗东坡月色清，市人行尽野人行。莫嫌荦确坡头路，自爱铿然曳杖声。"

这便是著名的《东坡》诗。回家后苏轼将诗书于纸上，隔日出示给马正卿和潘彦明诸位，诸位鼓掌叫好，一致认为叫所耕地为"东坡"，比"鏖糟陂里陶靖节"更贴切，也更上口。苏轼又想起白居易在忠州刺史任上，将栽花种树的地方叫东坡，又作《步东坡》曰：

朝上东坡步，夕上东坡步，东坡何所爱，爱此新成树。

苏轼一生敬爱陶渊明和白居易，觉得陶渊明是自己前世，白居易忠厚好施，刚直尽言，与人有情，与物无著，其性情与己相近，故言：我甚似乐天，但无素与蛮。

白居易字乐天，家蓄侍女樊素与小蛮，曾作诗曰："樱桃樊素口，杨柳小蛮腰。"苏轼自认为除无樊素与小蛮两侍女，其他方面与白居易别无二致，白居易命种花栽树之地为东坡，自己仿白氏，叫耕地为东坡，岂不妙哉！

也是一时兴起，苏轼连作《东坡八首》，记述耕作苦乐。其中之七献给潘彦明、郭兴宗、古道耕三友，以感谢他们无私相助。诗曰：

潘子久不调，沽酒江南村。郭生本将种，卖药西市垣。
古生亦好事，恐是押牙孙。家有一亩竹，无时容叩门。
我穷交旧绝，三子独见存。从我于东坡，劳饷同一飧。
可怜杜拾遗，事与朱阮论。吾师卜子夏，四海皆弟昆。

之八则以玩笑口吻，记录马正卿与自己的交谊：

马生本穷士，从我二十年。日夜望我贵，求分买山钱。
我今反累君，借耕辍兹田。刮毛龟背上，何时得成毡。
可怜马生痴，至今夸我贤。众笑终不悔，施一当获千。

此诗令人忍俊不禁：马正卿真傻，弃官不做，跟着俺老苏东奔西颠二十年，以为俺会大贵大富，可揩些油水，买山购地，做个土财主，却事与愿违，想随我发财，无异于龟背上刮毛织毡，做梦去吧你。只有开得起玩笑的朋友才算真朋友，苏轼正是有马、潘、郭、古诸友不离不弃，才穷且快活，走出苦难，活出自我。

既然躬耕于东坡，觅食于东坡，干脆取东坡为别号，也别有意味。又已归诚佛僧，属带发居士，正好仿白居易香山居士雅称，自名东坡居士，不正适合？就这样，苏轼摇身一变成为苏东坡，自此世间难闻苏子瞻和苏学士，却无人不晓东坡。

苏轼成为苏东坡后，不仅添了个名号，也实现了身份的华丽转换，从谪官变作地地道道的农人，完全与土地融为一体。土地给东坡以依托感和安全感，耕耘土地虽辛苦，毕竟土地不会欺骗自己，与耕耘仕途截然不同。耕耘仕途，风险多多，弄不好会蹲大狱、掉脑袋。耕耘土地，几分辛劳，便有几分收获，田地里的稻麦和蔬果沉甸甸的，看得见，摸得着，非常实在。东坡乐做农人，不无得意道：吏民莫作长官看，我是识字耕田夫。

二十五、似花还似非花　耕读琴诗皆润身

除马、潘、郭、古诸友外,无私帮助东坡躬耕地的,还有一头黑牛。这是王闰之见丈夫翻地辛苦,掰着指头,精打细算,从全家人牙缝里省出钱来,交东坡从集市上买来的。

牛比人力气大,属耕田主力,东坡很疼爱来之不易的黑牛,精心饲养,待之如子。一苗露水一苗草。天不亮就起床,牵牛出栏,去野外吃露水草。露水草软润可口,易消化,好养膘。故有经验的农人,都会大清早放牛出去吃露水草,待太阳出山,露散草干,牛已吃得肚皮圆鼓鼓的,再上轭耕田,自然格外有力气。

人勤劳,牛卖力,眼见五十来亩生田就要翻耕完毕,谁知黑牛忽然病倒。东坡心急如焚,赶紧请来黄州有名牛医,给黑牛诊病。不想牛医徒有虚名,围着黑牛绕上数圈,还掰开牛嘴,偏着脑袋瞧半天,竟不知是何病因。东坡无奈,打发走牛医,守在黑牛旁,一筹莫展。

直到天色黑下来,小儿苏过来喊吃饭,东坡仍蹲在地上,一

动不动，像耳背没听见似的。苏过没法，返报母亲，王闰之觉得奇怪，来到牛栏门口，问怎么回事。东坡依然一言不发，只是摇头叹气。王闰之瞧瞧丈夫，又瞧瞧歪在栏里的黑牛，意识到了什么，对跟在身后的苏过说道，你回屋去点个火来。

苏过很快举着枞槁火把，回到牛栏旁。王闰之接火于手，走进牛栏里，仔细观照黑牛，没察觉有何异常，只是牛眼似开似闭，毫无神采。又查看过黑牛刚拉在牛草上的粪便和尿液，也与平常差不太多。王闰之沉吟片刻，将火把递还苏过，要他举高点，然后一手抚着黑牛脑袋，一手翻弄它背上浓密黑毛，这才发现皮上起了疹子，有豆粒大小。苏过也看得明白，问是什么疹子。王闰之说，是豆斑疮。

东坡闻言，赶紧起身入栏，俯首查看过牛身疹子，对王闰之道，你既识得豆斑疮，想必知道对症下药。王闰之说，为妻年轻时倒也见过老家有人给牛治豆斑疮。东坡迫不及待道，怎么个治法，快快道来。王闰之说，治法也简单，摘取青蒿，熬粥喂牛，必有奇效。

青蒿不是稀有物，又值春夏之交，随处可见。晚饭后东坡带上苏过，一起去野地里采得青蒿数把，回到临皋亭，交给王闰之。王闰之正在熬米粥，将青蒿切碎，投入粥中，再熬上个把时辰，便停火倒粥于盆里。蒿粥冷却后，端到牛栏里，夫妻一齐动手，灌入牛嘴。隔日黑牛身上豆斑疮便得到控制。继续如法炮制，喂上四五天蒿粥，黑牛基本痊愈，又出栏吃上数个早晨的露水草，便恢复如常，下田翻耕。

田土耕毕，施足肥料，趁着正当季，播下稻麦。不宜播种稻麦的边坡角地，或培瓜菜，或栽果木，或植桑麻，不留方寸闲土。庄稼桑果自可任其生长，只需偶尔管管水，锄锄草，捉捉虫，东坡有充足时间留在家中，读书写字，吟诗画画。或什么也不做，只倚于屋前几上，俯临断崖，仰观长天，任白云左绕，清江右洄，若有思而无所思，以受万物之备。

这日东坡闲来无事，正坐在临皋亭前，面对烟雨江天发呆，有人捎来好友章质夫的《杨花词》。章质夫系章惇弟弟，也是官场中人，以转运使身份，巡按江陵。时值暮春，杨花乱飞，柳絮狂舞，章质夫不觉诗性大发，作《水龙吟·燕忙莺懒花残》抒怀。词作既成，章质夫颇为得意，寻思着寄人同赏。与兄长章惇一样，章质夫自视甚高，一般同僚或文人根本不放在眼里，惟敬东坡之才，故派人专程送词至黄州。

东坡喜得章词，反复吟诵，觉得绝妙无比，非一般词手写得出。一时不敢唱和，仿佛当年李白登黄鹤楼，崔颢诗题在上头，眼前有景道不得。转而思之，章质夫赠词，定是自我感觉良好，讨你和词。东坡不愿让朋友失望，还是提笔作《水龙吟·次韵章质夫词》：

似花还似非花，也无人惜从教坠；抛家傍路，思量却是，无情有思；萦损柔肠，困酣娇眼，欲开还闭；梦随风万里，寻郎去处，又还被莺呼起。　不恨此花飞尽，恨西园落红难缀；晓来雨过，遗踪何在，一池萍碎；春色三分，二分尘土,一分流水;细看来,不是杨花,点点是离人泪。

白居易有诗曰:"花非花,雾非雾,夜半来,天明去,来如春梦不多时,去似朝云无觅处。"苏词借白诗入题,喻杨花为美人,写尽妖娆春色,令人惊艳,已超越章词,成为宋词里难得的名篇。一不留神便写出满意词作,东坡心里受用,沿江踏春,且行且吟啸,呼唤词里妙景。春天是希望的季节,黄州有地可供开垦耕耘,春雨催生稻麦蔬果,不用再忍饥挨饿,同时还可吟诗作词,直抒胸臆,东坡已别无所求,非常自足。

这日东坡又步出临皋亭,来到江边。行吟之际,望向对岸鄂州,武昌山和黄鹤楼隐约可见。东坡想起朱寿昌,吟成一词《满江红·寄鄂州朱使君寿昌》:

江汉西来,高楼下蒲萄深碧;犹自带岷峨雪浪,锦江春色;君是南山遗爱守,我为剑外思归客;对此间风物,岂无情,殷勤说。

江表传,君休读;狂处士,真堪惜;空洲对鹦鹉,苇花萧瑟;独笑书生底事,曹公黄祖俱飘忽;愿使君还赋谪仙诗,追黄鹤。

仕与隐是读书人没法回避的人生选择,无论主动选择,还是被动选择。毕竟学成文武艺,总得货与帝王家。货有货的特性,自然一个愿售,一个愿购。既然自愿货给帝王,就得忠君亲民,像朱寿昌一样做个遗爱守。也有艺成后,帝王不收购,或先收购,后退货,诸如李白。或没等买方退货,主动撤货的,比如陶渊明。东坡归朝廷不行,归剑内不得,做不了朱寿昌,也成不了李白和陶渊明,只能流落黄州,枉自思归。然无官一身轻,半耕半读,作文写诗,并不比建功立业差到哪里去。文章千古事,富贵一时荣,陶渊明、李白、崔颢逝去数百年,可他们留下的绝妙诗篇,却能与日月共辉,光耀华夏。

追思着古圣先贤,东坡豁然开朗,不再认为贬官生涯有多么悲惨,相反觉得很幸运,能做个半隐书生,像陶、李、崔等先贤一样,写出千古诗文,又有何不可?东坡心生欢喜,恬然自在,人生境界又为之一新。朋友们得知东坡有耕有种,吃穿不愁,心宽体健,发自心底为他高兴,纷纷寄信赠物,表示慰问。其中黄州判官彦正所送祖传古琴,最令东坡心仪,耕读之余常拿出来,面对江天弹奏一曲,以怡情养性。

听说东坡收获彦正所赠古琴,友人们纷纷上门,观琴听琴。东坡来者不拒,欣然出示古琴,细说其妙,然后坐下来,弹给客人听。若客中有善琴者,则请人家献曲,自己站在一旁,一边以掌击节,一边轻轻晃动脑袋,体味琴声之妙。

消息传到浙江衢县的海印禅师耳里,他专程带上侍者,赶来黄州看望东坡。主客寒暄过,东坡笑笑道,禅师是来看望子瞻,还是另有企图?海印笑道,东坡先生既知我来意,又何必装痴?东坡不再多话,带海印及其侍者,来到书房,打开琴匣,取出古琴,让客人鉴赏。海印说古琴状貌古雅,琴声一定美妙。东坡道,琴声如何，不可言表，禅师亲手一试便知。海印道，老纳年高手拙，已弹不动，还是东坡先生自己来一曲吧。

东坡暗自寻思，海印专门冲着古琴而来，肯定有一手，自己岂敢当面出丑？忙说苏某素不解弹，还是禅师教我一曲吧。海印不再多话，侧首瞧眼身边侍者。侍者会意，也不客气，坐到古琴旁，十指联动，拂历铿然，令人耳目一新。

一曲终了，东坡鼓掌，请侍者再弹一曲。侍者望望海印，海印微微点点头，侍者又坐正身子，重新弹奏。弹得实在太好，东坡两眼盯着琴弦，还有侍者游走于琴弦间的柔柔十指，仿佛喝醉酒般，痴痴定在那里，不笑不嗔，不喜不忧，忘了今夕何夕。直至琴声已然止住，东坡两眼还停在弦上，没法收回去。

侍者缩回十指后，缓缓站起身，退到海印禅师身旁。东坡上前半步，低下脑袋，将耳朵贴到弦上，做谛听状。自然什么也没听到。然后竖起腰身，回头抓过侍者手指，搁到自己耳边，似要从指尖听出什么。不用说，依然啥也没听到。

海印觉得东坡举止怪异，问道，你打什么哑谜？担心侍者把琴声带走？东坡将古琴收入匣中，这才摇头道，苏某不是打哑谜，是在琢磨美妙琴声从何而来？海印道，自然来自于琴弦上。东坡道，那为何我贴耳于琴弦，啥也没听到？海印笑道，当然得有手指弹奏，琴弦才出得了声。东坡道，禅师的意思是声音出自指尖？可我听过侍者手指，怎么什么也没听到？

被东坡这么一绕，海印也怔在那里，不知说啥好。东坡狡黠笑笑，拿出笔来，在纸上写出一偈：

若言琴上有琴声,放在匣中何不鸣?
若言声在指头上,何不于君指上听?

海印连连称善,说是妙偈。

二十六、刈草盖雪堂　偶成天下第三行书

转眼到了秋收时节，东坡带着家中男丁，打下田里熟稻，请马、潘、郭、古诸友进屋，一齐品尝新米，共话丰年。有感于太守徐君猷无偿划拨故营地，耕有薄田，小有收获，又专门送米至府衙，以示大谢。苏家能自食其力，不再忍饥挨饿，徐君猷跟着高兴，特于重阳佳节，邀东坡登涵晖楼，把酒临风，观菊望远。

涵晖楼建于长江边上，属黄州名楼，为赏秋佳处。几杯下肚，徐太守望望东坡，说酒杯在握，菊色于前，长江东去，东坡先生有何感慨？都怪东坡才名在外，既应邀登楼，不露上一小手，也实在说不过去。只是面对日渐枯瘦的江水，还有远处草木凋零的沙洲，东坡心生悲凉，自耕自足带来的小欢欣随风而散，取而代之的是满心惆怅。秋水退去，来年春雨一发，又会涨满江面，成浩荡之势，然人无再少，短暂生命流逝后，绝无复返之时。

东坡不忍久视楼外江水，慢慢收回茫然目光，但见近岸秋菊正黄，似有蝶影翻飞其间。秋菊若有灵感，也该自知不比春花。

春花有百花辉映，有绿叶陪衬，秋菊独立寒秋，别看盛极一时，能入人眼，待重阳一过，再不会有谁怜惜，只怕连蜂蝶也觉无聊，弃之而去。东坡不觉想起唐人郑谷咏菊名句"节去蜂愁蝶不知，不待徐太守催促"，便口占《南乡子》词一首：

霜降水痕收，浅碧鳞鳞露远洲；酒力渐消风力软，飕飕，破帽多情却恋头。　佳节若为酬，但把清樽断送秋；万事到头都是梦，休休，明日黄花蝶也愁。

时光易逝，黄花易老，蝶尚且知道发愁，何况有灵有性之人？原来东坡明言蝶愁，实为暗喻己忧。迁居黄州，倏忽间不觉已快两年，官不官，民不民，客不客，主不主，朝廷一直不理不睬，不闻不问，毫无音讯，好像你这个谪官根本不存在似的。是好是歹，总得有个说法吧。罪犯尚且有刑期，莫非你比罪犯还不如，将无限期贬谪下去？真无限期贬谪黄州也行，只要朝廷下个文，也好早死心，早做安排。别的不说，单说临皋亭，本属官舍，有太守关照，暂住没事，久居绝对行不通，若寄余生于黄州，还得另谋栖身之所。毕竟岁月不饶人，趁着身上还有些残力，率领家人，建几间陋屋，也有个归宿，不至于老到耳聋眼瞎，四肢作废，才被赶出官舍，流落街头，那就更加凄惨。

心生建屋念头，东坡开始留意起宅地来。他乡之人，家无半亩，只能就近选择耕地旁边的无主荒地，前有空隙，西有暗泉，只要稍加平整，建屋其上，可谓柴方水便，适合居住。东坡兴高采烈回到临皋亭,说出自己的想法。不料王闰之一瓢冷水浇过来:勉强饱肚,便思华堂,真有你的,你拿钱来,我给你筑高楼、建大厦。

说得东坡张口结舌,出声不得。闰之所言不假,耕种故营地,小有收成,糊口还嫌不足,哪有余力造屋?东坡打消此念,只盼另有出头之日,改变目前窘境。

一盼盼到年末,官员该升该降,该留该调,渐成定局,依然没自己的事,东坡断定此生惟有老死黄州,又跟闰之重提造屋之议。闰之也意识到,幸亏现任太守恩典,全家得以安居临皋亭,哪天另换太守,或小人借口贬官不可居官舍,小题大做,又如何是好?迫于无奈,闰之只好拿出家中微薄积蓄,另用部分自产粮食换钱,一齐交到东坡手上,让他折腾。

手里有了钱,东坡立即采购木料,在故营耕地旁竖起屋架。只是钱太少,待购进装壁的木板,已所剩无几,不得不采割茅草,代替瓦片盖屋。忙上一个多月,至元丰五年(1082)二月初,五间草屋建成。适逢天降大雪,东坡一时兴起,拿起笔来,在堂屋四壁绘上雪花,坐卧其间,满目皆白。屋外屋里都是雪,干脆取东坡雪堂四字,题于门额上。还觉不尽兴,又作诗曰:

去年东坡拾瓦砾,自种黄桑三百尺。
今年刈草盖雪堂,日炙风吹面如墨。

比起官舍临皋亭,雪堂自然简陋得多。可毕竟为自己亲手所造，东坡敝帚自珍，格外爱惜。趁着春风化雨，种柳于门前，栽桑于堂侧，再在周边植果菜十数畦。雪堂西边还有暗泉涌流，正好砌池蓄水，灌溉田土，闲时作画写字，还可洗涤笔砚，名曰洗墨池。

不过苏家住惯临皋亭，不急于迁出来，东坡便以雪堂为农忙时休息地，遇有客人来访，还可在堂内谈天说地，写字作画。雪堂离临皋亭大约两里远，中间一小山冈，叫作黄泥坂，冈侧有寺庙，曰承天寺。每天天亮起床，东坡吃过早饭，走出临皋亭，迎着初升太阳，缓缓东行，先绕经承天寺后墙，再沿黄泥坂上蜿蜒小径，穿花度柳，唤鸟逗兽，信步来到雪堂。入堂取了农具，至田间地头，躬身耕耘。午时洗脚归堂，吃两碗米饭，喝几口小酒，倒头午睡。睡醒日已西斜，就在堂内读几册杂书，或推窗看看闲云，观观野鹤。雪堂处于黄州城乡交汇处，再往东便属郊外，月前曾与友人出郊寻春，作诗凑趣。尤记诗中妙句，东坡转身取纸，一挥而就："人似秋鸿来有信，事如春梦了无痕。"

放下笔，东坡走出雪堂，在屋前屋后随便转悠起来。转着转着，觉得眼前一切似曾相识，细思原来颇像陶渊明笔下斜川。于是口占《江城子》：

梦中了了醉中醒，只渊明，是前生；走遍人间，依旧却躬耕；昨夜东坡春雨足，乌鹊喜，报新晴。　雪堂西畔暗泉鸣，北山倾，小溪横；南望亭丘，孤秀耸曾城；都是斜川当日境，吾老矣，寄余龄。

春耕离不开雨水。民谚有云,春雨贵如油。可雨过多,也令人烦闷。这年春季,黄州连续下雨达两月之久,东坡为雨所阻,困于临皋亭里,雪堂也去得少了。偏偏建造雪堂花费过巨,苏家坐吃山空,日子变得异常艰难,已揭不开锅盖,忍饥挨饿在所难免。东坡却还要强作欢颜,作短文曰:"两乞丐相与言志。一曰我平生不足惟饭与睡尔,他日得志,当吃饱就睡,睡醒又吃。另一云我则异于是,当吃了又吃,何暇复睡耶?"

作文毕,有人上门,东坡以文示之,说老夫近来睡眠少,别无他因,只等着吃了又吃。

苦雨还在下,直至寒食节,依然不停不歇。长江水势汹汹,日日看涨,已快漫到家门口,随时有可能淹进屋里,将桌凳床椅漂走。加之临皋亭年久失修,墙壁剥落,屋瓦碎烂,四处漏雨,家中瓢盆接不过来,地面都成水田。东坡再也幽默不起来,愁断肝肠,一下子病倒在床,后悔不该一时任性,掏空家底,造什么雪堂。

眼见家里米桶空空如也,闰之不得不带着朝云和女仆,披上蓑衣,外出采摘野菜,拿回来洗干净,扔进锅里,生火烩煮。无奈干柴已烧完,只有几把被雨水浸湿的芦苇,搁在墙角,闰之别无他法,让朝云取过来,塞入灶膛里。灶破芦湿,怎么也点不着,朝云拿起吹火用的竹制火筒,趴到地上,对着灶膛一番猛吹,才好不容易吹出几颗火星。灶火吞吞吐吐燃上小会儿,一股冷风吹至,又扑一声熄掉,浓烟窜出灶膛,飘出厨房,漫入房里,呛得病床上的东坡缓不过气来，连喘带咳，苦不堪言。

东坡已没法躺下去，强行支撑身子，下地来到窗前，开窗释放灶烟。抬眼向外望去，正好乌鸦从雨雾里飞过，口中还衔有纸屑，也不晓得是谁家坟前烧剩的纸钱，惟可断定寒食节已到。东坡大恸，挪移被屋漏淋湿的书桌至墙边，取出纸墨，挥毫写字。

活命都成奢侈，哪还有心情写字？其实东坡不是写字，是一吐心中悲苦，否则不饿死，也会憋死。连写两首，一为：

自我来黄州，已过三寒食。年年欲惜春，春去不容惜。
今年又苦雨，两月秋萧瑟。卧闻海棠花，泥污燕支雪。
暗中偷负去，夜半真有力。何殊病少年，病起头已白。

二为：

春江欲入户，雨势来不已。小屋如渔舟，濛濛水云里。
空庖煮寒菜，破灶烧湿苇。那知是寒食，但见乌衔纸。
君门深九重，坟墓在万里。也拟哭途穷，死灰吹不起。

两诗写毕，又注上《黄州寒食二首》字样。放下笔头，东坡再抑制不住肚里悲苦，号啕大哭起来。东坡哭，寒食帖也字字皆呈哭态，似乎哭得更伤心。头三行较克制，笔迹尚有章可循，显得忍气吞声。第四行开始放纵，点画粗重，字体变形，已是泪眼婆娑。至第二首，越发失控，点画与点画之间，字与字之间，行与行之间,已毫无规矩可言,时疾时涩,时提时顿,时露时藏,时紧时松,时浓时密,时重时轻,时翻时绞,时敛时放,字字滴泪,句句淌血,泪与血汇成悲流,奔腾不息,天地为之黯然,鬼神为之呜咽。

寒食帖融诗境、意境与作者心境于一体,成为千古绝笔,其品格之高尚,意蕴之深沉,后世再无人可超越。神品往往可遇不可求,无意于佳乃佳,连东坡本人也意想不到,这幅急就帖一面世,便震撼整个书坛,视为继王羲之《兰亭序》、颜真卿《祭侄稿》之后天下第三行书,令人五体投地,顶礼膜拜。

二十七、一蓑烟雨任平生　好男人怕老婆

许是寒食帖感天动地，节后淫雨消停，天空开始放晴。长江水落，涛声远去，莺燕划过晴空，尽情享受着回暖的春天。雪堂周围瓜菜悄然成熟，故营耕地里的冬麦也已泛黄，苏家终于渡过难关，过上半饥半饱的日子，不用担心饿死临皋亭。东坡病体痊愈，可下床出门走动，感受和煦春阳。春阳暖人暖心，加之郁闷和悲愁已通过寒食帖发泄出去，东坡神清气爽，脸上露出久违的笑容，觉得活着实在美好。

一家老小能够存活下来，不用说全拜十多亩故营耕地所赐。东坡心存感激，甩手打背，望东而行，仿佛要去造访许久未晤的老友。绕出承天寺，走过黄泥坂，很快来到耕地前。抬眼望去，只见金黄的冬麦收割过半，苏家男仆还在麦田里忙碌着，女人们则隐现于菜垅旁，瓜架下，十指勤采摘，嘴上也不肯闲，说着笑话，哼着小曲。

也许久未来耕地，也许身处高处，东坡忽然发觉眼前这十

几亩田土那么狭窄，怪不得不足以供养一大家子衣食。若回朝无望，长居黄州，还得购些田亩，以确保全家温饱。来到地头，跟王闰之说出肚里想法，闰之也认同，只愁凑不足购田钱。东坡道，也不是说购就购，哪有肥田，先物色好，再慢慢积钱采购也不迟。

可巧有个叫潘大临的年轻人，苏家夫妻刚回临皋亭，他就手提长江鱼，闯进屋来，嚷嚷着要见识寒食帖。潘大临乃潘彦明侄儿，常跟叔父来访东坡。人家半耕半读，潘大临半渔半读，上午在江上打鱼，下午读书写字，一手好诗令东坡赞赏不已。父亲潘鲠三年前考中进士，在紧邻黄州的蕲水做县尉，只因薪水微薄，供养不了家人，潘大临不得不自食其力，打鱼维生。他不时带几条鲜鱼到苏家来，跟东坡开怀畅饮，论诗说文。

既是无话不谈的忘年交，又带来鲜美的长江鱼，潘大临要看寒食帖，东坡自然不会拒绝。捧帖于手，潘大临惊为神品，眼睛鼓得老大，问主人价值几何。东坡笑道，能出多少价。潘大临说能获寒食帖，愿每天打网鱼送给苏家，直至下不了江，打不动鱼为止。东坡哈哈大笑，说贤侄才二十出头，待你打不动鱼，老夫早已尸身无存，骨头打鼓矣。

玩笑归玩笑，东坡知道潘大临喜欢寒食帖，答应另写一幅送他，要求不高，帮着物色几亩肥田即可。笔走纸上，却怎么也达不到原帖意境，只好作罢。

潘大临也不强求，却记住东坡物色肥田的话，从父亲那儿打听到，蕲水沙湖肥田不少，又比邻黄州，不过三十里路程，愿陪东坡前往看田。东坡求之不得，由潘大临等数位黄州朋友相伴，手执竹杖，足蹬芒鞋，踏着暮春暖阳，往黄州东南方向款款而行。

到得半道，在路边店歇歇脚，喝几口小酒，继续上路。翻过不高的山头，正穿越一片茂林，晴空忽起风云，大雨骤至，打得树叶噼啪作响，浇灌而下。众人猝不及防，狼狈逃窜，纷纷寻找避雨处。惟东坡一如既往，从容前行，嘴上还哼着野调，打着唿哨，没事人样。雨来得快，去得也快，一阵清风过去，云开雾散，太阳朗然挂上山头。回首望望身后林子，风无影，雨无踪，说阴不阴，说晴不晴，又是一番景象。

有过山居经验的人都知道，云卷云舒，雨来雨去，雨至人躲，雨住人行，实在没啥稀奇的。可东坡却从这再平常不过的途中遇雨小事里，心生感悟，即兴吟诵道：

莫听穿林打叶声，何妨吟啸且徐行；竹杖芒鞋轻胜马，谁怕，一蓑烟雨任平生。　料峭春风吹酒醒，微冷，山头斜照却相迎；回首向来萧瑟处，归去，也无风雨也无晴。

就是这首《定风波》小词，深受东坡朋友喜爱，你口传，我笔扬，广为流布，至今不绝于口，成为课本必选篇目。尤其"一蓑烟雨任平生"和"也无风雨也无晴"两句，几乎无人不晓，常被挂在嘴里，引入文中，以阐释人生历练和感悟。

赶到沙湖，蕲水县尉潘鲤早摆好酒宴，恭候已久。自是儿子潘大临通报的消息，潘鲤崇拜东坡，偶像到了辖区，定然不愿错失欢饮良机。觥筹交错间,细心的潘鲠发现东坡左手动作僵硬,问有何不适。东坡答曰,已疼痛有时,一直不知原因。潘鲠捞过东坡手腕,见红肿得厉害,说县内麻桥有位叫庞安时的医生,医术高明,不妨前去问诊,说不定有治。

东坡自然应承,隔日在沙湖看过两处田产,便直奔麻桥,去会庞安时。庞家世代为医,庞父素有高医美誉,见庞安时从小聪颖过人,以祖传脉诀授之。庞安时深得家传,却不满足,又取黄帝、扁鹊脉书,独自研究,通晓其旨。不久大病一场,致耳聋毋听,自叹曰:天使我隐于医欤!乃益读《灵枢》《太素》《甲乙》等古传医书,所涉其道,靡不贯通,为人治病有奇功,率十愈八九,远近踵门求治者,络绎不绝。

也是庞安时久闻东坡大名,有缘得见,自然欢喜。无奈耳聋,听不见人言,只能笔谈。见过东坡手肿,断定为药石之毒,非风气所致。东坡朋友中不乏道人,教其炼丹服食,正好被庞安时言中,自然点头认可。庞安时二话不说,取出银针,一针而愈。东坡无以为谢,作书相赠。又笔曰:吾与君皆异人也,吾以手为口,君以眼为耳,非异人而何?

苏氏字纸,胜过无价之宝,庞安时甚喜,邀东坡同游清泉寺。寺在蕲水县城郭门外,穿过松林,走两里沙路便到。寺旁有泉,甘甜可口,传说王羲之曾在泉中洗过笔砚。青山耸立于寺后,名曰凤栖山;绿水环绕于寺前,叫作兰溪。都说水向东流,兰溪竟与众不同,由东向西流去,令人讶异。时光如水,不可逆转,白居易曾作诗感叹黄鸡催晓,白发催年,东坡受其影响,亦常叹朱颜

易失,人生易老。既然兰溪可以逆流,人生自然也可倒转,重活一回。东坡心头一振,入寺向住持要过纸墨,挥笔写下《浣溪沙》:

山下兰芽短浸溪,松间沙路净无泥,萧萧暮雨子规啼。谁道人生无再少?门前流水尚能西,休将白发唱黄鸡。

几位见词,大加赞赏,在寺内开怀畅饮,尽兴而归。庞家有病人等着诊治,庞安时不敢久待,揖别东坡,回了麻桥。潘鲠说起蕲州人吴德仁,曾任出知彬州,四十六岁致仕归里,寓于物不拘泥于物,居家饮酒吃肉,修得忘家禅,至今六十多岁,身宽体健,看来活到八九十没问题。说得东坡心里发痒,要去拜访吴德仁。进得蕲州城门,忽觉兴致索然,掉头回了黄州。朋友们不解,专程赴蕲会吴,到人门口,人没见着,便打道返回,岂不白跑一趟?东坡笑道:听说过王子猷雪夜访戴安道的故事么?

故事很著名,读书人都知道,说夜里王子猷忽想起戴安道,立即冒雪乘船,天明赶到戴家,谁知未曾进门,又转身上船,原路返回。人问何故,王子猷答曰:"我本乘兴而行,兴尽而返,又何必见戴!"

有意思的是,正因没见着吴德仁,吴德仁三字从此萦绕东坡脑际,久久挥之不去。追名逐利,人之天性,吴德仁肯主动放弃看得见的名利,回归故里,寄情山水,活得真实、快乐、健康、长寿,实在令人敬佩,不像自己,为虚名所累,虚衔所绊,没法超脱。平时效仿道人,炼服丹石,以求长生不老,不仅毫无效果,霜鬓白发没法变黑，还反受其害，以至手肿疼痛，幸亏庞安时针灸而愈。东坡满心感慨，准备写首诗，寄赠吴德仁，一释心中块垒。正要动笔，闻陈慥来访，东坡放下笔头，迎出门去。

一见陈慥，东坡就抬手指着他，嘻嘻哈哈笑起来，笑得对方莫名其妙，还以为自己扣错了衣扣。原来东坡贬居黄州期间，陈慥差不多每半年都会自麻城歧亭专程来看望一次，东坡也常抽空回访。陈慥信佛，自称龙丘居士，喜欢缠着东坡讨论佛学。有回在歧亭陈家，陈慥侃侃而谈，至得意处，竟起身拄杖，摇头晃脑，走动起来，情不自禁的样子。正值东坡喝多茶水内急，起座去上厕所，陈慥兴头正盛，东坡出了门，也没察觉，仍在地上来回挪步，嘴里念念有词。陈夫人柳氏早不满丈夫家事不管不顾，一心沉迷佛禅，只因客人在场不好发作，待东坡离屋，便从屏风后转出来，粗声大气吼道：佛佛佛，禅禅禅，佛当得饭，禅当得衣！陈慥只顾低头沉吟，猝不及防，全身一抖，手杖落地。也不敢回嘴，只两眼茫然，望向窗外幽幽夜空。走到窗前的东坡瞧在眼里，觉得有趣之极，今日陈慥到访，不觉想起当初情形，竟忍俊不禁，大笑起来。

寒暄几句，论及吴德仁，东坡指指客人和自己道，你我念佛修道，只不过触及皮毛，比起蕲州吴氏，其境界可低得多啊。陈慥也认同，愿日后同去拜访吴德仁。东坡道，世间贤者万万千，见贤思齐可矣，不必闻名必访。

陈慥也不强求，由东坡陪同，遍游黄州名胜，数日后返回歧亭。东坡正好拿自己和陈慥开涮，以玩笑口吻写下《寄吴德仁兼简陈慥》：

> 东坡先生无一钱，十年家火烧凡铅。
> 黄金可成河可塞，只有霜鬓无由玄。
> 龙丘居士亦可怜，谈空说有夜不眠。
> 忽闻河东狮子吼，拄杖落手心茫然。
> 谁似濮阳公子贤，饮酒食肉自得仙。
> 平生寓物不留物，在家学得忘家禅。

濮阳为吴姓郡望，此处濮阳公子即吴德仁。东坡以自己修道不得道，陈慥学禅不得禅，反衬吴德仁率性而为，成效显著，得仙得禅，可谓有意栽花花不发，无心插柳柳成荫。其实最有意味的，还是挖苦陈慥那四句。陈妻姓柳，河东为柳姓郡望，而佛家认为佛音震动十方世界，外道慑服，有如狮子一吼，百兽臣伏，故东坡以河东狮吼，喻柳氏怒斥沉湎佛学的丈夫，可谓妙不可言。想必吴德仁见诗，一定会暗暗得意，毕竟不是谁都能得到诗赋大家东坡夸赞的。然陈慥更应高兴，东坡不把他当真朋友，也不会轻易开他玩笑。比如吴德仁不是朋友，东坡才有意抬高他，不惜贬低自己和陈慥。

被人抬高不见得管用，后世谁还记得吴德仁？倒是河东狮吼一词传开后，陈慥作为当事人，变得家喻户晓。怕老婆听去挺没面子，其实正是男人的最大美德。有修为有作为的男人受人尊重，大气大度，自然也善待家人，老婆说啥是啥，不会斤斤计较。

只有没本事的男人，在外受蔑视和欺侮，才带着窝囊气回家，往老婆身上发泄。

东坡最明此理，能心平气和对待家人，从没在妻妾面前逞能。诗谑陈慥，也是转着弯子夸奖他，让他借河东狮吼一词，成为怕老婆的好男人典范，名扬千古。

二十八、梦中一饱百忧失　东坡肉慰饥肠

借口看田，去蕲水跑个来回，完成趟漂亮的文学之旅，一下子收获《定风波》和《浣溪沙》两首名词，外加后世使用频率超高的河东狮吼成语，让东坡颇为得意，不久又骑着白马，独往蕲水，也不知是去看田呢，还是拣拾文字彩贝。

黄州与蕲水交界处有条小河，一桥横跨河上，也不知叫啥名字。时值春夏，万木竞发，河两岸杨树郁郁葱葱，几乎快将河桥笼住。东坡信马由缰，晃晃悠悠来到桥头，伸手撩开头顶杨枝，心里说，就叫此桥绿杨桥吧，好听不说，还可直接入诗。透过杨枝，见不远处河岸有家酒店，东坡忽觉肚内空虚，饥肠辘辘，扯转马首，顺河堤来到酒店门口。跳下马背，拴好马，举步走进酒店，要壶小酒，就着小菜，开始自斟自酌。

东坡喜欢热闹，也乐于独饮，只是酒量不大，几杯下肚，便耳热面红，飘飘然起来。也就不敢再喝，停杯起身，付过酒账，走出店子，摸索着爬上马背，往绿杨桥方向骑去。夕阳早已西沉，月

亮不知何时升上东天，月辉洒在河里，像无数碎银，闪闪发光。

回到桥上，被河风一吹，体内酒力开始发作。白马也变得懒散，驻足不前，仿佛留恋桥上清风似的。东坡四肢发软，也不逞强，翻身下得马来，解下马鞍，扔到地上，准备以鞍为枕，小憩一会儿，待酒劲过去再上路。谁知身子往草地里一挨，脑袋往马鞍上一靠，立即沉睡过去，进入甜蜜梦乡。

这一觉睡得好沉，待被杜鹃唤醒时，已月落星坠，曙光初露。东坡缓缓坐起身子，伸手揉揉惺忪睡眼，近瞧有流水潺潺，绿杨如烟，远望乃丛山环侍，乱石攒拥，仿佛已出离尘世，到了仙地。一时诗兴来袭，赶忙从行囊里取出笔墨，将新得《西江月》词题于桥柱上：

照野弥弥浅浪，横空隐隐层霄；障泥未解玉骢骄，我欲醉眠芳草。　可惜一溪明月，莫教踏碎琼瑶；解鞍欹枕绿杨桥，杜宇一声春晓。

返归黄州，人问蕲水之行收获如何，东坡以词答之，众皆叫绝。还有人感慨，不就一溪一桥，外加几棵杨树么，乡间司空见惯，没谁当回事，怎么苏学士醉卧桥上，醒来就写出如此绝佳的《西江月》？东坡笑笑道，只要心闲人缓，所见所闻，都是诗情画意。

这应是东坡秘传心法。他早说过，江山风月无常主，闲者便是主人。心不能闲，汲汲于名利，行色匆匆，自然容易忽略眼前好风景,耳边好声音。只有闲下来,慢下步子,心才能空灵,感应万物。哪怕你窗前常见的风花雪月,门口久经的山川河流,也会一天一个样,为你那颗未被名利填塞的闲心呈现出绝色妙声。

正是带着悠闲的心情,东坡缓步于黄州周边山水间,有感而发,写下大量诗文。现代人受不了眼前的苟且,向往诗和远方。东坡不能违背朝廷旨意,只好在谪地方寸间转圈,却一点不苟且,眼前一景一物,都流入笔端,成为千古名作。临皋亭与雪堂间的黄泥坂近在咫尺,天天往往返返,也不会熟视无睹,总是常走常新,觉得美不胜收。吃过早饭,出得临皋亭,东达承天寺,北转黄泥坂,长江左绕,云舒涛卷,草木右随,郁郁葱葱。走走停停,留连不进,虽不可居风物为己有,却足以养眼娱心。官服早已脱去,官帽不知扔往何处,所穿不过粗布衣裤,所戴不过汗巾小帽,杂在来往的行人中间,互不相识,自在得很。躬耕故营地,辛是辛苦点,然雪堂有好酒,随时可取酌享用。酒能解乏,亦可醉人。趁着酒意,以杖支身,歪歪扭扭走出雪堂,嘴里一声高一声低,唱起地方小曲来。还没唱完,杖落人倒,已醉卧路旁草地上,不省人事。正值夜露初上,晚归牛羊喜食露草,边吃边行,不一会儿便到得醉汉身旁。惊得远处父老大呼小叫,生怕醉汉被牛羊踩着。东坡觉而起身,笑歌归来兮。

东坡几乎无日不醉。这不能怪他,要怪只怪友人和邻居,有事没事爱往雪堂跑,且手不放空,提着刚酿成的美酒。东坡哪里喝得过来,于是合置一器,谓之曰雪堂义尊。既是义尊,自然不用付酒资,送酒人也不图回报,只期东坡酒后兴起,吟诗作赋,主客同乐。东坡担心义尊酒干，自然有求必应。吟过远山吟近水，诵过春夏诵秋冬，反正不会让来人失望。

实在没啥可吟诵的，就用醉眼望着雪堂门外，歌起自己在黄泥坂发生的趣事来：

朝嬉黄泥之白云兮，暮宿雪堂之青烟。喜鱼鸟之莫余惊兮，幸樵苏之我嫚。初被酒以行歌兮，忽放杖而醉偃。草为茵而块为枕兮，穆华堂之清宴。纷坠露之湿衣兮，升素月之团团。感父老之呼觉兮，恐牛羊之予践。

于是蹶然而起，起而歌曰"月明兮星稀，迎余往兮饯余归，岁既宴兮草木腓。归来归来兮，黄泥不可以久嬉。"

这就是人尽能诵的《黄泥坂词》的后半部分。词是生活的升华，不是生活本身。毕竟黄泥坂为诗人躬耕故营地必经之路，路上不止有春花夏木，鸟语花香，还有当事人耕耘的艰辛和生存的困境。这年夏天气候反常，先是久旱无雨，田干土裂，人畜饮水困难，不得不四处乞水。继而大雨倾盆，连月不断，房倒屋塌，城乡汪洋一片。

天灾过去，饥馑袭来，活命成为奢侈。故营耕地连遭旱涝，损失惨重，又值青黄不接之际，苏家日子再次变得困窘起来，有一顿没一顿的，饿得家人两眼发昏。东坡却不肯皱眉，笑道，饿肚子怕啥？躺倒在床，就不会饿啦。闰之骂他，躺倒床上，天花板掉馅饼？东坡道，天花板不掉馅饼，可闭上眼睛做梦，梦里肯定有饱饭吃，要不白居易也不会说：渴人多梦饮，饥人多梦飧。梦里饮也是饮，梦中飧也是飧嘛。又顺白诗意，作诗曰：

饥人忽梦饭甑溢，梦中一饱百忧失。
只知梦饱本来空，未悟真饥定何物。
我生无田食破砚，尔来砚枯磨不出。

还觉不够，又书四戒帖数幅，贴于临皋亭和雪堂壁上："出舆入辇，蹶痿之机。洞房清宫，寒热之媒。皓齿蛾眉，伐性之斧。甘脆肥浓，腐肠之药。"意思是坏事往往也是好事，锦衣玉食于身体不利，肚无腐肠之物，百病不侵，何乐而不为。

然梦饱肚不饱，字纸也当不得饭，聊以自慰可以，要想活命，还得找东西哄肚皮。东坡带着家人，来到水毁故营地里，从泥沙里挖出没沤烂的萝卜、白菜、油菜根，又上附近山间采些芥菜、野蒿之类，一起拿回家，洗洗干净，拌以米粒和姜丝，放入大锅里，再加足量的水，用文火蒸煮。火候已到，起开锅盖，米香菜香扑鼻而至，家人各盛一碗，狼吞虎咽，津津有味，肚皮受用人开心，乐得东坡像孩子一样大笑起来。

此吃法传开后，黄州百姓无不效仿，名之曰东坡菜。东坡菜让苏家和无数家庭勉强渡过生死关，可谓天无绝人之路。只要人还在，一切都有希望。与普通百姓人家一样，灾后苏家全体出动，积极投入生产自救，尽量减少损失。

最恼火的是灾害造成物资短缺，引起物价飞涨，官民束手无策。唯一不涨的是猪肉价格。古时羊大为美，羊肉珍贵，牛肉和畜禽肉也为人青睐，唯猪肉不受待见。也许猪名声不好，猪肉价格才上不去。猪太蠢，国人向来崇尚吃啥补啥的理念，生怕吃多猪肉，会像猪一样蠢，有时宁肯饿肚皮，也不愿多吃猪肉，变成傻子。不过东坡另有发现，猪肉遭遇主因，在于富者不肯吃，贫者不解煮。好吃的东坡扎入厨房，发明出炖猪肉的好方法。先大火烧水，潦去猪肉里的血腥味，再用少量清水，以文火慢炖两个时辰，直到皮软肉烂，佐以适量的盐和酱油，吃起来又香又爽，美不胜收。黄州百姓照此做去，大享口福，猪肉因此大行其时。

这便是东坡肉的来历。还有黄州面临长江，江鱼取之不尽，东坡又发明煮鱼妙法。选条鲤鱼，开膛破肚，清水洗净，抹上盐，待盐味入肉，才放进锅里，用小火慢煎。不能乱翻，说是烹小鲜如治大国，随便翻动，会把鱼肉翻烂。煎得鱼皮发黄，鱼肉半熟，搁上姜丝和辣椒，冲少许酒，加水蒸煮。煮熟开锅，扔些葱段和橘皮，即可上桌，趁热入口。此烹鱼法简易，很快被黄州人掌握，美其名曰东坡鱼，不久便传遍长江两岸。

凭着东坡菜、东坡肉和东坡鱼，苏家及黄州百姓逐渐恢复元气，步入正常生活轨迹。加之节气不再反常，东坡又可优哉游哉，往返临皋亭和雪堂间，半耕半读，喝喝小酒，哼哼小曲，享受闲适人生。这日东坡洗脚上田，荷锄回到雪堂，打开义尊，取酒喝至半醉，倒头便睡，做起白日梦来。梦正香甜，堂外忽起陌生声音，东坡幡然而醒，出屋一瞧，是位三十出头的壮年人，气质不凡，只未曾谋过面。东坡上前拍拍对方肩膀，问道，壮士不是黄州人吧,尊姓大名?对方不卑不亢说出两个字:米芾。

东坡哈哈大笑,拉过米芾手腕,说走走走,入雪堂一叙。

二十九、米芾和杨世昌　蜜酒酿制有秘方

　　米芾可是有名的狂人。狂人自在狂之资本,米芾也不例外。此君祖籍太原,出生于襄阳,母亲曾侍奉过英宗皇后高氏,算跟皇家有旧,自然不把常人放在眼里。善画山水,自成一家,世称"米南宫"。且工书法,深谙唐楷体式,模仿起唐楷来,几可乱真。有字画商谋得唐楷一幅,知米芾喜集古字,欲高价卖给他。米芾见字,心里喜欢,苦于出不起价,借口真假难辨,提出留下字幅,慢慢甄别,若系真迹,一定照价收购,否则原字奉还。字画商二话不说,留字走人,说好五日后再来听信。

　　送走字画商,米芾立即掏出纸笔,开始摹写唐楷。看看日期已至,字画商回到米家,唐楷已然摹成,米芾说字是真迹,若能稍稍让价,可现钱购买。字画商自然不会松口。他早知米芾手头拮据,上门兜售唐楷是假,讨其美言是真,以便打他的牌子,找有钱人换大钱。米芾拿出唐楷,交给字画商,要他看清楚,是不是原字。字画商展字细瞧,没瞧出破绽,点头说假不了,卷了字轴,

夹到腋下，抬腿走人。看看字画商走远，米芾脸露狡黠，回到书房，打开唐楷真迹，从容欣赏起来。几天后，字画商回来退摹本，米芾得意自己以假乱真的本事，也不见怪，笑着还给真本，感谢字画商看得起，让自己跟真迹多相处数日。

米芾自视才高，没人值得他崇拜，只有俯身拜石。任安徽无为监军时，见衙署内有一立石生得奇特，脱口叫道，此足以当吾拜。当即正正官衣官帽，手握笏板，跪倒石前。不久出城游玩，遇河滩有石又奇又丑，大为惊讶，口称吾欲见石兄二十年矣，五体投地，拜倒在滩上，尔后命人移入府衙内，日日观赏。移任长沙掾（属官）后，仍不改石癖，有事没事就往湘江边跑，寻觅奇石，玩赏膜拜。

然石头冷硬，拜多了只那么有意思，米芾就想找个真人拜拜，或许于提高字画水平有些益处。然纵观天下，又有何人可入法眼，值得崇拜呢？惟久闻东坡其名，有意结交，又难免心下嘀咕：此翁文章诗词一流，万人争诵，无人能出其右，可要说字画，尤其是字，欲与咱米芾比高低，恐怕还欠点火候。恰在此时，听人说起东坡创《寒食帖》，惊天地，泣鬼神，世所罕见，米芾半信半疑，下决心非找时机眼见为实不可。所幸长沙掾任期届满，米芾正好借北归之便，路过黄州，拜会东坡。

步入雪堂后，米芾心里有些犹豫，不知要不要向东坡执弟子礼。论声望两人不可同日而语，论年龄彼此相隔十五岁，向东坡称弟，米芾一点不亏。别说东坡，就是苏门四学士，其时名望皆在米芾之上。年龄也相仿，米芾小黄庭坚五岁，大秦观一岁，大晁补之三岁，大张耒四岁。可还没见识过《寒食帖》，米芾怕拜错对象，委屈自己，只以晚辈相称。

东坡自然无所谓，愿做自己弟子的人多了去了，多个米芾不多，少个米芾不少。倒是久闻其名，早见其字，心存爱意，今天不请自来，肯定得喝几杯，好好切磋切磋。也是米芾冲着寒食帖而来，心思不是在酒上，喝得吞吞吐吐。东坡知其来意，却不动声色，酒过三巡，停杯起身，取出观音纸，贴到壁上，执笔饱蘸墨水，自下端开始，一笔画到顶上，成竹杆状。米芾惊讶道，为何不逐节分开往上画？东坡笑道，竹初生时，何曾逐节长？说话间，东坡于竹节旁作一枝，时以浓墨为竹面，时以淡墨为竹背，其法大异于常。又描虬枝皴石于旁，独具一格的墨竹枯木怪石图就这样呈现于壁上，令米芾叹为观止。

观赏过画作，两人坐到几旁，喝茶论画，颇为投机。米芾拐弯抹角，论及寒食帖，东坡道，临时急就章，不足挂齿。米芾道，先生谦虚，见识过大作的人都说，寒食帖乃天下神品。东坡道，神不到哪里去，不过一时悲愤，发乎心，出于手而已。米芾说，发乎心，出于手，才是好东西，还请先生拿出大作，让晚辈一饱眼福。东坡笑笑，取出珍藏多年的吴道子佛画，小心摆到几上。画已破碎，幸画上佛祖及侍者依然精彩动人，让米芾大开眼界。

没见到寒食帖，米芾自然不肯走人，纠缠数天，东坡才道，寒食诗为激愤之作，轻易示人，传扬出去，被别有用心者揪住，老夫只怕想做贱民都做不成。米芾信誓旦旦道，晚辈长了见识，决不外扬，剥夺先生贱民资格。东坡这才入内，拿出寒食帖，递给米芾。

米芾展帖一瞧，顿时傻在那里，像被电击着一般。电来自天上，惟上天才能赋予寒食帖神性，用好或妙字形容，都是对其神性的玷污。神就神在字字哭泣，笔笔泪流，却又听不到哭声，看不见泪影，哀哭和悲泪藏于字里行间，源自书者灵魂深处，非用心不可感知。

人说米芾为天才书法家，可他自知天分平平，全凭多年苦练，才写出一手好字。正因如此，米芾属于技法派，技巧了得，摹写起唐楷来，几可乱真。东坡也抄碑临帖，功底深厚，可他在意不在技，属于写意派。原来技可仿，意难摹，米芾可摹唐楷，要他摹写苏字尤其寒食帖，绝对做不到。米芾肚里想法，也颇合后人对苏、黄、米、蔡四大家的排名标准，东坡与黄庭坚重意，米芾与蔡京重技，技在意后。毕竟技为术，可以练成，意为道，可遇不可求。

面对寒食帖，米芾垂下高傲的头，暗想以后就以东坡为师，好好写字，省得再拜石头。然自己才情、学识、胸怀、阅历都没法望其项背，步其后尘可，实现超越难，还不能放弃原来路数。米芾拱拱双手，虚心请教学字窍门。东坡说取法其上，得乎其中，取法其中，得乎其下，还须志存高远，精研晋人尤其王羲之和王献之父子书法，心领神会，方有大成。

米芾深以为然，后遵东坡教诲，专学二王和晋人，其书大进。还命书房为宝晋斋，用以收藏晋人法帖。两人就这样成为无名有实的师徒，虽不经常见面，却一生书信往来不断。

流连黄州数日，米芾得归京复命，恋恋不舍，告别东坡，一步一回头，踯躅北去。也是苏家从无寂寞时，米芾前脚走，有位重要人物后脚到了黄州。此人没啥名气，但他对于东坡的重要性，则远在米芾之上。可说没有此人，东坡不一定写得出《赤壁赋》和《念奴娇·赤壁怀古》等巅峰之作，中国文学史也会失色不少。

此人是位游方道士，名叫杨世昌，字子京，四川绵竹人。多才多艺，精星相卜卦，晓黄白药术，善画山水，能鼓琴瑟，尤擅箫管。杨世昌长期挂单（寄住）庐山道观，因久仰东坡，趁西返巴蜀，特意逗留黄州，拜会乡友。

杨世昌来会东坡的理由很特别，就是给他送酿酒秘方。朝廷为掌控酒税，实行专卖制度。专卖说穿了就是垄断。这也能理解，宋时粮食短缺，朝廷不垄断，粮食都酿了酒，百姓无粮饿肚，岂不天下大乱？然任何货物，只要垄断，价位必定居高不下，官酒也一样。杨世昌知道东坡穷，买不起昂贵的官酒，自酿又无良方，只能靠亲友馈赠，集于义尊，以解馋过瘾。亲友也不富裕，送一回算一回，苏家客来客往，不停不歇，义尊一空，没有酒喝，岂不难受？杨世昌奉献酒方，正中东坡下怀，当即撸起袖子，如法炮制。

杨世昌所献可非普通酒方，乃难得的蜜酒秘方。照方酿出的蜜酒，格外醇厚香浓，东坡不禁大喜过望。还放信出去，约各路朋友来品酒，一时间雪堂门槛都快被踏破。

初酿蜜酒很快喝光，东坡干脆公开秘方，教朋友们自酿，共享蜜酒佳味。各路朋友学会酿制蜜酒后，自然不会忘记始作俑者，频频到雪堂来给东坡送蜜酒，此后义尊几乎没再干过。蜜酒酿法就这样一传十，十传百，传遍黄州城乡，人称东坡蜜，承袭至今。

秘方已不秘，东坡觉得有愧于献方人，跑到杨世昌寄身的天庆观，向他赔礼道歉。杨世昌也不计较，说早知学士性情，出示秘方时，就没有让他守秘的想法。不仅不计较，还常随东坡访朋问友，同醉蜜酒，其乐融融。

杨世昌给东坡送来蜜酒秘方，也送来诚挚友情和莫大欢乐。两人都是蜀人，乡音难改，乡情难却，容易尿到一只壶子里。这是东坡脱口而出的粗话。他觉得话粗理不粗。酒喝得多，尿必然多，尿多就要尿尿，能往一只壶里尿，多么畅快，多么享受！

两人关系当然不止喝酒交游，还有更深层次的灵魂的触碰，否则东坡也白贬黄州五年。也许上苍安排东坡来黄州，就是要他等待一个人的到来，这个人便是道士杨世昌。因为只有在黄州，才遇得到杨世昌，也只有在黄州遇到杨世昌，奇迹才会出现。

奇迹发生在七月十六日。说准确点便是元丰五年（1082）七月十六日。这是个非常值得记住的年份，非常值得留恋的日子。就是这日傍晚，杨世昌抬头望望晴朗的天空，心头隐隐一动，携短箫于袖管，举步离开天庆观，缓缓走向临皋亭，来见东坡。

杨世昌清楚，如此良辰美景，东坡肯定不甘闷坐家中，自会有所作为。

三十、浪淘尽千古风流人物　赤壁词赋天下闻

也是心有灵犀，待杨世昌来到临皋亭时，东坡已备足蜜酒、肉菜还有杯盏，用篮子装好，一见客至，便提篮起身，说月亮将出，动身吧。杨世昌也不多话，尾随东坡，来到江边，登上小舟，你执棹，我使桨，不紧不慢划着，溯江而上，奔赤壁方向而去。

小舟轻巧，水势平稳，距离又不远，不一会儿便来到赤壁之下。夜幕无声降临，月亮还未曾出来，江面幽暗而平静，惟觉清风徐徐，水波微漾。两人松开手中棹桨，从篮子里取出酒菜，摆上杯盏，借酒助兴，你一词，我一调，呼邀明月，共度良夜。

月亮似有感应，没过多久，便自东山冉冉升起，悄悄徘徊于吴越上空。江面起了水雾，白茫茫一片。小船无声浮荡着，水光与月色交织，空蒙迷离，如梦如幻，让人感觉已出离尘世，就要羽化成仙似的。酒喝得越发畅快，东坡忍不住手拍船舷，纵情歌唱，杨世昌也掏出短箫，和着歌声吹奏起来。起初那修长的指头只管在箫管上不紧不慢按抚着，任箫声滑出箫孔，仿佛缕缕烟岚，缭

绕着,氤氲着,变化无穷。又似无声微雨,从半空飘落,悄然洒在树叶间,沾在草地里。接着指尖动作快速起来,箫声跌宕起伏,错落有致,时而如惊鹿过涧,溅出白晃晃的水花。时而如倦鸟归林,一声长,一声短,一声高,一声低。最后长指缓下节奏,轻搓慢揉,搓出冬末黄叶,自枝头哀哀坠落,揉出寂寂夜露,泼湿梦幻边缘的幽怨……

听得东坡满心悲凉,坐正身子,扯扯衣襟,面色凝重道,听道士箫声,为何悲凉忧伤至此?杨世昌拿开嘴里箫管,叹息一声,说道,月明星稀,乌鹊南飞,这可是曹操留下的诗句,学士应该知道吧。咱俩泛舟江面,向西可望见夏口,向东可瞧见武昌,不正好置身周瑜施计打败曹操的古战场么?遥想当初曹军破荆州,占江陵,顺江东下,战舰前后衔接,千里绵延不绝,七色军旗随风猎猎,遮天蔽日,多有气势,多么威武!曹操壮怀激烈,豪情满腔,举酒高歌,横槊赋诗,其英雄气概何等豪迈!弹指间,千年不觉过去,江山依旧,然斯人何在?比之曹操,你我实在微不足道,只配在江中小洲捕捕鱼,打打柴,跟小鱼小虾做做伴侣,与山麋野鹿交交朋友。碰上天气晴朗,心情也好,结伴驶船游江,倒出壶里浊酒,举杯邀月,嘴上哀叹生命之渺小,心里羡慕浩瀚长江的无穷无尽,奢望能巧遇仙人,一起相携游玩,甚至妄想同明月一起万古长存。但我心里明白,这是完全不可能的,才吹箫抒怀,把自己的胡思乱想寄托给悲凉的秋风和清冷的江月。

东坡闻言,沉默良久,才面向茫然江天,幽幽道,天道无常,譬如舷边的江水,看似奔流不歇,其实不增不减,并无变化;又如天上月亮，时圆时缺，事实上不盈不亏，千年依旧。不止水月，万物皆然，变与不变，全在你怎么看待。以变化视点观之，随时有变，转瞬不同。以不变视点观之，万事万物又是恒定的，不变的。说变吧，万物都变，说不变吧，万物都不变。至于人类，渺小如大海之一粟，却属天地精灵，可谓三光日月星，三才天地人。生而有涯，一天天老去，直至死亡，可人生代代无穷已，江月年年总相似。如此说来，世上又有什么值得羡慕的呢？想想天地之间，万物各有归属，不属于自己的，丝毫不要索取，取之也会失去，惟有江上清风和山间明月，用耳聆听便成声，拿眼阅视便成色，不会有谁塞住你的耳朵，捂住你的眼睛，你只管尽情享受，反正这是大自然的宝贵财富，永远不会穷尽。

说得杨世昌眉开眼笑，连声说妙。两人一乐，又借着月色，取过江水，洗净酒盏，重新斟满，继续对饮。待酒喝光，肉啃完，舟中已一片杯盘狼藉，两人醉得一塌糊涂，歪在舷边，沉沉睡去，直至东方破晓，还不知不觉。

天亮日出，王闰之起床，临窗梳妆，见小舟搁浅于临皋亭下，有两人醉卧舟中，知是东坡和杨世昌，忙呼苏迈兄弟，下到江边，叫醒两人，扶回屋中。

杨世昌稍留，拿着短箫回了天庆观。东坡脑中浮现起月夜泛舟情形，忍不住取笔于手，始作《赤壁赋》：

壬戌之秋，七月既望，苏子与客泛舟游于赤壁之下。清风徐来，水波不兴。举酒属客，诵明月之诗，歌窈窕之章。少焉，月出于东山之上，徘徊于斗牛之间。白露横江，水光接天。纵一苇之所知，凌万顷之茫然。浩浩乎如凭虚御风，而不知其所止。飘飘乎如遗世独立，羽化而登仙。于是饮酒乐甚，扣舷而歌之。歌曰：桂棹兮兰桨，击空明兮溯流光。渺渺兮予怀，望美人兮天一方。客有吹洞箫者，倚歌而和之，其声呜呜然，如怨如慕，如泣如诉，余音袅袅，不绝如缕，舞幽壑之潜蛟，泣孤舟之嫠妇。苏子愀然，正襟危坐，而问客曰，何为其然也？客曰，月明星稀，乌鹊南飞，此非曹孟德之诗乎？西望夏口，东望武昌，山川相缪，郁乎苍苍，此非孟德之困于周郎者乎？方其破荆州，下江陵，顺流而东也，舳舻千里，旌旗蔽空，酾酒临江，横槊赋诗，固一世之雄也，而今安在哉？况吾与子渔樵于江渚之上，侣鱼虾而友麋鹿，驾一叶之扁舟，举匏樽以相属，寄蜉蝣于天地，渺沧海之一粟，哀吾生之须臾，羡长江之无穷，挟飞仙以遨游，抱明月而长终，知不可乎骤得，托遗响于悲风。苏子曰，客亦知夫水与月乎？逝者如斯，而未尝往也，盈虚者如彼，而卒莫消长也。盖将自其变者而观之，则天地曾不能以一瞬。自其不变者而观之，则物与我皆无尽也，而又何羡乎？且夫天地之间，物各有主，苟非吾之所有，虽一毫而莫取。惟江上之清风，与山间之明月，耳得之而为声，目遇之而成色，取之无禁，用之不竭，是造物者之无尽藏也，而吾与子之所共食。客喜而笑，洗盏更酌。肴核既尽，杯盘狼藉，相与枕藉乎舟中，不知东方之既白。

赋中客便是杨世昌,苏子乃东坡自指。赋文起伏跌宕,绮丽多姿,充满飘逸空灵的诗情画意,又富于哲思,成为东坡代表作,也造就宋代文学巅峰。

赤壁月夜泛舟不久,东坡又与杨世昌等友人登上赤壁矶头,把酒临风,怀古伤今。与置身小舟醉卧江月不同,自高处下望长江,又是另一番境界。顺波涛来势西望,赤壁大战营垒似乎还在,遥想周瑜少年得志,创建惊天伟业,东坡年近半百,却因乌台诗案流落黄州,报国无门,虚度光阴,难免暗自伤感。借着酒意,东坡吟道:

大江东去,浪淘尽,千古风流人物;故垒西边,人道是,三国周郎赤壁;乱石穿空,惊涛拍岸,卷起千堆雪;江山如画,一时多少豪杰。 遥想公瑾当年,小乔初嫁了;雄姿英发,羽扇纶巾,谈笑间樯橹灰飞烟灭。故国神游,多情应笑我,早生华发;人生如梦,一樽还酹江月。

这首《念奴娇·赤壁怀古》为苏词代表作,开创一代词风,令人耳目一新,其在词坛尤其豪放词派的崇高地位无人可以撼动。有人认为,此作词气豪迈,意蕴幽远,具有时间的纵深感和空间的辽阔感,被归类为豪放派顶级代表作,当之无愧,美中不足的是结尾感叹人生如梦,酒酹江月,过于消极,不无遗憾。

以积极与消极评价和划分诗文,实在过于简单和粗暴。臣僚的颂诗谀词,或帝王以诗文自我标榜,字字优美,句句动听,积极亢奋，除当事人外，谁会当回事？相反历经磨难，发自内心深处的悲天悯人的真实声音，最易获得共鸣，传之久远。东坡出生入死，看多世相，又深受即色即空佛理影响，明白人来世间走一遭，无异于大梦一场，才借助手里笔墨，道破人生真相，这又哪是消极二字所能定论的？

真该感谢神奇的文字，让东坡走出眉山，一举成名天下知，也让他自食其果，因文下狱，从阎王殿里来到黄州，写出赤壁千古诗文。世间功成名就者无非两类，一类是别人给予现成戏台，你登台打斗说唱，表演事先规定好的角色；一类是自己搭台，自编自导，自演精彩人生。东坡也曾在朝廷搭建的戏台上风光过，后被人推到台下，落荒而逃，远离热闹戏台。可他没有沉沦，用文字搭建起属于自己的宽阔戏台，表演出非同凡响的剧情，其台词便是《赤壁赋》和《念奴娇·赤壁怀古》等众多传世之作。

这就是东坡与众不同之处。世人多在别人给予的戏台上唱念不歇，人家要你上你上，人家要你下你下，你方唱罢我登场，来也匆匆，去也匆匆。只有睿智如东坡下台后，华丽转身，搭台于人生低谷，笑对古今，谁也没法赶你下台。

三十一、小舟从此逝　太守见词心惊

一个多月后,眉山人巢谷来黄州看望东坡。巢谷是东坡发小,曾考进士不第,转学骑射,文武兼修。闻东坡谪居黄州,前往相从。东坡非常高兴,安排巢谷在雪堂住下,将十三岁的苏迨和十一岁的苏过交他教授。同是蜀人的杨世昌闻知,往雪堂跑得更勤,与东坡和巢谷诗酒唱和,甚是欢愉。

可惜客来客往,义尊已罄,雪堂无酒可饮,惟有以茶代酒。却丝毫不影响主客雅兴,常常一聊大半天。听说苏、杨、巢常在雪堂雅聚,潘大临心里痒痒,这天下江打完鱼,收好网,也赶来凑热闹。只是东坡已放下茶杯,步出雪堂,要回临皋亭。潘大临毫不介意,准备送东坡一程,路上同样可说话聊天。杨世昌本要回天庆观,也改变主意,尾随而至,三人一路说说笑笑,哼哼唱唱,煞是开心。

途经黄泥坂,露水已悄然沾上草叶,映照着晶莹的银光。抬头一望,但见月上枝头,皎如明镜,才意识到又至十五月圆夜。三位越发兴奋,脚踏身前影子,笑得更开心,唱得更响亮。东坡跟着欢闹一阵,忽然语带遗憾道,有客没有酒,有酒没有肴,真辜负了如此良辰美夜。潘大临道,傍晚我网到一条好鱼,大嘴细鳞,仿佛松江鲈鱼,正好做下酒菜,只是时间已晚,不知去哪里弄酒。东坡道,先别管酒,你还是快去取鱼吧。

潘大临年轻,腿脚快,待东坡与杨世昌回到临皋亭,他也回家提了鱼追至。王闰之接过鱼,转交给家厨,说幸亏我有一斗好酒,储存已久,以备不时之需。

鱼很快烹好。三人一个端鱼,一个捧酒,一个提碗盏,来到江边。坐船溯江而上,不一会儿来到赤壁之下。已属初冬十月,江水回落,原先潜藏水里的石头一个个冒出来,江岸突出,山高月小,已非三个月前夜游赤壁的样子。三人干脆离船攀岸,踩着山崖,拨开乱草,去寻幽境。东坡已不年轻,却身手矫健,很快爬到高处,把杨、潘两位甩在身后。山石间长着虬龙般的杂树,东坡攀上枝头,仰天长啸,似乎连草木也被振动,山石发出共鸣,河谷应声而和,江上风起,撩动层层波涛。东坡一时心生悲凉和恐惧,觉得此处不可久留,招呼杨世昌和潘大临,返岸登船,划至江心,停桨任其漂流,只顾喝酒吃鱼,开心不已。

夜色渐深,酒至半酣,东坡仰首四顾,周围一片清寂。忽有孤鹤自江南方向飞来,但见黑腿白衣,翅膀张扬如两只车轮,尖厉地鸣啼着擦过小舟,往西边飞去。

三人不知是何征兆,再无兴致逗留,返船回到临皋亭。杨世昌和潘大临揖别而去,东坡入室,倒头便睡。恍惚间有位道士,身着白色羽毛做的衣服,来到床前,拱手行礼道,赤壁之游可乐不可乐?东坡答非所问道,贵客尊姓大名?道士俯首不语。东坡恍然大悟道,不用说,夜里鸣叫着从咱小舟旁飞过的白鹤,一定是你无疑。道士无声而笑,不置可否。

东坡还要说啥,兀地惊醒过来,哪里还有道士的影子?推窗张望,惟见夜色茫茫,什么也没有。东坡沉吟半晌,取过砚台,磨起墨来。墨磨好,天开始放亮,东坡铺纸,挥毫记道:

是岁十月之望,步自雪堂,将归于临皋。二客从予,过黄泥之坂。霜露既降,木叶尽脱。人影在地,仰见明月。顾而乐之,行歌相答。已而叹曰,有客无酒,有酒无肴,月白风清,如此良夜何?客曰,今者薄暮,举网得鱼,巨口细鳞,状如松江之鲈,顾安所得酒乎?归而谋诸妇,妇曰,我有斗酒,藏之久矣,以待不时之需。于是携酒与鱼,复游于赤壁之下。江流有声,断岸千尺,山高月小,水落石出。曾日月之几何,而江山不可复识矣。予乃摄衣而上,履巉岩,披蒙茸,踞虎豹,登虬龙,攀栖鹘之危巢,俯冯夷之幽宫,盖二客不能从焉。划然长啸,草木震动,山鸣谷应,风起水涌,予亦悄然而悲,肃然而恐,凛乎其不可留也。反而登舟,放乎中流,听其所止而休焉。时夜将半,四顾寂寥,适有孤鹤,横江东来,翅如车轮,玄裳缟衣,戛然长鸣,掠予舟而西也。须臾客去,予亦就睡。梦一道士,羽衣翩跹,过临皋之下,揖予而言曰,赤壁之游乐乎?问其姓名,俯而不答。呜呼噫嘻,我知之矣,畴昔之夜，飞鸣而过我者，非子也耶？道士顾笑，予亦惊寤。开户视之，不见其处。

　　这便是脍炙人口的《后赤壁赋》。赋中东坡借再次夜游赤壁所见所感，创造了一个美妙神奇的仙境。仙境离俗世不远，就在身边，关键看你挣不挣得脱世俗的羁绊，走不走得出名利场。换言之，仙境属于美酒，属于夜晚和梦，只要肯放弃功名利禄，出离尘世，酒杯一端，白鹤就有可能华丽现身，甚至变成道士，走进你的梦里。庄生梦蝴蝶，借问我是蝴蝶，还是蝴蝶是我，断定我即蝴蝶，蝴蝶即我，物我合而为一。东坡梦道士，明确道士乃白鹤，白鹤乃道士，道士与白鹤属于一回事，自己醒能见白鹤，梦能遇道士，自然已超凡脱俗，什么名位呀，宠辱呀，早与自己毫不相干。

　　就这样，东坡在最困顿最悲惨几乎走投无路的人生低谷，一跃而起，登顶生命的至高峰，完成此生最重要的作品，实现了个人价值的最大化。这才是伟大的灵魂，总能在至黑至暗之时，释放出万丈光芒，穿越时空限制，照彻古今。

　　随着赤壁词和前后赤壁赋的诞生，上苍赋予东坡的使命已超额兑现，剩下的岁月皆为余生。仿佛一路奔腾，抵达海口的汹涌江河，一下子变得舒缓起来，不用再掀巨浪。东坡的余生宽阔平和，博大包容，少了激进愤慨，多了宗教般的仁慈温厚。

　　这天做完农活，已属夕阳西下时分，东坡走进雪堂，由杨世昌和巢谷作陪，就着野蔬，喝起小酒来。酒至半酣，已至初更，东坡停杯起身，乘着月色，拄杖西归临皋亭。杨世昌与巢谷兴犹未尽，紧随其后，护送回家。走走停停，到得家门口，已近三更。举手敲门，家童无任何反应，只顾呼噜呼噜打他的鼾。东坡垂下手臂，但闻涛声拍岸，笑对杨、巢两位道，咱们干脆到江边看江景去。

三人来到临皋亭下，面江倚杖而立，只见风住浪息，正是泛舟的好时机。可杨、巢两人已困，不愿登舟，东坡也不勉强，随口作《临江仙·夜归临皋》曰：

夜饮东坡醒复醉，归来仿佛三更；家童鼻息已雷鸣；敲门都不应，倚杖听江声。　　长恨此身非我有，何时忘却营营；夜阑风静縠纹平；小舟从此逝，江海寄余生。

杨世昌与巢谷大声叫好，睡意全消，附和东坡，大声吟唱起来。连唱数遍，杨、巢两人才告别东坡归去，嘴里仍在哼唱苏词。其时天色渐晓，碰上早行人，听到两人吟唱，驻足问道，莫非是苏学士所作新词？两人回说，不是苏学士，谁做得出如此绝妙词调？对方又问，你们与苏学士形影不离，怎么没见他老人家？难道真如其词所言，已泛舟东逝，寄托余生于江海？两人笑笑道，就临皋亭下那小舟，又破又旧，苏学士泛泛近处赤壁，自然没太大问题，真东逝江海，哪经得起大风巨浪拍打？

路人对杨、巢两人的话半信半疑，一传十，十传百，传得黄州尽人都知东坡已泛舟逃亡海上，说不定就像秦时徐福，带着农具和种子，远渡东洋，开荒种地去了呢。一直传入正在衙门里视事的徐君猷耳里。东坡属本州谪臣，竟逃得不知去向，朝廷追究下来，该当何罪？徐太守大惊失色，赶紧退堂，直奔临皋亭，倒看怎么回事。

远远瞧见太守来访，苏迈赶紧出门相迎。徐太守也不拐弯，问苏学士何在？苏迈说，家父正在屋里睡觉。徐太守狐疑地望望苏迈，推开窗户，探头往里瞧去，东坡果然躺在床上，鼾声如雷，睡得正香。这才放下一颗心来，摇头离去。

此事传入京中，神宗甚觉好奇，要过苏词，反复吟诵数遍，不出声道，言为心声，谁敢肯定东坡没有逃避现实的动机？当即传旨徐君猷，看好东坡，别让他夜里到处乱跑，他真寄余生于江海，谁还写得出他那样的妙词好文，给朕解闷？

神宗又想起东坡外贬已快三年，如此大才，远搁黄州，实在浪费，也该召回京中，好好为朝廷服务。他把想法透露给朝臣，竟反对声一片，说东坡心怀怨愤，让他回京招惹是非，实在无此必要。神宗问，东坡怨谁愤谁？朝臣们说，自然是怨愤皇上。神宗说，据徐君猷所奏，东坡被贬黄州以来，心平气和，开开心心，哪来怨愤？朝臣们说，东坡身为臣子，既然无怨无愤，就该反思过错，报答君恩，哪会老念叨泛舟江海，寄托余生？

东坡才高名大，远在黄州，皇上尚且念念不忘，若现身京师，君臣打得火热，其他人哪还近得了君侧？神宗明知朝臣心思，也只好作罢。眼下正推行新政，反对声从未断过，再多个东坡，朝堂岂有安宁之日？

三十二、此心安处是吾乡　柔奴一语释前惑

徐君猷接到圣旨,亲赴临皋亭,出示给东坡,嘱道,苏学士以后还是低调点,别动不动江海寄余生,你天马行空,寄余生于江海,皇上追究下来,本太守余生往哪儿寄?岂不只有自挂东南枝,了此余生?东坡哈哈大笑道,只要食有肉,饮有酒,老夫绝不离开黄州半步。徐君猷道,好好好,待本太守忙过这阵子,一定请你吃肉喝酒。

徐君猷不敢忘记说过的话,不久便忙里偷闲,专门在府衙后堂摆酒,请东坡过去,开怀畅饮。还把四位年少美貌的侍姬叫出来,跳舞唱歌助兴。

侍姬们并非头次露面,已跟东坡很熟,歌舞毕,便缠着他索要题词。东坡秉持佛家众生平等理念,从不歧视舞姬歌女,近而不狎,乐而不淫,相处随意。也就有求必应,借着酒意,落笔于纸,一人题一首减字木兰花。其中有位叫胜之的舞姬,格外乖巧伶俐,已得过一词,过会儿又走近东坡,求他再题一首。东坡笑

笑,题道:

双鬟绿坠,娇眼横波眉黛翠;妙舞蹁跹,掌上身轻意态妍。　曲穷力困,笑倚人旁香喘喷;老大逢欢,昏眼犹能仔细看。

胜之接过去一瞧,不是已题过一次的现词吗?自然不干,跑到徐君猷身边,撒娇道,苏学士糊弄小女子,太守可要给俺做主。徐君猷大笑,举酒敬过东坡,道,劳烦学士给胜之再题一首吧。东坡只好又题道:"天然宅院,赛了千千并万万;说与贤知,表德元来是胜之。今年十四,海里猴儿奴子是;要赌休痴,六只骰儿六点儿。"

前词尽言胜之眉眼俏丽和舞姿妙曼,此词说她年轻聪明,仿佛六颗骰子全为六点,无人可及。秀外慧中都已占全,胜之笑逐颜开,给东坡献过酒,欢喜而去。爱姬得到赞扬,徐大守自然受用,代胜之敬过东坡,主客大醉而罢。

虽说不贵不富,然有太守照顾,有朋友关爱,还有故营地出产的稻麦蔬果充饥,东坡已心满意足,觉得上天真眷顾自己。唯临皋亭朝西,热天骄阳直射,堂内仿佛火炉,热得不行。加之年久失修,屋瓦脱落,大雨大漏,小雨小漏,非得移床避雨不可,实在令人烦恼。且临皋亭属朝廷三司(转运司、提举司、提刑司)行衙,一旦三司巡按莅临,苏家必须避让他处,寄人篱下,也颇尴尬。

东坡也曾琢磨过，举家迁往雪堂。可雪堂仅五间小草屋，又哪容得下一家大小近二十口？况常有各地朋友来黄探访，只能以雪堂为家，或小住数旬，或长居年余，一旦苏家入住雪堂，朋友们怎么办？难道要他们露宿街头不成？

好在吉人自有天相，这年冬天东坡好友淮南使蔡景繁巡视黄州，见证苏家困境，嘱徐君猷于临皋亭南边另建三间宽敞瓦房，供苏家居住。徐君猷自然应承，送走蔡景繁，立即拨出专款，筹建南房。至来年即元丰六年（1083）初夏，南房建成，苏家迁入。南房朝向西南，东坡命名南堂，且作《南堂五首》志庆。其一曰：

江上西山半隐堤，此邦台馆一时西。
南堂独有西南向，卧看千帆落浅溪。

期间诗僧参寥自杭州来黄州看望老友，东坡将其安排在雪堂，与巢谷同住，三人常一起谈诗论佛，甚是欢洽。这日在故营地里做完农活，东坡走进雪堂，陪巢谷和参寥喝茶聊天。聊及黄州有聚宝山，东坡曾在山上拾得奇石三百枚，设坛以供养庐山佛印大和尚，且作《怪石供》寄赠。佛印大乐，刻《怪石供》，以飨同好一事。参寥默然不语。东坡又透露，前不久见街头小孩也喜欢收集怪石，便以可食易无用，拿饮饼从小孩手里换得怪石二百五十枚。饼即石，石即饼，若用饼供养佛印，估计佛印没兴趣再刻《怪石供》。

供者，幻也。受者，幻也。刻其石者，亦幻也。参寥嘴里道，伸出手指，在东坡面前晃晃，又道，拱此执礼，没谁不欢喜。戟此詈人，没谁不愤怒。为何同出于手上动作，喜怒截然不同，却无人怪罪于手？佛家有言，眼为视根，耳为听根，鼻为嗅根，舌为味根，身为触根，意为念根。故此，手才是喜怒之根啊。明白世间事物，包括拱揖皆为虚幻，喜怒存而根亡，则再不会生疑受惑。说得东坡大笑，拿出以饼换得的二百五十枚怪石，放入盘里，供养参寥，并作《后怪石供》以乐。

参寥和巢谷等友人陪伴，东坡日子过得格外开心。开心容易忘记时间存在，神聊起来往往通宵达旦，身上着凉都不自知。又值春夏季节交替，乍寒乍热，身体适应不过来，病魔乘虚而入，东坡先是咳嗽不止，水米难进，继而赤眼病犯，痈疮上身。王闰之只好把丈夫关在屋里静养，不让他出门半步。

一关就是一个多月。黄州百姓心里起疑，东坡爱热闹，朋友又多，久不露面，难道真划着小舟逃离黄州，寄余生于江海去了？跑到临皋亭下一瞧，小舟仍停在江边，应该还没逃走。其时徐君猷调离黄州，已与继任杨寀办完移交，说不定东坡送徐君猷去了任地湖南。湖南位于洞庭湖以南，洞庭湖风高浪大，险象环生，过湖时万一出点差错，又如何是好？

东坡生死未卜，传来传去，传入京师，正值中书舍人曾巩病逝，于是朝野纷传苏、曾两个文曲星已同日化去。苏、曾都是欧阳修得意门徒，老师泉下寂寞，需人谈诗论文，召走曾弟子，又岂肯放过苏学生？其时神宗端碗正要吃饭，闻讯叹息道，才难，才难！悻悻放下碗筷，命人赶快查明真相。只有范镇不信，派家仆至黄州打探。东坡大笑三声，顿时病好七分，翻身下床，铺纸执笔，以实情回复范老前辈，末尾道，晚辈平生所得毁誉，殆皆此类也。

送走范家人，神宗专使也到，东坡又执笔给神宗上谢表，感激皇恩浩荡，自己身为罪臣，远避黄州，皇上还如此牵挂。末了又忍不住自嘲道："疾病连年，人皆相传为已死。饥寒并日，臣亦自厌其余生。"神宗见表，哭不是，笑不是，直摇脑袋，心下暗想，看来这个苏轼真活得不耐烦，还老想着江海寄余生。

自己一介谪臣，远离朝廷，无足轻重，生场病痛，竟惊动朝野，连皇上都派人前来探询，东坡觉得实在有趣。怪只怪喉痛不能食，目赤不能视，不方便出门，才惹出这么大动静。于是作文一篇：子瞻喉疾与目病并发，医嘱体火太大，不可食肉，以免上火。我欲听从，口不同意，说吾与你为口，彼与你为眼，怎么厚彼薄此，因彼眼病而废吾口食？吾抗议抗议再抗议。子瞻不知如何是好，吱声不得。口又道，只要今日不因眼病废吾口食，他日吾口得病，无以进食，彼眼欲视物，只管视之，吾决不阻拦。

作文毕，东坡又忍不住自乐一回。还没乐够，杨世昌忽至，说外出游方经年，也到了回绵竹武都山之时，特来辞行。滞留黄州一载，启发东坡写出千古赤壁词赋，杨世昌使命已然完成，自该离黄西返，回归蜀地。东坡甚是不舍，又留不住客人，只好送杨世昌出城。看着好友消失在远处，东坡仍站在原地不动，不肯转身。心下羡慕，还是方外之人好，来去自由，在外漂泊日久，心念故土，拔腿即可踏上归途。反观自己，身陷宦海，离蜀多年，一直萍踪不定，四处漂泊，不知何处是归途。

郁郁寡欢多日，直至王巩来到黄州，东坡紧锁的眉头才舒展开来。王巩受乌台诗案牵连，亲友散去，故旧远避，惟歌姬宇文柔奴不离不弃，伴随贬谪荒地岭南宾州。诗案受累众人里，王巩受罚最重，被贬最远。东坡为此自责不已，不时寄信岭南，表示歉意，安慰王巩。幸天恩浩荡，王巩遇赦，归京途中，携柔奴绕道黄州，看望东坡。东坡惊喜不已，设宴于南堂，款待王巩。王巩谈笑风生，毫无谪臣落寞和憔悴，东坡甚慰，叫着王巩字号道，定国坐坡累贬宾州，瘴烟窟里多年，面色如玉，且著述不绝，究竟是何原因，让你免于沉沦？

王巩笑而不语，只拿眼去瞧柔奴。柔奴会意，离席取出随行琵琶，伸出秀指，拢捻调挑，同时慢启朱唇，轻送妙音。琴声婉转，歌声悠扬，让人心生欢悦，实在听不出半丝悲情。东坡笑对王巩道，老夫明白了，定国谪居宾州三年，柔奴给你弹了三年琵琶，唱了三年芳曲，怪不得你快活如神仙，越活越年轻。王巩承认道，正是柔奴姑娘陪伴，自己才熬过苦难岁月，没有客死岭南。东坡又对柔奴道，你真是个点酥娘，点化得定国面目一新。然岭南毕竟属化外之地，蛮烟瘴雨，民风粗野，你们生长于北方，远离故土，举目无亲，水土不服，又是怎么熬过来的？柔奴淡淡一笑道，此心安处，便是吾乡。

东坡心里一动，想起白居易有言："无论海角与天涯，大抵心安即是家。"白居易官途坎坷，常遭贬谪，自称天涯沦落人，无法跟命运抗争,只能随遇而安。柔奴不是官人,却陪王巩远走岭南,才感同身受,有此心得。东坡自艺成售与帝王家,不是待在谪地,就是走在赴谪地的途中,身无所寄,心无所安,常叹命运捉弄人。前不久送杨世昌离黄回蜀时,还暗悲家山迢遥,故乡难归。今闻柔奴此语,东坡豁然开朗,尽释前惑。

当即吟成《定风波》一阕:

常羡人间琢玉郎,天应乞与点酥娘;自作清歌传皓齿,风起,雪飞炎海变清凉。　　万里归来年愈少,微笑,笑时犹带岭梅香;试问岭南应不好?却道,此心安处是吾乡。

三十三、千里快哉风　承天寺无眠人

既然心安处是吾乡，黄州有耕地，有雪堂，有南堂，有众多好友，足可寄身安心，回不了故乡和朝廷，又算得什么呢？东坡从此心安理得，不再想着寄余生于江海，能够终老黄州，了此一生，也算莫大造化。日子过得越发散淡，每天该干嘛干嘛，不干嘛就喝喝酒，睡睡懒觉。忙时下地入田，耕耘播种，闲时读点书，写点字，画点画，也颇惬意的。听说朋友要去蕲州采摘团黄贡茶，忍不住放下农活，跟着上了天柱峰茶园。

现采现炒，现烹现饮，过足茶瘾，又顺道游历五祖禅寺。寺在黄梅县城东山主峰白莲峰，峰顶有池，相传五祖弘忍曾亲种白莲于此。白莲峰孤峰突出，高而险峻。登顶远望，庐山锦屏绣翠，悠然可见。俯首近览，万里长江滔滔，东奔大海不复回。附近多有胜迹，历代文人骚客，高僧大德，前来游山礼佛者不在少数，留下不少诗词，脍炙人口。东坡一路东张西望，赏够无限风景。情不自禁之下，口占《游五祖寺》：

登岭势巍巍，莲峰太华齐。凭栏红日早，回首白云低。
松柏月中老，猿猱物外啼。禅师吟绝后，千古指人迷。

五祖寺长老见诗甚喜，又请东坡留字，东坡挥毫于白莲峰绝壁，留下流响二字，以结佛缘。

滞留数日，东坡告别长老，下山回到黄州。又有友人出现在面前，这回是位叫张怀民的小吏。张怀民字偓佺，又字梦得，江苏清河人，因坐事贬黄州会计。黄州民穷财薄，会计虽职掌财赋，实属闲职，张怀民最不缺时间，几乎天天跟东坡泡在一起，以至一日不见如隔三秋。住得又近，就在承天寺里，东坡往返于南堂与雪堂时，需从寺旁经过，常入寺看望张怀民，有话说话，有屁放屁，亲如兄弟。

这天东坡又走出南堂，准备去故营地收割秋粮，还未曾到达承天寺，便瞥见张怀民背着双手，在路上来回徘徊，时而俯首，瞧瞧近处浩瀚长江，时而扭头，望望远处蒙蒙山峦，也不知他要干什么。直到东坡来到跟前，张怀民才停步站住，向他瞟过来。东坡问他等谁，张怀民答曰，就等你东坡大人。东坡问有何贵干，张怀民抬手在空中一划，指指远山近水，反问此处风光如何？东坡顺口道，山远水长，风光无限。张怀民像自言自语，又像对东坡道，可惜少道风景。东坡问他到底意欲何为？张怀民才透露，想在路边建座亭子，东坡来来往往，走累了，可入亭歇歇脚。东坡质疑张怀民，是怕老夫去承天寺里打扰，特意拿亭子搪塞吧？张怀民说寺里再优雅，何如置身路边亭，可望莽山，观碧水，送夕阳，迎繁星？

说得东坡咧嘴而笑，连说几声妙。旋即又锁眉道，建亭少不了木料瓦石，还得支付人工费用，你我糊口都困难，哪来闲钱筑亭？张怀民道，无妨无妨，下官毕竟有份薪水，又寄居承天寺，粗茶淡饭，花不了几个钱，加之黄州物价人工便宜，造个亭子不在话下。

听张怀民如此说，东坡不再反对。张怀民开始物色木石，做建亭准备。黄州朋友听说张会计要在承天寺西筑亭，以便东坡往返耕地路上歇息，个个踊跃，献的献柱木，送的送枋片，给的给亭瓦，没木没枋没瓦的，主动前往帮工。

不出一月，亭子建成，张怀民在亭里摆上美酒佳肴，把东坡和朋友们请过去，以示庆贺。一边敬酒，一边问东坡满不满意。东坡哪还有不满意的，感激得频频点头。张怀民又请他给亭子取名。东坡想起密州和徐州都有快哉亭，建成没几天，未及好好受用，便遵旨调离，如今发配黄州四载，毫无朝廷消息，老死谪地已成必然，能天天到亭子里来，观赏山间明月，沐浴江上清风，何其快哉！干脆也叫快哉亭，形同密、徐两州快哉亭已搬至黄州一样。

快哉亭三字自东坡嘴里脱口而出，众人一听，大声叫好。又怂恿东坡，张会计牵头筑成快哉亭，看你如何酬谢。东坡说老夫一介穷酸谪臣，何以为谢？就写首词赠偓佺兄吧。当即作成《水调歌头·黄州快哉亭赠张偓佺》：

落日绣帘卷,亭下水连空;知君为我新作,窗户湿青红;长记平山堂上,欹枕江南烟雨,杳杳没孤鸿;认得醉翁语,山色有无中。　　一千顷,都镜净,倒碧峰;忽然浪起,掀舞一叶白头翁;堪笑兰台公子,未解庄生天籁,刚道有雌雄;一点浩然气,千里快哉风!

好个浩然气,快哉风!张怀民拿过词作,连诵数遍,爱不释手。心里正琢磨着请人刻到石上,立于亭中,有人又提出来,光有亭词似觉不够,还得有亭记,才算美满。张怀民颇以为然,又想打东坡的主意。东坡建议,舍弟子由文笔绝妙,又赋闲筠州,何不让他代劳?张怀民久闻子由大名,二话不说,派人带上东坡亭词及不菲润笔,东下筠州,去见子由。子由也不推让,作成《黄州快哉亭记》寄兴,传诵一时。

众人正在朗诵快哉亭词记,苏家仆人匆匆走来,附在东坡耳边道,生了生了。东坡心中一喜,忙给各位打拱手,说家里有事,先走一步,日后再聚。匆匆回到南堂,未曾进门,便听婴儿啼哭声传出,原来朝云生了个大胖儿子。

东坡给新生儿取名苏遁,小名干儿。膝下已有三个儿子,大儿苏迈为原配王弗所生,二儿苏迨和三儿苏过为继配王闰之所生,现侍妾王朝云又生下苏遁,总共已有四个儿子。别看四个儿子名带走之,但前面三儿名蕴奋进之义,唯小儿名遁特殊,系遁字异体,意为逃与隐,可见东坡已绝还朝之念,只想着逃离官场,独善其身。

然毕竟还属在册官员,又岂是给小儿取名遯,期望逃离官场就逃得了的?此实乃东坡难去之心病,官不官,民不民,进不可,退不能。仿佛悬在半空,上不着天,下不着地。想着这些,就是再豁达,也难免沮丧。白天还好,在南堂抱抱遯儿,去快哉亭观观山水,会会朋友,时间容易打发。一旦到得夜里,遯儿停止哭闹,乖乖睡去,家人忙得差不多,也相继上床歇息,更远漏残,万籁俱静,东坡一人躲在书房,面对孤灯一盏,冷墙四面,想起自己的苦难人生,一时难免心潮起伏,久久难平。

这夜东坡枯坐灯前,怎么也没法止住脑海里烦乱的思绪。找本书读上片刻,渐渐有了睡意,才起身解衣,准备上床。衣未解开,灯灭光失,屋里变得一片漆黑。原来夜风自墙隙透进,灯苗轻轻晃两晃,无声熄掉。东坡缓缓回过头来,但见窗外月色如水,顿时睡意全无,信步出得房门,来到堂前,欣赏起如银月色来。满腹惆怅也跑得无踪无影,不禁心情大好。肚里寻思,如此良夜,无人共赏,也太对不起天上皎月。干脆出门,望东徐行,过快哉亭,入承天寺,看张怀民是醒是睡。

张怀民还没上床,正在灯下夜读,听得动静,望向窗外,见是东坡,赶紧放下书本,迎出门来。两人相视笑笑,也不吱声,只挪动步子,穿竹绕柏,徘徊于中庭。仰首上望,月在中天,朗朗如镜,低头下视,满地似水,藻荇轻摇。

赏够月色,两人才走进屋里。东坡朝张怀民要过纸笔,即兴写下《记承天寺夜游》:

元丰六年十月十二日,夜,解衣欲睡,月色入户,欣然起行。念无与乐者,遂至承天寺,寻张怀民。怀民亦未睡,相与步于中庭。庭下如积水空明,水中藻荇交横,盖竹柏影也。何夜无月,何处无竹柏,但少闲人如吾两人耳者。

东坡心头千愁万苦,就这样被无眠夜里无眠月,清洗得干干净净。

三十四、惟愿孩儿愚且鲁　人生难去欲

又过去十五天，值小苏遯出生落地一月，东坡照黄州习俗，举行满月洗儿会。各路亲朋好友，以及太守杨寀、会计张怀民等同僚纷纷来到南堂，表示庆贺。堂屋正中搁了只大木盆，里面盛满热水，泡着桂皮、大蒜、姜片和红枣，来宾拿出事先准备好的钱币，投入水里，祈愿新生儿大贵大富。在女宾簇拥下，王闰之从朝云房里抱出小苏遯，放入木盆内，小心浇洗起来。洗浴得差不多，剃头匠取出剃刀，轻轻剃去小苏遯头上胎发。

至此洗儿仪式完成，朝云走出房门，抱走儿子，闰之会同东坡，请来宾入花厅，共饮满月酒。酒过三巡，众人开始起哄，说东坡乃当世大文豪，儿子满月，大喜临门，总得赋赋诗，作作词，以助雅兴。东坡也不推辞，略略沉吟，便口占七言诗一首：

人皆养子望聪明，我被聪明误一生。
惟愿孩儿愚且鲁，无灾无难到公卿。

众人拍手叫好，只有闰之悄悄在东坡大腿上揪一把，附在他耳边道，又做歪诗，莫非人家三公九卿一个个又愚又鲁？诗传京城，岂不又会得罪朝臣，在皇上面前嚼你舌头？东坡哈哈大笑，说舌头长在人家嘴里，谁爱嚼只管嚼去，老夫哪管得了？起身揖送先走的客人出门，回头再把杨寀、张怀民和参寥等人请入书房，喝茶闲聊。几位取笑东坡，常言四十老夫，五十衰翁，东坡先生快近天命衰翁年寿，还造出小儿，宝刀不老啊。

东坡喜欢开人玩笑，人家开自己玩笑，自然也受用，几分得意道，当年苏武出使匈奴被扣，单于威逼利诱，迫使投降，苏武生死不从，拔刀自刺倒地。单于叫来医生，在地上挖个坑，点上柴火，把已断气的苏武架在火坑上，重敲其背，震出淤血，苏武才有了微弱气息，死里逃生，被流放至北海牧羊。一待就是十九年，渴啃冰雪，饥咬毛毡，人不人，鬼不鬼，可谓生不如死。命贱似草，苟且偷生，可见着胡妇，依然色心不死，跟人家生下儿子。

说到这里，东坡略略停顿，感慨道，苏武穷居海上，依然金枪不倒，况咱洞房绮疏之下乎！可见人生在世，其他都好说，难就难在去欲。

众人皆乐，说你们苏家男人厉害，想不服都不行啊。又说笑多时，客人陆续散去。东坡心下暗忖，自己已老大不小，要想多活几天，恐怕还得节欲。毕竟酒乃穿肠毒药，色为刮骨钢刀，财系下山猛虎，气是惹祸根苗。转而又想，无酒不成礼仪，无色路大财稀，无财寸步难行，无气反被人欺，这个欲字到底该去呢，还是不该去？

好在还可转身向佛，寻求解答。东坡拿出《圆觉经》，潜心研读起来。经书上说，作止任灭，是谓四病。作者，生心造作之谓。任者，随缘任性之谓。止者，止妄即真之谓。灭者，寂灭空无之谓。寂灭者断绝诸烦恼，便无生心造作之病。造作者于本心作种种行，便无止息诸念之病。止妄者永息诸念，便无随缘任性之病。任性者随诸法性，便无寂灭空无之病。

这便是东坡，对山水，对朋友，对诗文，对佛道，永远充满好奇心。不行走于山水之际，便游乐于友情之间。不在享受诗文妙趣，便在穷究佛道精髓。除非睡觉或醉酒，要他什么都不为，什么都不思，恐怕打死他都干。

东坡享受着山水友情，沉迷于诗文佛道，几乎把黄州当成世外桃源，大有不知有汉，无论魏晋之况味。当黄州为世外桃园，毕竟非世外桃源，东坡不可能不与外界联系，外界人事也会从四面八方汇集到黄州，送入东坡耳里。这天东坡正要出门，去雪堂陪陪孤独的参寥，忽有人带来消息，说到任湖南不久的徐君猷身染绝症，已撒手人寰。东坡震惊不已，像木头一样怔怔地立在门口，不敢相信自己的耳朵。

没谁会拿人的生死开玩笑，徐君猷的死讯很快得到证实。黄州任上，徐君猷爱民如子，普行善政，市民难忘其大恩大德，惊闻噩耗，禁不住痛哭失声。苏家更不用说，迁黄以来，全靠徐太守安排住处，划拨耕地，不遗余力给予照应，才勉强渡过难关，存活下来。如今斯人突逝，东坡自然比谁都更悲痛，含泪写下挽词，以寄哀思。

载着徐君猷灵柩的官船顺湘江下行，过洞庭，入长江，很快来到黄州。东坡早早候在江边，船没停稳，便跟跄登船，拊棺悲哭，祭之以文。徐子尚未成年，东坡恨不得随船东下徐家福建故里，代办丧事。无奈身为罪臣，不能离开谪地，只好捎信给徐君猷弟弟徐得之，殷殷嘱咐一番。送走丧船，又想起徐君猷为官清廉，家无余财，只怕连丧银都凑不齐，特与闰之商量，卖掉仓里部分粮食，接济徐家。

故营耕地出产有限，仓中粮食不多，闰之颇感为难，不知如何是好。东坡晓之以理，说不是当年徐太守及时伸出援手，苏家二十口早已饿死，今故人已死，下葬都难，咱卖粮回报，完全应该。闰之不再犹豫，安排家仆挑粮上街售卖。黄州百姓敬徐太守，也爱东坡，自愿筹集丧资，也好让苏家少卖粮食，以免仓储空空，无以度岁。东坡代徐家谢过百姓，托人带着集资，快马加鞭，追赶徐家东行丧船而去。

幸众人援助，徐君猷死得其所，也算功德圆满。转眼进入元丰七年（1084），见多生死的东坡最重感情，还在为老友之死伤心。要说人一辈子，除生与死两件大事，其余功名也好，利禄也罢，都属芝麻小事，实在无足挂齿。东坡有感而发，作《满庭芳》一首：

蜗角虚名，蝇头微利，算来著甚干忙；事皆前定，谁弱又谁强；且趁闲身未老，须放我些子疏狂；百年里，浑教是醉,三万六千场。　　思量能几许,忧愁风雨,一半相妨;又何须,抵死说短论长;幸对清风皓月,苔茵展,云幕高张;江南好,千钟美酒,一曲满庭芳。

功名心一去,利禄心一淡,人就会变得纯净通透,无忧无虑。东坡敬重范仲淹,却实在没法学他,进亦忧,退亦忧,居庙堂之高,则忧其民,处江湖之远,则忧其君。其实进居庙堂,忧民忧君,自是本分,不忧属于失职。然退处江湖,下不能为民作主,上不能为君尽忠,已无忧之职分和能力,忧也白忧,无异于狗咬耗子,多管闲事。

东坡不愿忧君,或假装不忧君,君却没法忘记他。神宗早想起用东坡,派他去江州做知州。江州离黄州不远,苏家迁居起来容易。主要还是东坡喜爱陶渊明、李白和白居易,此三人都在江州留下过足迹,让东坡知江州,他一定非常乐意。也是东坡久受委屈,神宗想给他补偿一下。可王珪等人从中作梗,神宗意愿又被搁置一边。

不久后,神宗与近臣论古今人才,再次提到东坡,问与古人比较,东坡与谁最接近?近臣答曰,与李白好有一比。还端出坊间传言,说东坡是小李白。

李白何许人也?古今第一诗人,人称诗仙。仙者,天神也,人间哪能得见?就连颇受宋人推崇的诗圣杜甫,也视李白为偶像,敬爱有加,在《饮中八仙歌里》盛赞道:"李白一斗诗百篇,长安市上酒家眠。天子呼来不上船,自称臣是酒中仙。"此诗非常有名,可杜甫觉得赞美得还不够,又给李诗打上十字评语:"笔落惊风雨,诗成泣鬼神。"

李白诗名冠绝古今,朝臣在神宗面前比东坡为李白,乍听好像在褒扬东坡,其实弦外另有音。别看李白诗做得好,当官绝对不行,不然也不会被唐玄宗逐出京师,四处漂泊,做了流浪诗人。李白诗写得好,随他写去,没人阻挡,谁知他到得江州庐山后,与永王打得火热,随其公然造起反来。永王兵败,李白流放,朝廷法外开恩,才又赦还。

听得出,朝臣拿李白说事,意在提醒神宗,东坡与李白一个德性,李白做得出来的事,东坡没准也做得出来,真把他放到江州做知州,哪天江南又冒出个永王之类的人物,东坡还不像李白一样,跟随反王,大造朝廷的反?

神宗饱读诗书,自然明白朝臣话里用意。也不好说破他们,只摇着头道,不不不,李白不是东坡,东坡也不是李白。李白有东坡之才,并无东坡之学。

神宗的意思也不含糊,李白诗才了得,可学识平平,才做出出格之举。东坡有才又有学,恪守儒家君臣之道和家国天下宗旨,绝不可能做出犯上作乱之事。朝臣们见没法说服神宗,只好缄嘴不语,然神宗想起用东坡,也决不会坐视不管,轻易让这小子卷土重来。

神宗见屡欲起用东坡,朝臣时相阳奉阴违,使尽手脚,干脆拿起笔来,亲自拟诏曰:"苏轼黜居思咎,阅岁滋深,人才实难,不忍终弃,量移汝州团练副使。"

圣意好理解，汝州挨近京师，先调东坡至近处，日后有机会再召入京中，为我所用。

三十五、别酒劝君君一醉　吾归何处行复止

东坡哪知神宗会亲笔拟旨，调自己转任汝州？圣旨送达黄州前，他自然一如既往，跟朋友们恣意欢谑，尽情享受江南美景和人情。

时值三月三上巳节，徐得之办完哥哥的丧葬事宜，专程来黄州答谢父老乡亲。见过该见的人，徐得之随东坡和参寥，去定惠院东山上观赏海棠。海棠甚繁茂，每岁花开，东坡必带朋友前来观花，置酒欢饮，算来前后已五醉于花下。周边还有不少瘦韧的老枳木，筋脉呈露，如老人项颈。枳花白而圆，如串珠累累，暗香浮动。枳木别无用处，惟砍掉挑回家里烧火，火力格外足。烧成木炭，炭质优良，也能卖出好价钱。东山主人原想砍枳木烧炭，或做烧火柴，只因东坡每年要来赏花，一直保留不伐。

花赏得差不多，酒亦至微醺，三人下山，走进尚家府第。尚氏系普通市民，却喜欢干净，院子收拾得整整洁洁，屋角墙边种满竹木花卉，赏心悦目。在院里绕上半圈，东坡酒劲上来，趁

徐得之和参寥赏竹观花，偷偷爬到阁楼上，倒头便睡。似醒未醒之际，闻得琴声如缕，原来尚家来客，正在弹奏古乐《悲风晓月》，声音铮铮然，恍惚间似离开人间，到了某处仙境。良久琴声停止，东坡看看日已西斜，下楼告别琴师和主人，带着徐、参两位，信步来到城东。见有商店卖木盆，说可盛清水，煮瓜李，顺便买下来，好带回家中，讨女主人欢心。

出得商店，见一旁有小溪，水清如镜，三人沿溪而行，进入何姓人家竹园。主人认得东坡，摆酒招待。近邻闻得动静，送来油饼，曰为甚酥，味道极美。东坡塞酥入口，觉得对味，说在何家吃的酥，该叫何甚酥。何甚酥名气从此传开，因受东坡喜欢，又称东坡酥。

主客喝得正起劲，东坡一眼瞥见身旁木盆，酒兴大减，留下参寥和徐得之，提着木盆走出院子，准备回家。经过院侧，有橘圃青青，东坡对送行的主人说，橘苗可售乎？主人说东坡先生需要，何言售字，送你几株。踏进橘圃，扯过橘苗数株，递到东坡手上。东坡欢喜笑纳，说明天就栽到雪堂西侧空地，日后结了橘子，再以橘为谢。

回到南堂，家人已经睡下，东坡放下木盆，拿着橘苗绕到屋后，置于松软的菜土里，好吸收地气，以免干枯。翌日一大早，起床抱着橘苗，赶往雪堂，栽到堂西地里，等着日后长大挂果，好好受用。可这只是东坡一厢情愿，他已不可能等到那一天。因为神宗圣旨已送达黄州，命他离鄂北上，去汝州上任。

长达五年的谪居生涯，苏家已完全适应且喜爱上黄州田园生活，连说话都差不多变成当地口音，吴楚歌谣张口能来，要东坡离开住惯的热土，另赴他乡，实在不甘不愿。可名在官册，只恨此身非我有，无力把握自己的命运，又不得不听从圣命。犹豫再三，东坡还是提起笔来，写上《谢量移汝州表》寄走，感激皇上不弃之恩。

黄州父老听说苏家即将迁走，恋恋不舍，纷纷走进南堂，劝说东坡，已近天命之人，与其四处奔波，不如终老黄州，多享几年清福。东坡忙打拱手，说谪黄五个年头，其中还经历过两个闰年，众乡亲多方关顾，恩同再造，彼此已亲密无间，情同手足，哪里舍得就此离去？然皇上到了圣旨，又岂敢抗旨不从？

乡亲们也知君命难违，带着酒肉，走进雪堂，陪东坡一醉。酒是好酒，肉是好肉，然离愁别绪在心头，酒变得寡淡，肉变得寡味，席上气氛甚是伤感。东坡本属乐观人，也深受感染，几欲泪下。却还是笑着安慰各位，吾心安处是吾乡，初夏离黄，秋可抵汝，汝水会扬波欢迎老夫。何况人虽离去，还有雪堂手栽小柳，柳者留也，日后别轻易剪去柔枝，自可任其生长，以为留念，见柳如见人。另请带信给武昌和樊口诸友，天晴时别忘记晾晒渔具和蓑衣，他年老夫归隐黄州，没有长江鱼，可不会上桌哟。

各位破涕为笑，说先生说话算话，日后定回黄州养老。东坡含泪点头，填《满庭芳》为证：

归去来兮，吾归何处？万里家在岷峨；百年强半，来日苦无多；坐见黄州再闰，儿童尽楚语吴歌；山中友，鸡豚社饮，相劝老东坡。　云何当此去，人生底事，来往如梭；待闲看，秋风洛水清波；好在堂前细柳，应念我，莫剪柔柯；仍传语，江南父老，时与晒渔蓑。

送走父老，东坡去向潘彦明、潘大临叔侄辞行，请他们居住雪堂，照管故营田地。潘家叔侄心知人不可留，惟请东坡留些墨宝。东坡用小楷书成陶渊明《归去来辞》，意犹未尽，又将自著前后《赤壁赋》抄一遍，交给潘家叔侄。还在酒桌上作成《蝶恋花》，比潘大临为才貌双优的潘安：

别酒劝君君一醉，清润潘郎，又是何郎婿；记起钗头新利市，莫将分付东邻子。　回首长安佳丽地，三十年前，我是风浪帅；为向青楼寻旧事，花枝缺处留名字。

雪堂和故营耕地有人照管，东坡放下一颗心，去安国寺向继连大和尚辞行。继连和尚久有请东坡为寺作记想法，只是一直不好意思开口，眼看文豪就要离开黄州，赶紧提出要求。东坡二话不说，写成《黄州安国寺记》，记下宝寺沿革，以及与自己的缘分。

又看望过其他朋友，离黄日期迫近，太守杨寀也在衙署设宴，叫上张怀民等官吏和朋友作陪，为东坡送行。照例安排官伎献艺，营造气氛。东坡是府衙常客，官伎们大都熟悉，有些还趁机讨要过大诗人诗题。只有一位叫李宜的女孩，知书达礼，只因性格内向，不善奉迎，不敢主动乞求，未获东坡只言片语。眼看诗人就要北行，再不抓住机会，便悔之晚矣，赶紧大着胆子，奉觞上前，先敬过酒，再取下领巾，恳请东坡作书。

东坡也觉得交往多年，从没给李宜题过字，心里甚是过意不去，不愿让她失望，颔首命她研墨。墨很快研好，东坡抬手拿过李宜奉上的笔，蘸上墨水，在其领巾上写下两句话："东坡五载黄州住，何事无言及李宜？"

仅此两句，东坡便搁下笔杆，端过杯子，掉头去跟太守他们敬酒，不再理会李宜。众人见字，心下暗忖，出语平凡，词意浅显，又不终篇，也不知大文豪卖的什么关子。也不便催促，只得继续陪酒说笑。眼看酒喝得差不多，宴席将散，李宜不敢怠慢，又蹭到东坡旁边，拜请续题未了诗。东坡才大笑起来，拍着脑门道，怪老夫人老记性差，都快忘记诗留半首，多有不恭。随即重新提笔，续上后面两句："恰似西川杜工部，海棠虽好不吟诗。"

杜工部即诗圣杜甫，一辈子诗赞过花鸟无数，唯独没吟咏过海棠花。据人考证，杜母名曰海棠，杜甫出于避讳原因，不敢入诗。莫非无诗言及李宜，也与避讳有关？那东坡又在避谁的讳呢？原来当年何正臣、李定、舒亶制造乌台诗案时，有个叫李宜之的地方小吏，与东坡面都没见过，更谈不上有何仇怨，竟也落井下石，以捞取上升资本，实在令人齿冷。偏偏李宜与李宜之姓同名近，只不过少一个之字，东坡免不了由此及彼，几年来虽没少入与李宜接触，但一直不肯给她题诗，触及自己痛处。

也幸亏歌伎李宜沾犬官李宜之的光，得入名东坡诗，以至千古流芳。

三十五、别酒劝君君一醉 吾归何处行复止 | 249

三十六、不识庐山真面目　李白诗题在前头

黄州再难舍，也有非舍不可的一天。东坡安排长子苏迈留下，招呼家眷后发，准备自己先行一步，去高安见过弟弟子由，再折九江与全家会面东进，伺机转道运河北上。

安排妥当，东坡与参寥走出南堂，下到江边，乘船过渡，往西山方向进发。渡口等着数十黄州官民，自发前来送行。一送送到樊口，潘彦明上前迎住，请东坡一行，入自家酒店聚饮。端杯于手，半天放不下，重新上路时，已是夜幕降临，月出东山。途经西山吴王岘，远处黄州传来声声鼓角，东坡回首频顾，不觉潸然泪下，嘴里吟道："清风弄水月衔山，幽人夜渡吴王岘。黄州鼓角亦多情，送我南来不辞远。"

鼓角不辞远，黄州朋友更是依依不舍，送完一程又一程。其中有十九位朋友，一直送到慈湖，又陪着一起喝了三天酒，才好不容易被东坡劝住，一步一回头，挥泪西返黄州。只有陈慥，东坡没法劝走他，不得不任其一路跟着。直到抵达九江，东坡将五

年来为陈慥作的诗稿书写一遍,塞到他怀里,他才含泪离去。

送走陈慥,东坡知道参寥要去庐山修行,于是履芒鞋,拄竹杖,送他上山。其实参寥即使不赴庐修行,到了山脚,东坡也会进山一游。原因简单,自己最景仰最喜爱的晋唐三大诗人陶渊明、李白、白居易都与庐山有过不解之缘,岂可错过寻觅他们足迹的良机?

两人进山时,不约而同讨论起陶诗来。陶渊明在读书人心目中享有崇高地位,被视为千年隐宗,即隐逸诗人鼻祖。其诗中的世外桃源,僻静清新,空明悠远,无不令人神往。如《饮酒》之一:

> 结庐在人境,而无车马喧。
> 问君何能尔,心远地自偏。
> 采菊东篱下,悠然见南山。
> 山气日夕佳,飞鸟相与还。
> 此中有真意,欲辨已忘言。

诗里南山,自然便是庐山无疑。山僧们得知东坡前来访山,一个个欢天喜地,主动迎下山来,倒看这个君爱臣妒名动天下的大才子嘴巴是否长在鼻子下面,眉毛是否生在眼睛上头。东坡也不把自己当外人,嘻嘻哈哈跟众僧执手言欢,当即作诗曰:

> 芒鞋青竹杖,自挂百钱游。

可怪深山里，人人识故侯。

见东坡亲和好玩，全然没有大名人架子，众僧笑道，山寺再穷，东坡先生来到，粗茶淡饭还招待得起，用不着您自挂百钱。又说，您不是故侯，到了山上，就是山大王，咱们都是你的喽啰，都听你使唤。东坡笑道，你们听错啦，拙诗所说非故侯，乃故猴也，东坡就像只老猴子，可以上蹿下跳，玩个开心。

众僧只顾跟东坡套近乎，几乎忘记一旁参寥的存在，幸有年长和尚转向他，感谢他领东坡上山，给庐山增光添彩。东坡道，东坡做梦都想来游庐山，与参寥何干？顺便又吟道：

自昔怀清赏，神游杳霭间。
如今不是梦，真个在庐山。

游览数处景致，众僧问东坡观感如何。东坡说，庐山太深远，又岂是泛泛之游能识得透的？除非以后多来几趟，从容游赏，慢慢领会。于是有感而发，作诗曰：

青山若无素，偃蹇不相亲。
要识庐山面，他年是故人。

不觉夕阳西下，众人来到一处开阔地，只见桃树成林，花满枝头，桃林深处有庙宇隐现。东坡想起白居易《大林寺桃花诗》，问是不是到了大林寺？话没落音，寺里方丈自桃花丛中款款而出，上前给东坡和参寥作过揖，邀两位夜住大林寺。两人大喜，紧随方丈，穿过桃林，走进寺里。寺院白墙上正好刻着白居易《大林寺桃花诗》：

人间四月芳菲尽，山寺桃花始盛开。
长恨春归无觅处，不知转入此中来。

东坡甚乐，问方丈，白居易当年是否也住过大林寺？方丈答曰，正是正是。又说，白居易做江州司马时，建有庐山草堂，有空没空爱往山上跑，饱览胜迹，留下不少诗文，连著名的《琵琶行》也是在山上完成的。

《琵琶行》作于两百多年前，到底完成于何处，已经无从考究，东坡没法否认方丈说法，只有边点头，边打哈哈。说着白居易，游赏过寺院，两人入住禅房，早早睡下。翌日醒来，吃毕早茶和斋饭，走出大林寺，他处僧道已等在寺外，主动为东坡陪游。庐山岭外有岭，峰外见峰，游上数天，该游之处未及三成。只好选有名气者，先游为快。

庐山最负盛名之处，自然莫过于香炉峰，因李白来过，惊峰前瀑布为天河下落，留下著名诗篇：

日照香炉生紫烟，遥看瀑布挂前川。
飞流直下三千尺，疑是银河落九天。

李诗惯用夸张手法,真到得香炉峰,所见瀑布并非如此惊艳。但东坡此番前来,看的自然非普通瀑布,乃李诗中的瀑布,瀑布中的李诗。众人站在峰前,一边讨论李诗,一边观峰赏瀑,兴致盎然的样子。东坡也是大诗人,素有小李白之谓,面对李诗中的瀑布,总该和上几首吧?众人满怀期望,看向东坡,等着从他嘴里吐出李诗一样的妙作来。

东坡却无动于衷。他想起李白登黄鹤楼,本欲赋诗遣兴,抬头一见壁上所刻崔颢《黄鹤楼》,不得不打消念头,叹服道:"眼前有景道不得,崔颢诗题在上头。"返思李白先到庐山三百年,所写瀑布诗已登峰造极,无人可企,自己又何必多此一举?

见东坡没有反应,有人又拿话激他,说李白之后,另一位唐朝诗人徐凝,也曾来香炉峰观瀑,留下瀑布诗,据说深受白居易赞赏,说徐诗赛不得,意即没人比得了。记性好的,当场背出徐诗:

虚空落泉千仞直,雷奔入江不暂息。
今古长如白练飞,一条界破青山色。

徐诗前两句说泉落奔江,三四句又说瀑白破山,泉与瀑,练与条,没啥区别,绕来绕去全属废话,且用词粗俗,意境浅陋,毫无新意,哪似李诗先远后近,层次分明,想象奇特,用语夸张,诗意饱满充沛,叫人不喜欢都难。东坡觉得徐诗实在太差劲,将其与李诗相提并论，无异于对李白的莫大污辱，忍不住道，徐凝不会写诗也就罢了，还假托白居易，说其诗赛不得，不仅可笑，且已近乎可恶。想想也该知道，李、杜、白并称唐代三大诗人，凭白居易不俗眼光，岂能看不出徐诗之低劣？

说到此处，东坡觉得还不解恨，又以玩笑口吻，吟成一首讽刺诗：

帝遣银河一派垂，古来惟有谪仙词。
飞流溅沫知多少，不与徐凝洗恶诗。

东坡没写庐山瀑布诗，却留下嘲讽徐凝瀑布诗的名篇，一时成为佳话。众人觉得东坡有趣，嘻嘻哈哈附和几句，离开香炉峰，转向别处。就这样，在山里转上十多天，东坡已很尽兴，送参寥入居西林寺，准备下山。众僧遗憾东坡写诗太少，怂恿他再写几首，以不虚此行。东坡也觉得庐山之游，众僧关照，吃得好，睡得香，玩得美，不作两首像样的诗，真对不起大家。却因李诗和白诗太绝，难以超越，迟迟不肯动笔。

然东坡就是东坡，意识到庐山太有名，古往今来上过山的文人太多，一山一水，一草一木，几乎都被写过，像徐凝一样见过李白瀑布诗，还敢写瀑布，难出新意，要出也只能出丑。忽想起陶渊明，在庐山脚下生活时间不短，很少写山上具体景物，只偶尔兴之所至，抒写其全貌，诸如名句：悠然见南山。东坡寻思，何不效法陶渊明，避开庐山单个景观，从大处着笔，写整山观感，或许能见新意,亦未可知。

心生此念,东坡回思十多天的漫游,经历的奇山秀水多多,见过的峻岭险峰无数,赏过的林木花鸟万千,可庐山到底是个啥样子,还真说不出个所以然来。那么是自己看得不够用心,观得不够仔细,或走的地方不够多?显然不是。是庐山太大,游人太小,身陷山中,无以纵观全貌。东坡突发灵感,走进西林寺,朝方丈要来纸笔,在壁上留下四句诗:"横看成岭侧成峰,远近高低各不同。不识庐山真面目,只缘身在此山中。"

众僧一瞧,眼睛大睁,不觉鼓掌称妙,说李白诗状庐山具象,雄奇绚烂,惊世骇俗,东坡诗写庐山概貌,大气开阔,意蕴深沉,二诗合为双璧,足可与庐山同辉。事实是李、苏两人的庐山诗,正好体现出唐宋两代诗歌特点,唐诗感性,让人惊喜,宋诗理性,令人深思。

与李白瀑布诗一样,东坡庐山诗从此不胫而走,广为流传。且"不识庐山真面目"更成为成语和口头禅,人尽能言。

三十七、从公一吊兴亡处　半山园拜会王荆公

庐山诗成，庐山没白接纳东坡，东坡也不虚此行，辞别参寥和众僧，下山赶往筠州，看望身为酒监的子由。子由一家住在酒监官舍里。说是官舍，其实又小又破败，还不如东坡黄州临皋亭和南堂。子由更是形容苍老，面带病态，一看就知过得不好。初任筠州酒监时，身边还有两个小吏，帮着打理酒税事务，后二吏嫌待遇太差，养不活家人，弃职而去，留下子由一人，白天坐在街边，粗着嗓门，与市人争长论短，讨价还价，鬻盐沽酒，收缴鱼税。夜归精疲力尽，昏然就睡，不知夜之既旦，再复出营职。

东坡以为自己身为谪臣，无职无权无薪，日子难过，谁知子由虽有实职，也好不到哪里去。不过阔别四五年，还能重新走到一起，实属不易，兄弟俩还是非常高兴，叙不完的旧，道不完的情。子由见东坡毫无贬臣之落寞，脸上气色不错，说黄州偏僻，衣食难保，且远离堂庙，无君父，无同僚，无挚友，亲朋也躲得不知去向，能打交道的全是一班大字不识几个的村夫野老，这几年到

底是怎么熬过来的?

东坡笑道,不用熬,吾上可陪玉皇大帝,下可陪卑田院乞儿,眼前见天下无一个不好人,村夫野老皆朋友,同样可一起乐山乐水,乐酒乐肉。

一待就是六七天,兄弟携手,游览过数处山水,东坡才离开筠州,顺流回到九江,与已赶至的家人会合,乘船东行,抵达江宁。江宁知府王益柔是忠厚长者,虽大东坡二十一岁,却爱其才,敬其德,得知苏家过境,赶紧腾出后衙,提供食宿。

时值七月,天气炎热,不到一岁的苏遁路上身染重病,至江宁没两天便不治夭折。东坡悲痛欲绝,可眼见朝云哭得死去活来,只好擦干自己的眼泪,好言相劝。其实劝也没用,干脆缄嘴不语,只静静守在精神恍惚的朝云旁,以免她自寻短见。过后东坡回忆当时情形,依然心如刀绞,作诗曰:"我泪犹可拭,母哭不可闻。"

待朝云情绪慢慢稳定下来,东坡才让王益柔陪同,坐船去钟山拜访王安石。说白了,东坡不直接北赴汝州,竟乘船东下,绕道金陵,除顺道寻访庐山,最大目的就是想拜望故相王安石,回报其具函神宗营救自己的旧恩。东坡记性好,却记恩不记仇,人家有恩于己,无以为报,前去抚慰抚慰他那颗孤独而充满创伤的心,总还做得到。

早在熙宁八年二月二度拜相时,王安石就想好归属,在江宁与钟山之间的白塘买下一块坡地,等着还乡养老。上任途中还写下诗句:"春风又绿江南岸,明月何时照我还。"果然一年半后,再度罢相，王安石骑着神宗送的良马，护卫老妻吴氏还有独子王雱灵柩，披星戴月，回到南京，定居于白塘。白塘地处城郊，人烟稀少，满坡乱石，杂草丛生，时有野兔出没。为让王安石老有所养，神宗让他以使相兼任江宁知府，拿份薪酬。然在白塘筑就陋室，安顿下来后，王安石便辞去知府，不再涉及官场。白塘坡地距江宁和钟山各为七里，主人自称半山园。说是园，却不设围栏，不筑篱笆，只担土为丘，凿地为池，植楝三百棵，杂以桃李橘杏。又引水为渠，连通江宁河，进城可雇船泛水。半山园成形，居有定所，王安石正好腾出大量时间，读书写作。有《菩萨蛮》为证：

数间茅屋闲临水，窄衫短帽垂杨里；花是去年红，吹开一夜风。　　梢梢新月偃，午醉醒来晚；何物最关情，黄鹂三两声。

更多的时候，王安石会跨上神宗所赐御马，四处闲游。邻居觉得骑马危险，劝他最好坐轿，确保安全。王安石认为坐轿是拿人当牲口，坚决不答应。后御马老死，又买黑驴一头，再雇一名老兵，负责牵驴。走在路上，人问老相哪里去。王安石答曰，老兵牵驴在前，牵到哪是哪。老兵赶驴在后，驴走到哪是哪。还随身带只口袋，里面装满书籍和老妻做的烧饼。驴走得慢，便从口袋里拿出书来，边骑行边阅读，说是骑驴看唱本，走着瞧。

这天读到东坡前后赤壁赋，王安石由衷喜爱，反复吟诵，几乎到了忘情地步。不觉行到山尽头，来到水穷处，驴累人饥，才从驴背上翻下来,伸手到口袋里,掏出烧饼啃咬。同时递两只给老兵,让他也充充饥。黑驴似觉草料粗糙,难以下咽,瞪着驴眼看两人吃饼,王安石于心不忍,再掏两只出来,往驴嘴里喂。见驴大嚼大咽,主人莞尔而笑,心想都说众味难调,看看老妻所做烧饼,主可饱肚,仆可充饥,驴也不嫌弃,吃得津津有味。

天黑回到家中,老妻拿出江宁知府王益柔派人送来的信函,王安石当即拆函,就灯阅读,原来东坡已至江宁,明日前来半山园拜访。喜得王安石胡须直颤,夜里觉都睡不安稳。翌日早饭后,不再外出,爬上驴背,一颠一颠,向水边行去。

东坡谪居黄州五年,干过什么事,写过什么诗文,王安石清清楚楚,同样王安石浮沉去留以及所作诗词,东坡也心中有数。尤其读过王词《桂枝香·金陵怀古》,东坡拍案叫绝,认定为金陵第一怀古词,说只有王安石这种野狐精,才弄得出如此绝响。其词曰:

登临送目,正故国晚秋,天气初肃;千里澄江似练,翠峰如簇;归帆去棹残阳里,背西风,酒旗斜矗;彩舟云淡,星河鹭起,画图难足。 念往昔,繁华竞逐,叹门外楼头,悲恨相续;千古凭高,对此谩嗟荣辱;六朝旧事随流水,但寒烟,衰草凝绿;至今商女,时时犹唱后庭遗曲。

东坡所乘小舟犁浪而至,很快出现在王安石视线里。半山园僻静,难有外船进出,不用猜也知来人是谁。王安石满心欢喜,借坡下驴，三步并作两步，奔到水边。坐在船舱里的东坡也看到了岸边苍老的身影，赶紧出舱，迎向船头。船没停稳，便迫不及待往岸边跨去，害得随后而至的王太守忙呼：慢些慢些，别掉水里了。

上岸作过揖，东坡才发现自己穿戴得太随便，自我检讨道，轼来得匆忙，未及换身礼服，只好以野服拜见老相，失礼失礼！王安石笑道，礼岂为你我所设？老夫不也便服在身吗？东坡大笑，与王安石并肩前行，往半山园慢慢走去。王益柔招呼随从，提过事先备好的酒肉，紧随其后。到得王家，王妻去后厨办菜，主客在堂屋叙话。身为文豪，自然三句不离诗文，王安石赞扬东坡赤壁词赋绝妙，东坡也随口背诵主人近作，彼此相视大笑。

没多时，王妻端上酒肉，三人举杯同饮。酒至微醺，搁杯喝茶，直至夕阳西下，兴犹未了。主人留东坡与王益柔夜宿半山园，天明再同游钟山。游到兴浓时，王安石请东坡作歌。东坡即兴吟道：

千古龙蟠并虎踞，从公一吊兴亡处；渺渺斜风吹细雨，芳草路，江南父老留公住。 公驾飞骈凌紫雾，红鸾骖乘青鸾驭；却讶此洲名白鹭，非吾侣，翩然欲下还飞去。

也是王安石隐居半山园后，门前冷落，孤苦自知，好不容易迎来东坡，一起乐山乐水，诗酒唱和，也就轻易不肯放他走，一留就是月余。王益柔身为现任知府，不可能天天守着两个闲人，不

三十七、从公一吊兴亡处 半山园拜会王荆公

时回衙，处理完事务，再带上酒肉，上山犒劳两位，陪同游乐。

半山园北面有个土骨堆，相传为东晋谢安故宅遗址，人称谢公墩，王安石不时去走走，流连忘返，东坡到访，自然会带他前往凭吊。谢安与王羲之是亲家，一为当朝宰相，一为书圣和名士，两人肯定在谢公墩留下不少佳话。正好王安石做过两任宰相，东坡文名书法不输王羲之，王苏同至谢公墩，足踏阶苔，手摩墩石，自然别有一番滋味在心头。

这天来到蒋山，东坡触景生情，作五言诗，其中有句："峰多巧障日，江远欲浮天。"王安石连连叫好，说老夫平生作诗，无此二句。一时兴起，作诗以和。东坡由衷赞叹，说王诗有《楚辞》句法和遗风。王安石欣然认可，拿出纸墨，请东坡手书留念。东坡也不客气，挥毫题赠。王安石记得东坡曾作雪诗，里面有句："冻合玉楼寒起粟，光摇银海眩和花"，问是否用了道藏中的典故。东坡笑以颔之。王安石对陈寿《三国志》颇不以为然，意欲重修，无奈年迈，问东坡可否替自己完成夙愿。东坡摇头，说不敢当此重任。

诗文之余，触及乌台诗案，东坡感谢王安石和章惇等人出手相救，自己才得以苟延于世。王安石笑曰，吾不救下你，谁来写千古赤壁词赋？东坡乐道，老相的意思是，如今谁再投我入乌台大狱，你当落井下石？王安石大笑，老夫老矣，有石也搬不动，落不下了。

由乌台诗案，东坡想起王安石两度为相所作所为，忍不住收敛笑容道，东坡还有话要说。王安石见对方表情严肃，意识到他要说啥，摆手道，老夫已为草民，僻居乡野，莫谈国是。东坡说，老相非草民，乃故相。汉唐亡于党祸与战争，本朝吸取教训，无为而治，还算平安。可如今党祸起于朝廷，兵事兴于西北，贤臣发配各地，老相为何不发声制止？王安石道，国家乱局都系吕惠卿一手造成，安石不在其位，不谋其政，不敢胡言乱语。东坡道，老相确实已不在其位，可君上以非常之恩待您，您当以非常之礼事君。

没等东坡说完，王安石制止道，今天所言，出自安石口，入于子瞻耳，到此为止吧。东坡吱声不得，知道王安石为吕惠卿出卖，还搭上独子性命，难免心有余悸。也就不再揭对方伤疤，有意岔开话题。笑意重新浮上王安石老脸，两人继续讨论山水诗文。又涉及养生、佛道和生死，王安石建议东坡别应诏北返，干脆在金陵买屋置田，两人好做芳邻，共娱泉下。东坡谢过主人，说金陵物贵，自己囊中羞涩，心有余而力不足。

世间没有不散的宴席，东坡再留恋半山园，也有下山之时。苏王幸会至此结束，王安石站在水边，挥动又干又瘦的枯臂，目送东坡乘船渐渐远去，久久不肯转身回山。只是嘴里喃喃道：不知更几百年，方有如此人物。

三十八、春江水暖鸭先知　人老不纳小妾

不只王安石想与东坡为邻，退居许下的范镇，落脚扬州寺庙的佛印，还有丹徒等处的朋友，都发出约请，诚邀东坡前去置产定居。仪征太守最实在，先清扫好一处屋子，再请东坡率家人住过去，以慢慢物色屋宇田产不迟。仪征就在长江北岸，东坡下得半山园，举家离开江宁府，渡江来到仪征，住进太守腾出来的府学后院。

家眷安顿下来，东坡开始各处访田问屋。湖州太守滕元发得知东坡意欲终老苏南鱼米之乡，放下公务，约赴太湖左岸宜兴会面，说其亲戚有田出售，正好购置养老。东坡来到宜兴，滕元发也已赶到，两人一起下乡去看田。田是好田，位于城外二十里的荆溪旁，可年产米八百担，足以养活苏家二十口。东坡非常满意，凑足钱款，交给田主，过户到苏家名下。然后奏请皇上，恩准自己定居宜兴，别再派任别处。

有了良田，还得有住处，东坡拿出手头仅有的五百缗现钱，

由好友邵民瞻陪同，沿着荆溪，物色两岸房产。正好有处百年老宅，础实墙厚，主人开价五百缗，东坡也没还价，拿钱换得房契，当即大模大样住进去，做起屋主来。肚里盘算，过几天便回仪征，把全家接过来，安安心心过隐居日子，享受享受田园风光。

乡村的夜晚宁静祥和，月白风清，东坡拉着邵民瞻，走出老宅，沿村中曲径，甩手漫步，熟悉熟悉邻居。远亲不如近邻，既然要长住此地，与邻居和睦相处，至关重要。不想村民习惯日出而作，日入而息，家家户户已熄灯睡下，连看家狗都懒懒地躺在檐下，睁一只眼，闭一只眼，不肯出声，生怕惊醒主人初梦。

转完半个村子，两人准备返身回去，忽闻近处木屋里传出哭泣声，东坡煞住步子，敲门进去。原来是位老妇人，正一把眼泪，一把鼻涕，哭得颇伤心。一问缘故，老妇止住泪水道，我家有栋老砖屋，数代相传百多年，祖祖孙孙都住在里面，到吾儿一代，不孝不顺，竟卖给外人，迫使老妪我不得不搬出来，寄住在这破落木屋里，能不伤心痛哭？

东坡向来慈悲，听过老妇哭诉，心生同情，问老砖屋在哪里。老妇抬手往村东方向指指，说也不远，就在村头。那不正是自己花五百缗购得的老宅吗？东坡吃惊不小，确认事实后，二话不说，从身上掏出房契，当老妇面一把火烧掉。隔日又叫来其子，教育几句，嘱其赶紧迎老母归宅，然后交出门钥匙，拍了屁股走人。至于那五百缗房钱，估计老妇儿子早花个精光，东坡不提，他也不声，像没那么回事似的。

五百缗几乎是苏家所有积蓄，就这样被东坡扔在荆溪，啥动静也没有，还不如扔个石头到水里，总可冒几个泡泡。仅有田产，无屋可栖，一家人老住仪征府学后院也不是办法，东坡只得带着全家，勉强登船，望北行进。一路忍饥挨饿，行行止止，只盼皇上复旨下来，让自己留守江南，也少些路途辛苦和花费。

好不容易来到泗州，已是元丰八年（1085）初春。眼见一家人饿得东倒西歪，东坡别无他计，只好写诗哄肚皮开心，说自己仿佛饥鼠，见着什么都想啃上几口。诗被泗州太守刘士彦读到，赶紧送来食物，喜得苏家大小欢声雷动，一番大嚼猛咽，以慰饥肠。

东坡感激地主雪中送炭，正苦于无以为报，刘太守约请游乐山水，留几句诗文，给泗州增加些知名度。东坡一无所有，能拿虚名和手中秃笔，回报地主，又何乐而不为？当即高高兴兴，随刘太守来到淮河岸边，踏上长桥，去对岸南山寻春。泗州属军事要隘，不经允许，擅自过桥，必有牢狱之灾。只是守桥士兵认识太守，才破例让其通过。南山高峻巍峨，林深树密，加之春和景明，两人穿行山间，喜不自胜。走得累了，摆酒畅饮，以促游兴。直至夕阳西沉，才缓缓下山，举火过桥，悠然而归。

回到船上，东坡吟成《行香子》一词：

北望平川，野水荒湾，共寻春，飞步孱颜；和风弄袖，香雾萦鬟；正酒酣时，人语笑，白云间。　　飞鸿落照，相将归去，澹娟娟，玉宇清闲，何人无事，宴坐空山；望长桥上，灯火乱，使君还。

词上片写景，有平川，有淮水，有和风香雾，有美酒和云间笑语。下片写归途，鸿飞落照里，玉宇渐暗，宴罢下山，主客举着灯火，经来时长桥，欣然夜归。

词既成，东坡又笔录一遍，隔日走进府衙，呈献刘太守，以谢赐食之恩。刘太守最爱东坡诗文，自然如获至宝，边读边点头称善，连说好词。只是读到最后两句，脸色骤变，像走夜路受到惊吓似的，结结巴巴道，学士名满天下，每有新词，京师便传。东坡道，嘴巴长在人家脸上，爱传不传，老夫怎奈其何？刘太守道，学士有所不知，律法有令，夜过淮河长桥者，判刑二年，何况知州，更会罪加一等。学士赶紧藏好词作，千万勿示人。东坡叹曰，东坡一生罪过，大抵如此，开口便是两年徒刑。

自作自受，罪有应得，怪不得他人，给主人添乱，则大有不妥，东坡叮嘱家人，准备早些上路。刘太守过意不去，又留东坡待些时日，才打发银两，送走苏家。路上东坡又给皇上上折，说离开黄州后，累重道远，风涛惊恐，举家病重，一子丧亡。及至泗州，费用罄竭，衣食不继，二十余口，不知所归。臣有薄田在常州宜兴，可粗给膳粥，恳请君父开恩，许于常州居住，以度此余生。

圣旨迟迟未到，一家只好继续北行。路遇闽僧惠崇，新作《春江晚景》两幅，请东坡题诗。东坡题鸭戏图：

竹外桃花三两枝，春江水暖鸭先知。
蒌蒿满地芦芽短，正是河豚欲上时。

又题飞雁图：

两两归鸿欲破群，依依还似北归人。
遥知朔漠多风雪，更待江南半月春。

挥别惠崇，来到南都商丘，张方平闻知，忙派人把苏家大小接过去，安排住宿，招待饭食。此去京都已不远，可东坡再无力气前行，只想赖在张府，静候朝廷复旨，以便另作盘算。张方平正愁无人陪自己喝酒，自然求之不得。为让东坡尽兴，每次设宴，都会叫来歌女舞姬侍酒。这日酒至半酣，张方平附在东坡耳边道，不久前收得侍妾一名，既年轻漂亮，又善解人意，尤其跳起舞来，简直如仙女下凡，飞燕再世。

张方平已七十八岁高龄，还好这一口，真有他的。东坡玩笑道，前辈宝刀不老啊，七老八十，仍纳嫩妾享用，叫人不服不行啊。张方平也不生气，笑嘻嘻道，正是七老八十，来日不多，才应该及时行乐，不负平生。又说新妾实在太可爱，老夫轻易不肯示人，也是子侄非外人，老夫愿召至厅前，舞上两曲，你意下如何？

没等东坡开口，张方平已令人宣舞女出场。舞女款款而至，步点莲花，扭腰摆臀，扬腿甩袖，尽情舞蹈起来。舞姿好优美，乐得张方平颔首频频，胡须直颤，两个眼珠跟着舞女滴溜溜转个不停。东坡也以手击节，表示欣赏。又觉舞女身段有些熟悉，像在哪里见过似的。

直至曲终舞住，东坡认出对方，竟是从前黄州太守徐君猷侍妾，名叫胜之，曾打过不止一次两次交道，有一次还给她题过两首词，盛赞其舞姿之妙曼。定是徐君猷死后，胜之抛弃旧情，离开湘鄂，北上商丘，做了张方平侍妾。犹记徐君猷在世时，视胜之为掌上明珠，百般呵护，宠爱有加，谁知旧主尸骨未寒，眨眼间爱妾便辗转投入八十老翁怀抱，徐君猷在天之灵有知，不知会作何感想。

心里念着老友，东坡不禁鼻子一酸，几乎掉下泪来。正好胜之停舞后入席敬酒，端杯来到东坡面前。东坡强忍悲痛，眼望胜之道，你还认识我么？胜之嫣然笑道，学士名震朝野，天下何人不识君？东坡道，感谢你还认得我，我再问一句，你认识徐君猷么？胜之脸上一阵尴尬，赶紧以手掩嘴，咯咯一笑，掉头走开。

东坡越发难过，酒兴大减。勉强挨到散席，回到住处，还一脸戚色。王闰之问为何不快，东坡道出胜之故事，感叹道，男人千万不要纳妾，主在日日说恩爱，主死恩断情绝，转头便成他人妾，依然欢欢笑笑，喜喜乐乐。闰之道，你不也纳朝云为妾么？东坡道，但愿朝云不是胜之。闰之道，男人都这样，以为人家妻妾水性杨花，自己女人海枯石烂不变心。

闰之一语道破男人心思，东坡不得不认同，开玩笑道，夫人的意思是，要我现在就把朝云赶走，免得等我死后，她再绝情而去，给我丢脸？闰之道，要让朝云不至于绝情而去，也不是没有办法。东坡道，什么办法？闰之道，你俩不求同年同月同日生，但求同年同月同日死，这样她就没法再找别的男人。东坡哈哈大笑，说此主意甚高。

东坡没法看到自己死后,朝云会不会另投他人,可胜之就是现成例子,实在令他难以释怀。不便当张方平识破胜之,然碰到其他朋友,总以胜之为例,奉告年轻女子不可能真心喜欢老男人,最好别自作多情,收纳小妾。

三十九、十年归梦寄西风　荣升翰林学士知制诰

复旨终于下达，恩准东坡定居常州。东坡大喜过望，即刻带着家眷，登船东返。路上赋诗曰："十年归梦寄西风，此去真为田舍翁。"

岂知朝廷又现变数，神宗皇帝驾崩，其六子赵煦继位，是为哲宗。哲宗时年九岁，年幼无知，由太皇太后即英宗皇后高氏摄政。高太后不满新政，废旧立新，任命旧党领袖司马光为门下侍郎，亦即副相，入朝主理政事。司马光已六十六岁高龄，又潜心史学，不愿出山，高太后便派出廷尉，直奔司马家，强行请出司马光，左拥右卫，送入官衙。

司马光旧党人士回朝后，高太后想起东坡，再下圣旨，任其为登州太守。圣旨送达时，苏家已至宜兴，入住新居。时值盛夏，东坡正光着臂膀，挥镐动锄，在屋前屋后植橘栽杏，种瓜浇菜，准备把自己交给宁静的江南乡野，平平淡淡了此残生。偏偏圣旨来得不是时候，搅得他心绪大乱，浩叹命运弄人。家人尤其孩子

们却欢呼雀跃，催促东坡早日启程，赴任登州。乌台诗案以来，长达六年时间，家人担惊受怕，忍饥挨饿，好不容易熬到东坡复职，有薪金可领，至少不用饿肚皮，住漏屋，又岂可轻易放弃这么好的机会？

东坡只好拖着疲惫之躯，率家眷登船北上。船经镇江，应友邀请，夜游金山寺。金山寺多次迎接过东坡，东坡面对熟悉的月色，吹着熟悉的江风，闻着熟悉的江潮以及来处不明的隐约箫声，不知该悲还是该喜，即兴赋诗曰：

江东贾客木棉裘，会散金山月满楼。
夜半潮来风又熟，卧吹箫管到扬州。

十月中旬到达登州，仅过短短五天，一家人还没喘过气来，又有圣旨追至，召东坡速速晋京，另有任用。东坡无奈，强打精神，继续上路，望东而行。抵达京都，已近年关。刚在近邻皇宫的百家巷安顿妥当，哲宗元祐元年（1086）来到，朝廷升东坡为四品中书舍人，参与官员选拔和任免事宜。

东坡接受的第一份差事，便是草拟褫夺李定官职的圣旨。六年前李定之流把东坡送入乌台大狱，非置其死地不可，想不到六年后恰巧由东坡亲自执笔，拟旨给李定定罪，实在有些讽刺。李定罪名好定，其中为占官位，隐瞒母丧不报，罪不可恕。东坡照实写来，责李定即卷铺盖走人，乖乖回乡，重新依礼居丧。

李定夹着尾巴离京后，朝廷贬吕惠卿建州安置，东坡遵旨草制其诏曰：

惠卿以斗宵之才，穿窬之智，诐事宰辅，同升朝堂。始于知己，共为欺君，喜则摩足以相欢，怒则反目以相噬。党与交攻，几半天下，乐祸贪功，好兵喜杀，以聚敛为仁义，以法律为诗书。首建青苗，次行助役，均输之致，事同商贾，手实之祸，下逮鸡豚。苟可蠹国害民，率皆攘臂称首。先帝求贤如不及，从善如转圜，始以帝尧之仁，姑试伯鲧。终焉孔子之圣，不信宰予。犹宽两观之诛，薄示三危之窜。

诏书一出，天下传诵称快。吕惠卿夹着尾巴，罢官而去。不久王安石病逝。身为两任故相，朝廷准备追赠其太傅荣衔，以盖棺论定。草拟圣旨的任务又落到东坡手头。东坡欣赏王安石的人品和诗文，然对其妄自尊大，盲目推行新政，害人害己，却不敢苟同，拟起圣旨来实在不好下笔。可还是难不住东坡，他有办法正话反说，藏贬于褒，寓讥于颂，圣旨写得妙趣横生，意味深长，令人遐想。

身居庙堂好升官，拟上一阵子诏书，东坡荣升三品翰林学士知制诰。宋代几乎没颁过一品，宰相也只是二品，到得三品知制诰，相当于一只脚已迈入宰相府。高太后让御使送任命书至苏家时，还赏赐东坡官衣一套，金带一条，白马一匹，以示恩宠。长子苏迈也受朝廷器重，派往江西为官，独立门户，自食其力。

荣华总与富贵相连，苏家再不用为生计发愁，有锦衣可穿，有玉食可餐,与大多数官宦人家区别不大。东坡见多生死,历经磨难,对荣华富贵看得很淡。他觉得高官显位值得普通人羡慕,身处其中者却高处不胜寒,还不如平头百姓自在快乐,无忧无虑。富贵也一样,要么巧取豪夺所得,要么花费心力苦力谋求,都来之不易,故民间有言,富人是条狗,朝朝早起走,穷人是根虫,天天睡到太阳红。东坡渴望精神快乐,要他刻意经营高官厚禄,绝无可能。他曾作文妙论苦乐,说乐事可慕,苦事可畏,皆系未至时心尔,及苦乐既至,以身履之,才知莫过如此,仿佛寻声捕影,系风迩梦,终归一场空。

话虽如此,但荣华富贵毕竟不是坏事,至少可让人体面地生活,广交天下。贬谪在外时,总是东坡蹭人酒食,以慰饥肠,而今他可大大方方摆设家宴,款待各路文朋诗友,把酒话友情。不同于刘禹锡陋室,谈笑有鸿儒,往来无白丁,东坡家有华堂,鸿儒可至,白丁也出入自由。比如专从黄州来看望老友的陈慥,东坡奉若上宾,敬爱有加,就如当年在临皋亭嚼菜根、喝薄酒一样,快活无比,毫无尊卑之别。

当然到苏府来得最多的还是京都亲友。宰相级人物如吕公著和范纯仁自属苏家常客,主客诗酒唱和,谈古论今,其乐融融。子由也已入京,先任御史中丞,继升尚书右丞,住得也不远,兄弟相聚,自是常事。所有因乌台诗案外谪的官员,诸如王诜、王巩、孙觉、范祖禹等都先后回到京都,东坡总觉得自己害惨他们,自然要设宴款待,恳求原谅。劫后余生,还能重新聚首,享受珍贵友情,高兴还来不及呢,谁还会责怪东坡?该喝大口喝,该笑大声笑,该诗该画放手题诗作画,尽兴得很。

苏门六君子:黄庭坚、秦观、张耒、晁补之、李鹰、陈师道,更是常常往苏家跑,向老师请教诗文,交流书画,乐在其中。米芾远在南方,无缘入京面见东坡,只好频频致信,请教书法之道。

东坡声望由此达到顶点,朝野称颂,万人瞩目。其诗文更成为学子枕边书,仿佛一日不读苏诗苏文,便睡不安寝,食不甘味。有位叫章元弼的读书人,娶得美妻入室,却因崇拜东坡,常常整夜奉读苏诗,将美妻晾在一边。美妻忍无可忍,赌气说,你到底要我还是要苏诗,你若放不下苏诗,干脆休掉我,娶苏诗为妻得了。章元弼实在舍不得放弃苏诗,只好把美妻休掉。过后又有些后悔,对人说都是东坡害的,不然也不会成为光棍一个。

东坡喜欢戴高帽,顶窄而前倾,与常见帽子略有不同,人称子瞻帽。也是爱屋及乌,学子们因崇拜东坡,觉得子瞻帽好看,纷纷仿制,戴在头上,招摇过市。连艺人也做了子瞻帽戴上,表演戏曲,竟大受观众青睐,票房大增。子瞻帽从此流行起来,一时之间,无论学子还是普通市民,非子瞻帽不戴。

东坡名动天下,诗文字纸自然珍贵,不少人竞相搜求收藏,等着增值发财。身为翰林知制诰,东坡需在宫里值班,有人问事,只能带信入宫,他再出具便条,予以回复。有人喜爱苏字,假借苏家亲友,往宫里捎信,待宫吏索得回复便条,再以羊肉十斤交换。这日此人又提着羊肉守在宫外,等着向宫吏换取苏字。宫吏一如既往,借口东坡朋友问事,讨要便条。东坡识破宫吏伎俩,只是口头回复，并没具条。宫吏再三强调，苏家亲友非见字条不可，否则不肯认账。东坡眯眯一笑，说你告诉我那亲友，就说今天禁屠。

也有素不相识的书生趁东坡在家，上门请教诗文。有位书生自觉高明，跑到东坡面前，洋洋得意，大声朗诵自己的诗作，声高气长，抑扬顿挫，铿锵有力，仿佛李白再世，杜甫重生。朗诵毕，又颇为骄傲地问道，苏大人尊见，拙作还算可以吧？东坡道，可以可以，十分可以。书生喜形于色，就要行跪拜之礼，以感激东坡知遇之恩。东坡拦住他，悠悠道，诵读之美七分，诗作之美三分，合起来十分。

东坡声望日隆，生活富足，却老忍不住人前人后，夸耀贬谪黄州时如何惬意，如何快乐，一碗米饭，一盘萝卜，一份清汤，便心满意足，快活无忧。此乃儒家传统，孔子就非常欣赏颜回，一箪食，一瓢饮，居陋巷，人不堪其忧，回也不改其乐。

东坡没说假，心里所想，嘴里所说。绝处逢生，已属侥幸，还能战胜苦难，写下千古赤壁词赋，便是明证。可旁人听来，总觉他故意夸大贬谪生涯，有些不以为然。一位叫钱勰的朋友，听东坡常夸黄州米饭萝卜清汤如何可口，有意跟他开玩笑，煞有介事送上请帖，帖上说将以三白待客。东坡不知三白为何物，兴致勃勃赶到钱家，见桌上摆着白米饭一碗，白萝卜一盘，无色清汤一份，一下子明白过来，这小子在故意作弄自己。却装聋作哑，就着萝卜吃完米饭，喝下清汤，抹抹嘴巴，起身走人。过上一阵子，也派人给钱勰送去请柬，柬上说请吃三毛餐。钱勰赴席，东坡客客气气，把他请到桌前，正襟危坐，只是桌上啥都没有。过了好久，钱勰抱怨肚子已饿,催请上菜。东坡说不用催,菜在桌上,咱们开吃吧。钱勰道,桌上一无所有,吃什么?东坡笑笑道,吃三毛餐呀,毛米饭,毛萝卜,毛清汤。

南方口语,没字读音近于毛,三毛便是三没。受到报复,钱勰不怒反乐,大笑起来。

四十、一肚子不合时宜　夹在新旧两党间

东坡的京官生活自然不只有富足和欢乐，也有苦恼和烦忧。他心底坦荡，有啥说啥，从不会藏着掖着。官场盛行阿谀奉承，假仁假义，东坡不善伪装，也不愿装腔作势，自然难容于官场。司马光执政后，尽弃王安石新法，包括新法里的免役法，非废不可，以恢复旧时的差役法。东坡觉得免役法利弊参半，又已实施多年，可革除其弊端，保留合理部分，不一定彻底废弃，扰乱民生。司马光执意不从，两人在朝堂上争执起来。官大一级压死人，司马光是副相，东坡无奈其何，拂袖而去。回到家里，气还没消，嘴里直呼司马牛司马牛！司马牛本是孔子弟子，可此时东坡并非用典，是气愤司马光脾气倔强，有如犟牛。

司马光与东坡本属政治盟友，历尽劫难，同回朝堂，实在不容易。其时王安石已故，吕惠卿等人去职，然新党人物章惇仍在朝中，只不过已由参知政事改任枢密使。为此东坡频繁在章惇和司马光两人之间来回跑动，说服他俩去掉成见，同舟共济，

一起辅佐皇上和高太后,打理好朝政。想不到没等两人言和,自己先与司马光闹翻。东坡自知与新党势不两立,再得罪以司马光为首的旧党,自我孤立,有百害而无一益。可眼看旧党做法危害百姓,他实在没法闭紧嘴巴,装聋卖傻。无奈孤掌难鸣,一己之力无以左右朝政,惟有唉声叹气。

一天他又与司马光等人发生争执,争得面红耳赤,热汗淋漓,衣服几乎湿透。朝堂上又不好失礼,直到退朝回家,东坡才宽衣解带,以衣襟为扇,用力自扇,散热息汗。归京后生活优渥,好吃好喝,东坡的肚皮一天天鼓胀,像尊弥勒佛,家人见状,忍不住掩嘴窃笑。东坡也不介意,扪腹而行,问家人腹中何所有。有说满腹经纶,东坡摇头否认。又有说满腹诗文,东坡仍摇头说不。也有说一肚子国计民生,东坡还是不以为然。最后碰着朝云,问肚里装着什么,朝云说那是一肚子不合时宜。东坡大呼道,知我者,朝云也!老夫正因一肚子不合时宜,不仅难容于新党,又与旧党格格不入,官做得憋屈。

这年晚秋,司马光去世。可巧时值神宗灵位移送太庙,满朝文武须遵礼先至太庙参加完斋戒大典,才能去司马府吊唁。宰相丧礼由理学大师程颢的弟弟程颐主持。有其兄便有其弟,程颐跟程颢一样,自视清高,执拗顽固,把丧礼弄得很古板,一举手一投足,都不可有违古制。正好东坡从太庙出来后,带着翰林院同仁,转赴司马府,祭拜司马光,程颐竟硬挺挺立在府门口,拦住一行人,死活不让入内,说只能改日再来。东坡质问,宰相就在灵堂里,为何不让祭拜。程颐反问道,祭拜宰相,总得哭丧吧?东坡说活人生离,垂泪话别,何况宰相魂归道山,阴阳永别,能不洒泪哭上几声?程颐又问,你们从何而来?东坡曰,从太庙来。程颐道,在太庙唱过赞歌,听过礼乐吧?东坡道,先帝移灵大典,能不唱赞歌,听礼乐?程颐道,刚刚唱过歌,听过乐,转背又来宰相灵前哭丧,不是对死者大不恭么?东坡道,何以见得?程颐道,你们莫非忘记《论语》里说过:子于是日哭,则不歌。东坡道,《论语》确实有言:子于是日哭,则不歌,可并没说子于是日歌,则不哭。

程颐怔在那里,不知如何作对,东坡将他一推,率众入府,拜倒在司马光灵前,以袖拭目,哭送死者。哭祭毕,立起身来,却没见司马光儿子的影子。依照礼俗,亲友前来吊祭亡灵,孝子得跪在灵前还礼。东坡甚觉奇怪,问怎么回事。治丧人说,程颐不让孝子露面,说孝子若真孝,父亲故去,应该悲痛欲绝,没法见人才行。东坡觉得又好气又好笑,叫着程颐字号道,正叔真是糟糠鄙俚叔孙通。

叔孙通乃汉代儒生,给朝廷制定过不少礼制,以束缚人们的言行。东坡尊礼不拘泥于礼,对叔孙通言必称礼,以礼压人,颇不以为然,视之为糟糠鄙俚。程颐跟其兄程颢一样,常以理学大师自居,迂腐得过了头,司马光直挺挺躺在灵柩里,竟不让孝子出面礼客,太不近人情,东坡实在看不下去,忍不住嘲讽几句。涨得程颐满脸通红,又无言以对,只心里暗暗生恨。从此苏、程两家结下仇怨,以至水火难容的地步。

要说苏、程皆系直臣良吏,既非政敌,又无私仇,只不过文人意气,口角生非,弄得彼此不和。因苏家籍在蜀地,人称蜀党。

程家隶属河洛，被冠以洛党。又有御史中丞刘挚等北方人出来兴风作浪，名曰朔党。三个女人一台戏，蜀洛朔三党同朝共事，哪里还有安宁？朝堂上一时乌烟瘴气，比王吕当朝时好不到哪里去。东坡不是狼，需结群搭伙，才能找到安全感，他是头狮子，傲视群雄，独步天下，根本不需抱团取暖，自然讨厌党争，渐生去意。

还有王、吕新党余孽，记恨苏家兄弟双双受宠，位居高位，联合洛蜀二党，重拾乌台诗案故伎，拿着东坡的诗文，断章取义，大肆攻击。又抓住馆职考试时东坡所出策试题，参劾他居心叵测，用意不良。还上书说他天资凶险，名足以惑众，智足以饰非，言辞虚假却巧于辩论，行为偏斜而性格执拗，所谓小人之雄而君子之贼也。

东坡一边上表为自己辩诬，一边出具辞呈，请皇上和高太后放自己外任，与其在朝堂上与人争闲气，闹别扭，还不如去地方替百姓办些实事。高太后欣赏东坡的才情，自然不肯放手。东坡不死心，一而再，再而三请辞。高太后于是宣东坡进宫，草拟诏令。年轻皇帝也在一旁，东坡向两位行过大礼，毕恭毕敬站立一旁，听记吩咐。

口授完诏令，高太后话锋一转道，晋京前子瞻官居何职？东坡答曰，地方团练副使。高太后又问，现居何职？东坡道，翰林学士知制诰。高太后道，知道为何升迁如此之快么？东坡道，仰仗太皇太后恩典。高太后摇头道，与老身无关。东坡道，定是皇上看得起。高太后说，也非皇上抬举。东坡道，莫非有德高望重的老臣推荐？高太后说，你名重朝野，令人生忌，谁肯推荐你？东坡愣怔片刻，才道，臣虽不肖，却从不会低声下气，求人谋取官位。

高太后盯着东坡，点头道，你跟别人不同，不是你找官位，是官位找你，你躲都躲不开。东坡不知高太后要说什么，垂头不敢吱声。高太后道，其实都是先帝遗令。先帝在世之日，每逢用膳举箸不下，臣仆们便知在读你的诗文。他经常对你的才情赞不绝口，意欲重用，往往受阻于近臣。后正要调你入京，谁知诏令未颁，便不幸遽尔崩逝。

说到此处，高太后淌下老泪来。年轻皇帝和东坡也热泪盈眶，陪着高太后伤心一回。高太后毕竟不是普通女人，很快平静下来，抹去泪水，赐东坡座，又赏茶叶一包，及莲花金烛台一尊。东坡五体投地，叩头谢恩。高太后要他平身，道，你别一天一个辞呈，老想着外任，要尽忠辅佐幼主，报答先帝知遇之恩。东坡哽咽着答应下来，抱着御赐礼物，退出后宫。从此任凭朝臣如何群起攻击，再不言半个去字。

见东坡安心朝堂，卖力拟诏办差，高太后非常高兴，转过年来，又畀以侍读职务，教幼皇哲宗读书。高太后用意明显，希望东坡给她教个好皇帝出来。东坡非常珍惜高太后这份难得的信任，自然尽心尽力，加班加点，将西汉至唐代君臣政要大事编辑成册，专供哲宗皇帝阅读。哲宗虽然年幼，却天性好学，在东坡的教导下，长进很快。

读书毕竟是苦差事，东坡生怕哲宗知难而退，心生厌学情绪，想尽办法寓教于乐。他开导道，陛下是堂堂皇上，不同于臣下和平头百姓，读书方法也当有别。小皇帝道，愿先生赐教。东坡道,吾等读书人,要讨功名,求出身,非死记硬背不可,再苦再累,也得硬着头皮读下去。陛下不同,不需求名,不必谋利,更不用参加科考,读书只为增加识见,博古通今,日后好治理国家。故完全没必要读死书,死读书,苦读蛮读,读得见书就吐。小皇帝问道,不苦读蛮读,又怎么读?东坡道,乐读。小皇帝惊讶道,书还可乐读?

东坡见小皇帝起了好奇心,循循善诱道,陛下熟读《论语》,里面只言乐,不道苦,通篇没一个苦字。学而时习之,有朋自远方来,人不知而不愠,饭疏食饮水,曲肱而枕之,皆乐在其中。具体到学业,圣人说得更明白,知之者不如好之者,好之者不如乐之者。意即读书本是美事,快乐最重要,唯有读得快乐,才会乐此不疲,有大收获。因此陛下读书时,心情要轻松愉悦,多读好读易读之书,培养读书兴趣和爱好要紧。小皇帝问道,碰上难读难懂的书呢,莫非畏难而止?东坡笑道,碰到难读难懂之书,先搁到一旁,待读多易读易懂之书,知识越来越丰,学问越来越高,再读难读难懂之书,就易读易懂了。

小皇帝点头频频,说先生说得对,朕就由易而难,循序渐进,跟着先生乐读吧。

四十一、前度刘郎今又来　出任杭州太守

哲宗读书上路后,东坡打心眼里高兴,尝试着借书中道理,涉及时事,说今赏罚不明,善恶无所劝阻,又黄河势方西流,而强之使东。夏寇镇戎,杀掠数万,帅臣掩蔽不以闻,朝廷亦不问。事每如此,恐寖成衰之渐。

读书的目的是明理,东坡因书言事,其实是履行侍读职责。也是先帝和高太后知遇之恩无以报答,唯有尽己所能,引导哲宗做个懂事皇帝,直面现实,日后能治理好大宋王朝。东坡当然知道,这话太真太直太实在,传出宫外,又会召来众怒。果然文武大臣闻知,个个义愤填膺,恨不得打入苏府,摁住东坡,将其撕个粉碎,吞入腹中。

苏家兄弟得势,东坡又借帝师身份,获取哲宗信任,本就遭忌,今又口无遮拦,指责朝政,当政大臣自然不肯放过他。洛党、朔党以及王吕新党在朝人士,平时彼此争斗,不可开交,此刻也放弃恩怨,合到一处,大打出手,攻击东坡。手段一如既往,无非

逮住东坡口里所言，笔底所写，牵强附会，大做文章。偏偏东坡入朝以来，拟过无数诏令诰书，说过不少言语议论，朝臣们总能从中找出蛛丝马迹，捕风捉影，耸人听闻，说他如何居心不良，如何诅咒先帝，如何愚弄哲宗，千刀万剐都不足以抵罪。

幸高太后心明如镜，不相信朝臣胡言乱语，反过来安慰东坡，尽心教导小皇帝。东坡觉得党争和朝斗太无聊，再次请求高太后，放自己外任地方。高太后不肯松口，劝东坡不用理睬朝臣无中生有，该干嘛还干嘛。亲朋好友也游说东坡，别动不动就使气言退，既然高太后看得起，哲宗也好学上进，就安安心心等着晋二品，提宰相，到时众臣自然会放聪明，闭上臭嘴。东坡说众臣使尽手段，就是要挡住咱上位，咱真做上宰相，手握大权，他们还不更加疯狂，非置我于死地不可？罢了罢了，富贵如浮云，我又何必委屈自己，与小人同朝为官，争风吃醋？还是早些离朝外任，大家省得耳根清静。

在东坡的坚持下，元祐四年（1089）春夏之际，高太后终于允其所请，命以龙图阁学士出任杭州太守，领军浙西。毕竟不同于以往贬谪，东坡临行前，皇上赐予茶叶、银盒、犀带，以及白马和镀金鞍鞯。这已属于宰相待遇，又让朝臣眼红一回。东坡谢恩笑纳，回家碰着门人李廌，见他贫穷，转赠白马，让他去卖钱度日。

启程之日，门生故吏都来送行，连八十三岁的老臣文彦博也露了面，提醒东坡道，当年文同曾叮嘱你，西湖虽好莫吟诗，可否还记得？东坡笑道，当然记得。只是好多人都等着给我做注疏，我不写诗作文，不让人家失业么？文彦博直摇头，指着东坡道，你还有亏吃。

初秋时节，江南暑热刚退，万木扶疏，东坡带着家眷和弟子秦观等人，兴致勃勃地来到杭州。熙宁间东坡做过三年杭州通判，距今已十五年，前度刘郎今又来，自然心情复杂，感慨良多。遥想十五年前，东坡正当盛年，意气风发，眨眼间已五十有三，垂垂老矣。不过当年只是副官一个，职权所限，难有作为，现今身为一言九鼎的太守，又有高太后和皇上信任，自当放开手脚，为杭州百姓办些实事，造些福祉，以不辜负这方佳山丽水。

太守府衙位于杭州城中，东坡自然一点也不陌生。府衙还是五代吴越王钱镠所建，因年久失修，部分房舍已经倒塌，还压死砸伤过多人。东坡从原任太守手里接过印信和文件后，便上折请求朝廷，恩赐度牒两百道，用以修葺官舍。度牒乃僧尼出家凭书，可免赋税，每道值百三十千钱，两百道度牒是笔大收入，修葺官舍绰绰有余。谁知来年春上，台风肆虐，雷电交加，天外黑风吹海立，浙东飞雨过江来，杭州几成泽国。大雨从春下到夏，穿城而过的盐桥和茅山两河又淤塞严重，宣泄不及，漫涸两岸，百姓房屋粮食浸没水中，苦不堪言。东坡哪里还顾得上修葺官舍？赶紧拿出度牒所换银钱，买米赈济灾民。

水灾导致早稻栽种误期，只好等待大水退去，修复水毁田，补插晚稻。不料旱灾又至，连月无雨，千里赤烟。灾情导致粮价飞涨，继而引发疫病，灾民饥疫交加，饿的饿死，病的病殁，惨不忍睹。东坡一边奏请朝廷，求免杭州百姓三成赋税，合计五十多万石,一边指挥衙役,开设粥厂,救灾民于既倒。同时打开官仓,降价出卖储粮数十万石。官仓积谷有限,俟秋粮上田,又赶紧调拨官银,高价购进百姓余粮,充实常平仓,以备不时之需。

面对病疫,东坡发动上千僧人及民间药师,义务为灾民治病。还沿用当年主官密州时的老办法,四处张贴药方,让病家照方抓药自救。疫情得到有效控制后,东坡冷静思之,觉得杭州系水陆之会,舟来车往,人口密集,容易传染疫病,从官库里拨出两千贯,自己再捐铜五十两,设立杭州病坊,取名安乐坊,由善医懂药的道士主持,专门收治穷苦病人,施舍药剂。蕲州名医庞安时得知东坡外放杭州,千里迢迢赶来会友,正碰着疫病流行,二话不说,走进安乐坊,亲自坐堂问诊,医治疫民。疫民太多,一个安乐坊应付不过来,东坡依庞安时建议,另设病坊多个,使广大疫民病有所治。

救灾济民过程中,东坡意识到杭州居民得益于水,又常受水威胁,水没治理好,隐患便没法消除。在主簿苏坚和门生秦观陪同下,城里城外,频繁跑动,察看水情,调查民意。不觉来到葛岭山前,走进熟悉得不能再熟悉的寿星院,见里面新辟雨奇堂,东坡欣喜不已,决定作为自己的第二办公地,以方便出行。不用说,雨奇堂得名于东坡"山色空蒙雨亦奇"句,修竹环绕,碧草映阶,门迎朝晖,窗含暮云,公办之余,可步出院子,行走于山前水畔。东坡几乎每天都带着苏、秦二人从这里始发,或巡游西湖,或审察运河和钱塘湾。

寿星院住持还记得,当年东坡游遍杭州山水,每每有感而发，出口成章，留下不少佳诗妙词，现今却很少见他吟诗作赋，以为他年事已高，脑袋迟钝，难得再有灵感。殊不知彼一时也，此一时也，彼时东坡身为副官，不能过多干预太守政务，只能以诗文解闷。今成一地主官，要对杭州百姓负责，满脑袋都是民生大业，哪里还有闲情逸趣吟风弄月？

  东坡自然比谁都清楚杭州的前世今生。杭州位于京杭大运河南端，城区江河交织，水路纵横，航运便利。航者杭也，杭州因而得名。杭城航运主要依靠始凿于唐朝的盐桥河（中河）和茅山河（东河）。盐桥河系运河沟通钱塘江的重要河段，钱塘江潮常挟带大量泥沙涌入盐桥河，导致舟行困难，运输阻隔。唐代刺史崔彦曾主政杭州时，就做过首次疏浚。至五代吴越时期，钱镠在茅山河口筑成龙山、浙江两闸，以阻遏江潮泥沙进入盐桥河，又在半道建筑清河闸，控制西湖水，借以调节河水。宋真宗年间，时任杭州知府王钦若图一时船只往来方便，毁坏江闸，加之西湖未加疏浚，日益湮浅，盐桥、茅山两河水源长期取于江潮，泥沙日积，淤塞严重，每隔三到五年，必兴师动众，掏挖一次，不然没法行船。人力有限，河里挖出的淤泥没法运走，只能堆在岸边居民家门口和园圃空地，一经雨水冲刷，旋又流入河中，河道再次淤塞，复归原貌。

  东坡与苏坚反复磋商，认为引江湖水灌注城中诸河，岁月日久，不可轻弃。只是采用钱镠筑堰建闸阻止江潮的办法，工程太大，况西湖葑塞，积水不多，对城区河道起不了调节作用。两人参酌古今经验，决计先治河，后治湖，根治盐桥和茅山两河水患。

说做就做，东坡通过两浙兵马都监刘景文，调动厢军千余人，日夜掏挖，历时半年，将两河河床开深八尺，蓄水达十尺以上，公私船只可顺利通航。杭城商肆栉毗，多为木屋，易发火灾，东坡又在河道蜿蜒曲折处开池筑堰，贮蓄河水，既便利汲取洗濯，又可用于防火。

为防河床再度淤塞，东坡又拨款在茅山、盐桥两河南部交汇处设置闸门一道，涨潮时关闭，让潮水流经茅山河十余里后，再入盐桥河。这样既确保水源不竭，又使潮水不得进城，避免淤塞和开掏骚扰之患。东坡已有疏浚西湖设想，到时盐桥河下纳江潮之清流，上引西湖之碧水，全城居民都能用上洁净河水，方便通船往来，福莫大焉。

四十二、苏堤风光美　浚井治湖功在千秋

　　河水要行船,要饮畜和浇灌,再怎么清洁,总不如井水安全,东坡准备好好清理城区六井。杭州城区最初位于钱塘江近岸,一直未能向西湖方向延伸。西湖原系一处浅海湾,后江海长期沉积,海湾东部形成大片沙洲平陆,才隔出一片湖泊。正因如此,湖东地下水咸苦难饮,不宜人居。唐德宗年间,唐相李泌遭人排挤,贬为杭州刺史,见湖东大片土地囿于饮水不良,居民零落,深感可惜。经实地勘察,发现西湖水清淡可饮,且有数十道暗泉潜行地下,遂发动居民在湖东开凿六个水池,人称相国井、西井、方井、金牛井、白龟井和小方井,杭州重心渐渐移向西湖一带,城市格局发生根本改变。

　　与普通水井不同,李泌六井源自西湖。开凿方法也与打井有别。先是沿西湖分置水闸,再挖地为沟,在沟里埋入竹管,引湖水入六池,供人汲取。蓄水池出口与井无异,故被称为井。只是引水竹管时日一久,容易破裂或阻塞,导致水流枯竭,需经常修

复。白居易任杭州刺史时，就浚修过一次。宋仁宗时期沈遘知杭州，再开一口大井，人称沈公井。神宗年间东坡任杭州通判，取得太守支持，在仲文、子珪等僧人帮助下，开沟易管，整治六井，疏通涌金池，居民重又喝上干净井水。依然用竹管引水，故今东坡再次来杭，六井失修破损，沈公井亦干涸多时，居民饮水困难，需八九钱才能买到一斛水。东坡打听到子珪还活着，赶紧入寺拜访，讨教治水方法。子珪认为竹管引水不牢靠，建议代以瓦筒，再在瓦筒外盛以石槽，底坚盖厚，锢捍周密，水既足用，永无坏理。

东坡依计而行，动手整治六井和沈公井，效果很不错。又引水至仁和门外的威果、雄节等军营，再开二井，西湖甘水因此殆遍一城，军民相庆。东坡没贪治井之功为己有，专门拟就《乞子珪师号状》，上奏朝廷，请求赐子珪惠迁名号，意为受惠井居其所而迁之。

要想让八井永葆清洁，不再变臭变脏，关键在于西湖水源鲜活。当年白居易守杭，曾整治西湖，留下白堤。此后几乎年年疏浚，引水灌田千顷。宋开国以来，掏浚不常，西湖逐渐干涸，葑草丛生。东坡初次任职杭州，西湖淤塞达三分之一，有心治湖，无奈人微言轻，未能遂愿。此番重来，西湖湮塞更加严重，水浅葑横，如云翳空，倏忽便满，只怕不过二十年，再看不到西湖。西湖没法正常蓄泄，灌溉良田，运河航道也受阻，受害的自然是杭州百姓，东坡哀叹道：葑合平湖久芜蔓，人经丰岁尚凋疏。

想着西湖的不幸遭遇，东坡寝食难安，一遍遍绕行西湖，眼望葑草覆盖得差不多的湖面，回思当年晴方好雨亦奇的旧景，仿佛花容月貌的爱女嫁给穷婿，活命困难，再顾不上打扮，整天蓬头垢面的样子，叫人好不心酸。东坡咬咬牙，下定决心，非整治西湖不可。他给朝廷上呈《乞开杭州西湖状》，先陈述西湖现状，再从养鱼、蓄水、灌溉、助航、酿酒五个方面指出其重要性，言明再不及时整治，杭民生存都将受到威胁。

结果却遭致朝臣诽谤，说东坡吁治西湖，志事游观，公私无利。东坡力排非议，争取高太后支持，下旨恩准。旨发杭城，东坡大喜过望，带人直奔西湖，丈量湖上葑田，计二十五万丈，需二十万工日才能浚毕。浚湖工从何而来？东坡先跟刘景文商量，请他派兵帮忙，然后筹足资金和饭米，以工代赈，雇人开撩。其时水涝旱灾刚过，百姓饥不果腹，又无正业，闻东坡浚湖，供给雇工钱米，纷纷拥至，掘的掘，挖的挖，挑的挑，场面十分壮观。

没想到才开工，难题出现在面前，湖中葑田面积太大，起出的葑草和淤泥根本没地方搁置。运往远处野地，费工费时，就近堆放岸边吧，影响观瞻不说，还妨碍湖岸居民进出。

其时东坡就在湖岸督工。应该是一个雨后初晴的好日子，东坡望着兵民不辞辛苦，在湖里卖力劳作，心里先自美起来，想象除葑清淤完毕，湖水蓄满，自己再带着秦观和朝云，泛舟湖上，一边啜饮湖水煮出的清茶，一边吟咏湖光山色，尽享人间清欢。

没等东坡美够，主持掏浚的苏坚跑过来，提出葑草和淤泥堆放难题。东坡才意识到高兴得太早，葑草和淤泥没处可去，怎么疏浚湖床，还西湖晴方好雨亦奇之芳颜？

一时间，东坡不得要领，在湖边踱起步子来。时而低首沉吟，时而抬眼望向南北两岸人家，肚里不出声道，西湖虽好，却也南北阻碍，两岸百姓出行实在有些不便。有船人家还好，可乘船过渡，没船人家只得苦费脚力，绕行二三十里，一出一进，便耗去一整天。要解决出行不便，只有架桥，然从南至北，直线不下五六里，如此规模的长桥，又哪是想架就架得起来的？可没架桥，又能有别的什么法子？

这么无声自问着，两眼一直盯着湖面的东坡眉头一动，忽然计上心来。

世上恐怕也只有天才建筑大师才灵光显现，想象得出如此绝妙非凡的主意。东坡为自己灵感突至暗暗欣喜着，招过苏坚，命他寻来长绳，再登船入湖，丈量南北两岸距离。苏坚不知东坡要干啥，问太守意欲何为？准备计算西湖面积，疏浚完成后出租给有钱人养鱼放畜？东坡笑笑，说先别多问，到时便知。

两岸距离丈量毕，东坡拿着数据，回到寿星院雨奇堂，找出尺片、宽纸和笔墨，连夜绘起图纸来。绘得差不多，天色已明，又传苏坚、刘景文等人，一起来到湖边，摊开图纸，对着湖面比划起来。二位低头一瞧，见纸上画着一道堤坝，堤下开孔数处，舟楫穿行其间。堤上路面宽阔，人来车往。路旁草木繁盛，百花争艳，花木间角亭悄立，游人进出。

两人不知东坡绘图用意，只说画得不错，若配上诗文，定锦上添花，可卖好价。东坡道，不是画，是图。刘景文问，图画图画，图不就是画，画不就是图么？苏坚也说，我怎么看都觉得是画，不是图。东坡指指图纸,你们看看上面的数据,就知是图还是画。

两人睁眼细瞧,才发现图上标着堤坝长宽尺寸,连堤下孔洞大小和堤上凉亭高宽都标注得清清楚楚。苏坚似有所悟道,莫非太守要在湖上筑道堤坝?东坡反问道:不可以吗?刘景文接话道,如此长的堤坝,又筑在湖上,得费多少人工?光填湖土方石料恐怕就得挖掉湖南湖北两山,才能足数。东坡道,湖里葑草和淤泥还挖不过来呢,老夫吃饱了撑的,仿学愚公,去挖南北两山?刘景文道,不挖山,又拿什么填湖筑坝?

还是苏坚年轻,脑袋好使,很快反应过来,盯住东坡道,太守的意思是湖里起出的淤泥和葑草不用运走,直接堆到湖心,筑道纵贯南北的泥坝出来?东坡点头道,湖底淤泥葑草层出不穷,没地方可运,堆成泥坝,整出路面,再在路两旁栽上树木和花草,既方便湖岸百姓出行,还可给杭城居民提供观湖和休憩场所,岂不三全其美?

说得两人大声叫好,赶紧招来具体负责清淤的官员,出示东坡图纸,照此实施。从此东坡哪里都不去,天天守在湖边,监督工程进度,现场处理浚湖问题。刘景文长东坡几岁,已近花甲,也不肯回营休息,陪同东坡,巡湖不止。这天跑上大半天,时间过午,两人肚皮贴背,饿得两眼发花,还没见太守府送饭来。刘景文提出派快马去都监营取食,东坡见筑堤民工还在吃饭,说远水不解近渴,干吗有饭不吃?前去取过民工饭器,盛上满满两碗饭,一碗递给刘景文,一碗自己端在手上,跟正吃饭的民工蹲在一起,猛扒猛吃起来。

见太守肯与自己同甘共苦,民工们浚湖筑坝劲头更足,加之淤泥和葑草就地处置,不用外运,省力省时,半年下来,动用二十万民工,便将茫茫葑草清除干净,厚厚淤泥掏挖一空。

自此西湖周围三十里,际山为岸,烟水渺渺,恢复唐时旧观。且巧借无用葑草和淤泥,从南山到北山,堆筑出一道六里长堤,纵贯湖面。待堤上淤泥渐干,清淤起葑的兵民又汇集堤上,修整出不宽不窄的堤道,道旁遍种芙蓉杨柳,桃李梅竹,以及有名和无名的各种花卉。同时照东坡图纸设计,造出六桥,沟通水利,方便游舫往来。六桥各具一名,分别为映波桥、锁澜桥、望山桥、压堤桥、东浦桥和跨虹桥。再筑九亭,供行人和游客遮阳避雨。

为避免西湖再度淤塞,东坡在水深处造石塔三座,相望为界,塔内为内湖,塔外为外湖。内湖水域不准种植茭菱,不准占湖为田。若谁违规,准人告发,给予奖赏,赏钱由违规者支给。还奏设专门浚湖机构,雇人定期打捞疏浚。雇人经费来源,东坡也已想好,一是规定官府所收西湖茭菱草荡租利,取之于湖,用之于湖。二是招人在湖荡种菱,以菱抵葑,致使葑草不长,收入租金可供每岁浚湖之用。种菱各户可插竹木为界,不能以葑泥堆界,违者准人铲除接赁,免租费三年。东坡将西湖管理奖惩种种办法写成文字,刻于石上,立于州府和钱塘尉厅,时常检查督促,确保西湖永不退化。

四十三、日日醉湖边　酒肉地狱歌舞乡

西湖疏浚,杭城百姓久雨不涝,长晴不旱,一年四季,无论饮用灌溉还是航运,都不用发愁。且湖上多出一道长堤,花繁木盛,仿佛人间天堂,游客不绝。百姓感念东坡万世功德,抬着猪肉,挑着米酒,敲锣打鼓,前往杭州府衙,慰劳太守。

东坡觉得浚湖筑堤,功在大众,本不肯收受。转而又想,民众美意,生硬坚拒,岂不太伤感情?召出闰之和朝云,嘱她们照数收下。闰之道,你浚湖修堤,朝臣颇有微词,今又接收百姓所赠酒肉,事传入京,肯定又会告到皇上那里,岂不够你受的?东坡笑道,没那么严重,只管笑纳就是。闰之还要说啥,朝云已领会东坡的意思,扯扯闰之的衣角,说先生自有办法,咱先依嘱照做就是,别拂了百姓好心好意。

闰之只好收下猪肉和米酒,命家仆搬入后厨。东坡送走献礼百姓,返身入厨,吩咐家厨,将猪肉切成块,按自己发明于黄州的东坡肉方法烹制。忙上半天,东坡肉烹好,又将米酒温热,一起

送往湖堤亭子里，同时派人通知献礼百姓上堤聚餐。

待众人赶到，湖亭里已支好桌子，摆着热气腾腾的酒肉。东坡招呼众人及堤上游客入席，大口吃肉，大口喝酒，仿佛一家人似的。米酒由西湖好水酿制，自然养舌润喉。肉系特制东坡肉，杭城人还是第一次吃到，觉得格外香酥爽口，不禁啧啧称善。东坡哈哈大笑，当即授以烹制方法，东坡肉很快流行开来，成为杭州十大名菜之一。

敬送酒肉，东坡拿来招待大家，送金送银，更不会接受，百姓没法表达感激爱戴之情，想来想去，干脆请人画好东坡像，挂在家里，饮食必祝。又建生祠，立功德碑，记颂东坡伟绩。后东坡离任，继任知州在堤上立碑以纪，名曰苏堤碑。苏堤自此扬名，苏堤春晓成为西湖十景之一。湖上三座石塔，也成为十景中另一景：三潭印月，供千年游人不断观瞻。

东坡去世后，有人在西湖边设立两处祭祀场所。一处在孤山竹阁，与白居易、林和靖同祠，称为三贤堂，后移至苏堤锁澜桥西北，亦称三山，即香山、孤山、眉山。另一处在西湖龙井处，以僧人辩才和赵抃为配，叫三贤阁。后世又陆续建成东坡专祠，比如孤公祠东的东坡祠，里面还有东坡亲书读书堂三字碑，东坡祠匾得东坡自书，一时传为美谈。

此系后话。且说治水大功告成，百姓饮食无忧，灌溉不愁，交通便利，商贸旺盛，可谓官民欢洽，政通人和，东坡无事一身轻，有足够时间饮酒品茶，游乐山水，快活如神仙。

名山圣水出佳酿，西湖最宜酿酒。白居易主政杭州，爱喝西湖酒，在临湖茅家埠留下醉题醉白楼佳话，又作诗曰：日日醉湖边。北宋年间，杭州酿酒业更加发达，西湖周边有三十多所酒库，均取西湖水酿酒。西湖淤塞后，水质变差，酿不出好酒，酒库大量减少。至东坡治湖成功，酿酒业复又兴盛起来，酿制出的名酒西湖春，广为行销，朝廷酒税大幅增长。

东坡酒量不大，却丝毫不影响他对酒的爱好，不仅喜酒，且善于酿酒，著有《东坡酒经》，教人酿酒技术。曾在黄州酿过蜜酒，今取西湖水，照方酿制，酒味甜醇，颇受欢迎。自酿蜜酒有人爱喝，东坡比喝酒人还高兴，干脆将配方公之于众，蜜酒于是大行杭州。杭州官民酿成蜜酒，自会请东坡同饮，东坡应接不暇，故作烦恼，笑骂杭州是酒肉地狱。

西湖周边群山产茶，陆羽《茶经》记载，钱塘天竺、灵隐二寺种茶制茶。宋《图经》说，杭州之茶，惟宝云、香林、白云所产入贡。宝云系山名，香林乃洞名，白云为峰名，皆在西湖葛岭上。东坡专程登岭，访问种制宝云茶的寺僧，再带香林茶和月桂峰新鲜桂花，去孤山寺煎饮桂花茶。东晋大诗人谢灵运曾在香林洞翻译佛经，东坡认为香林茶种正是由他从天台带来，为西湖最早茶树。白云茶亦是东坡至爱，品饮过后，他情不自禁诗赞道：

白云山下两旗新，腻绿长鲜谷雨春。
静试却如湖上雪，对尝兼忆剡中人。

剡指剡山，位于嵊州，嵊州乃谢灵运出生地。两旗即西湖旗枪名茶雏形，与后来的龙井一旗一枪、芽芽直立，已很接近。湖上雪意指西湖名茶青白茶，宋人觉得茶色贵白，白如湖上雪，自是茶中上品。

西湖酒美，西湖茶好，西湖周边天竺、灵隐、龙井、南屏、孤山、吴山，古木参天，景色绝佳，东坡不可能不涉足。自古名山僧占多，山多自然寺庙多。东坡爱山，也喜结交僧道，三百六十寺，杖履无不至。东坡僧道朋友也就格外多。尤其名僧佛印，东坡首次任职杭州时，两人便往来频繁，留下不少故事。十五年后旧友再度来杭，云游在外的佛印立即返杭，入主圣山寺，两人常来常往，吟诗作对，唱和为乐。

西湖涌金门外有家丰乐酒楼，东坡常与佛印去那里喝酒。酒楼窗临湖面，边饮酒边赏湖，既享眼福，又享口福，实属大快事。正在开心，佛印啃过的肉骨头掉落地上，被黄狗叼走，东坡见状，得意地摇摇手里题着自己诗作的折扇，嘻嘻笑道，狗咬佛印骨。佛印望望东坡，也不生气，伸手夺过他手里的扇子，往窗外一丢。扇子浮于水面，随波逐流，佛印嘻嘻吟道，水氽东坡尸（诗）。下联对得工整，且刺得更毒，佛印占了便宜，得意非凡。

东坡喜欢吃鱼，常亲自下厨，剖开西湖活鱼，裂上五刀，用火腿葱姜辣椒蒸制。因刀痕如柳，自称五柳鱼，杭州人尝过，大加赞赏，亲切地称为东坡鱼。这日东坡刚做好五柳鱼，端到桌上，正要举箸开吃，窗外忽然人影一闪，佛印不失时机赶到。好个好吃和尚，早不来，晚不至，我做好鱼端上桌，你就现了身。想起十多年前佛印铜磬藏鱼旧事，东坡顺手将鱼搁到书架上面，不让佛印轻易占便宜。其实佛印从窗口经过时，已看到桌上热腾腾的鱼，进屋后鱼不翼而飞，知道东坡耍自己，也不点破，只管往桌旁一坐，讨要茶水。

东坡传茶进来，递到佛印手上，笑笑道，大和尚不在寺院好好念佛，跑到府衙后堂来，有何见教？佛印道，见教不敢，只愚僧书读得不好，每次作文写到苏字，老记不全笔画，苏字乃学士尊姓，就跑过来向您请教。佛印所说自然是繁体苏字。佛印与俺老苏是老友，不可能不会写苏字，东坡觉得他肯定有啥名堂。却还是假装正经道，苏字不难，属上下结构，上面一个草，下面左边为鱼，右边为禾。佛印道，假如草头下左边为禾，右边为鱼呢？东坡道，此属异体字，仍是苏。佛印道，若把鱼搁到草字上面去呢？东坡道，把鱼搁到上面去，好像无此字，恐怕行不通。佛印道，既然鱼搁到上面行不通，还不赶快把鱼拿下来？东坡哈哈一笑，伸长手臂，从书柜上面端下五柳鱼，放到桌上，再添副筷子，请佛印解馋。

佛印与东坡的故事好像总离不开吃喝。这天东坡备足酒菜，携秦观夜游西湖。船离岸到得湖中，东坡才道，佛印贪吃，每次宴饮，有请他来，不请也自来，今天咱换至波心畅饮，量他腿脚再长，也没法涉水上船来凑热闹。秦观道，要是他知道咱们在湖上喝酒，雇船追过来，又该怎么办？东坡道，那赶紧动筷，待酒喝光，肉吃完，就是佛印赶至，也占不了份。

秦观端杯正要往嘴里送，东坡又道，明月在顶，波光在侧，如此良辰美景，总得先行酒令，以助酒兴吧？秦观道，行啊，老师说酒令怎么行吧。东坡道,就行四句令,前两句即景,后两句以哉字结尾抒情。秦观道,要得要得,老师先做示范,学生随后跟进。东坡抬头望望天,说道,浮云拨开,明月出来,天何言哉,天何言哉!秦观叫声好,低头望湖,但见荷花摇曳,似有鱼在水下钻行,接口道,莲萍拨开,游鱼出来,得其所哉,得其所哉。

吟罢,师徒大乐。正要碰杯开饮,忽听得船舱下一阵响动,舱板掀开,冒出一个光溜溜的脑袋,吓师徒一大跳。没待两人反应过来,舱中人道,舱板拨开,佛印出来,人焉瘦哉,人焉瘦哉。原来是佛印和尚,怪不得酒令行得如此风趣好玩。秦观忙扶他坐好,笑道,咱三人你最肥硕,还说人焉瘦哉,何瘦之有?佛印道,好酒好肉都被你们师徒偷偷吃掉,愚僧腹内空空,忍饥挨饿,还得缩成一团,在舱里憋着,焉能不瘦?东坡大乐道,委屈圣僧了,咱先敬你。佛印端杯,与两位开怀豪饮,大醉而归。

东坡乐山乐水,山寺僧友多,水边伎友也不少。西湖边上有个叫琴操的歌伎,性情聪慧,好诗善文,喜看佛书。十几年前东坡初任杭州,琴操才十二三岁,就能读禅吟诗。而今琴操已二十八九,仍操旧业。东坡让秦观约琴操游湖饮酒,嘱其献曲,所选恰是秦观《满庭芳》:

山抹微云,天连衰草,画角声断谯门;暂停征棹,聊共引离尊;多少蓬莱旧事,空回首,烟霭纷纷;斜阳外,寒鸦数点,流水绕孤村。　销魂当此际,香囊暗解,罗带轻分;谩赢得青楼薄幸名存;此去何时见也,襟袖上空惹啼痕;伤情处,高楼望断,灯火已黄昏。

也许词作者本人在场,琴操心里激动,竟把画角声断谯门,误唱为画角声断斜阳。秦观纠正道,只有声断谯门,无声断斜阳。琴操脸一红,鼓着勇气道,小女唱的阳韵《满庭芳》,非门韵《满庭芳》也。师徒诧异道,你还会阳韵《满庭芳》?琴操点点头,轻启芳唇唱道:"山抹微云,天连衰草,画角声断斜阳;暂停征棹,聊共引离觞;多少蓬莱旧侣,频回首,烟霭茫茫;孤村里,寒鸦万点,流水绕低墙。销魂当此际,轻分罗带,暗解香囊;谩赢得青楼薄幸名狂;此去何时见也,襟袖上空有余香;伤心处,长城望断,灯火已昏黄。"

仅颠倒改动数词,一首全新的《满庭芳》便呈现于前,又不伤秦词原意,实不简单。东坡十分赞赏,怜其悟性超凡,又有慧根,有意点化她,你非平常歌伎,又明佛理,今老夫做回和尚,你来参禅,意下如何?琴操道,如此甚好。东坡问,湖中有何景?琴操道,落霞与孤鹜齐飞,秋水共长天一色。东坡又问,景中有何人?琴操道,裙拖六幅湘江水,髻绾巫山一段云。东坡再问,人中景若何?琴操答道,随他杨学士,鳖杀鲍参军。

琴操心高气傲,自比大才子杨日严和鲍照,怪不得年纪不小,还敢继续在江湖上混。东坡一拍船舷,大喝道,门前冷落车马稀,老大嫁作商人妇。

琴操大悟,削去头发,前往圣山寺,拜佛印为师。佛印知道琴操是临安人,安排她回乡,在玲珑山下庵堂里为尼修行。几年后东坡南贬，途经临安，专门去玲珑庵访琴操，谁知琴操已故，埋在庵后。东坡前往探坟，面对一抔黄土和一块粗碑，不禁悲从中来，拿出酒壶，坐在坟前自饮，一浇心头凄楚，不觉醉卧石上。玲珑山醉卧石正是由此而来。

四十四、菊残犹有傲霜枝　北归入朝人人嫉妒

主政杭州的日子，东坡忙公务，忙乐山乐水，还要忙交朋会友，诗文明显作得少了。秦观略感惋惜，试探道，老师贬谪黄州时，落魄潦倒，饥寒交迫，竟写出不少惊世之作，今知杭州，衣食无忧，山清水秀人情好，怎么相反难得动回诗笔？东坡笑呵呵道，细读《论语》，便知孔圣人以乐为人生至境，只教人乐天知命，不逼人扬名立万。老夫谪黄，万念俱灰，只好苦中作乐，借纸笔遣愁，支撑自己勉强活下来。今快活如神仙，干吗还要自作多情，浪费纸张笔墨？秦观深以为然，点头道，看来老师才是孔圣人千年知音，真正传人。

虽说东坡知杭时诗文作得少，但偶有心得，依然出手不凡，叫人不服不行。诸如《赠刘景文》，一经面世，便不胫而走，朝野争传，赞为诗中上品。刘景文是开封人，出身将门，因天性豪放侠义，不容于官场，官越做越偏远，年近六十依然没法北归。他最敬东坡人品和才情，东坡治理西湖，要人给人，要物给物，没少

出力气。两人关系越发密切,常一起泛舟西湖,一边欣赏治理后变得宽阔清幽的湖水,一边品茶饮酒,谈天说地。

论及杭州近年变化,刘景文道,杭城有幸,坡公一到,组织救灾除疫减税,掏河浚井治湖,百姓才死里逃生,过上温饱日子。苏吴一带则是另外一重天,灾害泛滥时,州官县吏不作为,灾后还要隐瞒灾情,赋税一钱不减,逼得灾民活命不成,不得不背井离乡,外出乞讨。东坡讶然道,还有这种事?州官县吏干吗要如此狠心,苛刻百姓?刘景文道,还不是怕追责,帽子难保?东坡愤愤道,到底是他们头上帽子要紧,还是百姓身家性命要紧?

毕竟东坡只是杭州太守,管不了他州事情,只能发发感慨,叹息几声。刘景文又道,百姓没啥奢求,能有安稳日子过,便非常知足。也就盼望太守长留西湖边,以保杭州平安。东坡道,铁打的衙门流水的官,哪天皇上一声令下,就得拔腿走人,哪能长留杭城?刘景文点头道,可不是,咱们年纪也不轻了,还能为皇上效力多久?没记错的话,坡公今年五十五,景文痴长三岁,年过五十八,皆进入人生冬季,仿佛湖里残荷,再经不起风折浪打。

说这话时,刘景文一直盯着船外。东坡顺着他的目光望过去,只见水上荷花凋零,荷叶枯萎,这才想起秋天早过,时令已悄然进入冬季。可东坡没刘景文悲观,指着不远处的苏堤问道,都监看到没有?刘景文问,看到什么?东坡道,湖里荷已枯,可堤上黄花犹存,枝叶正坚。残菊后还有黄橙和绿橘,冷霜一催,越发成熟,届时登堤品尝,定然大饱口福。

逗得刘景文乐起来,说坡公所言甚是。东坡兴起,信口吟道:"荷尽已无擎雨盖,菊残犹有傲霜枝。一年好景君须记,正是橙黄橘绿时。"

刘景文听得出,东坡在借冬景,暗喻两人暮年境况。冬季是萧瑟的,甚至是绝望的,可到得东坡眼里,却属无限好景,菊枝傲霜,橙黄橘绿,收获在望。农谚说,十月有个小阳春。小阳春总有小收成,人生入冬并非只有落寞、悲凉和无望。

然而刘景文的担心还是很快成为现实。转过年来,皇上就下旨,命东坡回京,担任翰林学士和吏部尚书。元祐六年(1091)春夏之际,做过近两年杭州太守的东坡,完成该完成的使命,带着家眷,离杭北去。百姓们察知,连夜守在府门口,摆香案,燃爆竹,挥泪送别敬爱的太守。一送送到城外,苏家已登上官船,众人还痴痴矗立岸边,久久不肯离去,似在等待东坡掉转船头,复身回来,继续做杭州太守。

无奈帆影一去不返,永远消失在水天尽头。因刘景文说过苏吴百姓受灾的事,东坡于心不忍,决定绕行浙东,去苏州等处看个究竟。毕竟已有吏部尚书身份,考究地方也系分内之事。不幸又逢雨季,本是水乡的苏州一带汪洋一片,田土全部淹没在水里。百姓居无室,食无米,炊无柴,随处可见饿殍。东坡心情非常沉重,上折禀报苏吴灾情,请求皇上减免灾民赋税,勒令地方官放粮救济,防治疫病,帮百姓渡过难关,尽量少死人。

东坡万万没想到,奏报灾情,也会开罪于人。回到京都,迎接东坡的便是朝臣们的围攻。杭州治水成功,具备抵御水患旱灾能力,百姓受损轻微,其他地方遭灾严重,本来就让人心里不爽,偏偏东坡还要拿苏吴灾情说事，朝臣们更是义愤填膺，弹劾他夸大浙东灾情，故作惊人之语。连疏浚西湖也成罪过，说是劳民伤财，于公于民毫无裨益。

不过东坡很快明白过来，朝臣们害怕的是高太后重用自己。东坡已是吏部尚书，还要重用只能给宰相位置。先哥哥还朝的苏辙已升尚书右丞，继升门下侍郎，其实就是宰相之一。苏辙高升，已让人如坐针毡，哥哥再晋宰相，还要其他人在朝干啥？这可不是朝臣瞎担心，高太后记性好，一直没忘苏家兄弟中进士时，仁宗皇帝说过的话：朕为子孙选得两个宰相之才。朝臣知道高太后喜欢东坡，不把这小子赶走，夜里哪睡得安稳？

东坡真看重宰相高位，两年前就不会出京走人，否则早已到了那个份上，哪里还用等到今天？他实在不愿与小人为伍，惹不起，总躲得起吧，于是连续上书，乞放外任。不想东坡想躲，朝臣还不肯放过他，程颐门人贾易说他呈递请辞表章，是向朝廷施压，以尽快弄到相位。东坡哭笑不得，干脆又上一折，说乞外补以回避贾易札子，冷嘲热讽一番。

高太后想不到召东坡还朝，朝臣如此恐慌，担心东坡树敌太多，于己于人都不是好事，经再三权衡，放其出任颍州知州。东坡在京仅待三个月，便欢欢喜喜出都南奔。抵达任所后，却怎么也高兴不起来，所到之处，五谷不登，饥馑严重，树皮野菜被啃吃一光，老弱倒于路旁，少壮流为盗贼。东坡立即行动，设法征调柴米，救济灾民。不想官家趁机征收米柴税，气得东坡咬牙切齿，赶紧制止，同时奏明朝廷，废止恶税，让柴米自由运输，以济燃眉。

在颍时间八个月，元祐七年（1092）二月，东坡又接圣旨，转任扬州太守。一如既往，上任伊始东坡便走出衙门，察访民情。所喜本岁风调雨顺，又逢春暖花开时节，麦苗茁壮，绿浪起伏。却不知缘何，家家户户空空如也，不见人影。拦住行人一问，说今年收成在望，衙吏和兵卒下来逼索青苗贷款本息，农家还不起，只好出去躲避，避不及者也被带走，关进监狱里。这是王安石新政留下的后果，穷人被逼贷款，到时还不起，只能去坐牢。富人为穷邻担保，拖累至穷，甚至家败人亡。

东坡上表控诉新政害人，丰凶皆病：凶年忍饥挨饿，丰年锒铛入狱。事已至此，光控诉没用，东坡又请求朝廷宽免扬州等地百姓官债。同时上私表给高太后，乞请惠施圣恩，使久困饥民，稍知半饱之乐。在高太后作用下，朝廷正式行文，宽免东坡所请江南数地官债，让当地百姓终于喘口气，看到生之希望。

在扬州待上不到半年，东坡被朝廷召回，担任兵部尚书，继任礼部尚书。各部尚书都做得差不多，再不升相位，已说不过去。原来高太后没法辜负仁宗，非升东坡为相不可。谁知天有不测风云，元祐八年（1093）秋天，王闰之和高太后相继离世，致使东坡官运戛然而止。

与丈夫一样，闰之也颇受高太后器重，曾让她陪同祭拜皇陵，荣耀无比。因身份尊贵，闰之的葬礼非常隆重，备享哀荣。东坡想起自己宦海浮沉，穷达多变，妻子跟着东奔西颠，没过几天安生日子，却自始至终任劳任怨，不禁悲痛欲绝，含泪写下祭文，誓言生则同室，死则同穴。又让大画家李公麟画罗汉像，请和尚诵念经文，为亡妻超度往生乐土。

东坡还没从亡妻的悲痛中回过神来，六十二岁的高太后驾崩。高太后摄政期间重用旧党，新党人士心怀不满，传播谣言说，神宗临崩前曾恳请母后即高太后，继续坚持新政，高太后违背神宗圣意，废除新政，致使国力衰竭，边患四起。还有人无中生有道，高太后欲拿掉哲宗，以儿代孙，免得自己死后，新政重新抬头。

传言纯属无稽之谈，没法追究，但三人成虎，总有人相信。其他人爱信不信，怕只怕哲宗会往心里去。哲宗尚未成年，心性不定，偏好女色，容易受人愚弄。高太后病倒后，自知来日无多，特召吕大防和范成仁入宫，当哲宗面问道，你俩觉得老身会不会以儿代孙？两位含泪道，太皇太后一心为国，朝野有目共睹，别把谣言当回事。高太后命二人好好辅佐皇帝，转而又叹道，该退则退，以求善终。

高太后似乎已意识到自己死后，朝局定然大变，老臣们难有好果子吃，说话才前后矛盾。果然老人家一驾崩，新党人士便跃跃欲试，开始向旧党发难，东坡的倒霉日子到来。

四十五、一念失垢污　再度放任地方

有个人在这场变局中起着很特殊的作用,此人便是杨畏,人称三面杨。杨畏系遂宁人,进士及第后官任主簿,却不守本分,刻志经术。趁王安石拜相,吕惠卿得势,拿着著作,投到两人门下,获升郓州教授。元祐初,王、吕出局,司马光入朝,杨畏三句不离司马,把他吹上了天。不久司马光逝世,他又转投继任宰相吕大防和刘挚怀抱,升工部员外郎,继擢殿中侍御史。吕、刘不和,杨畏见吕大防根基深厚,助其攻击刘挚。挚被罢,苏颂继任,复攻颂。颂去后,苏辙与范纯仁都有可能为相,杨畏把宝押在苏辙身上,大攻范纯仁。不想范纯仁胜出,又转而疏诋苏辙不可用。三面杨名声由此而来。

身为殿中侍御史,杨畏有机会接触哲宗,探知他有恢复神宗新政意愿,又眨巴着两眼,开始打主意。哲宗欲启新政,必须另用新人,现有老臣肯定靠不住。想起枢密使章惇,王安石时代就热衷新政,且在多地任职,颇具才干,若推荐给哲宗,说不定能弄出点动静来。杨畏开始播动嘴唇,在哲宗面前念叨章惇名字。多念叨得几次,哲宗动了心,任命章惇为相,主理朝政。同时改年号为绍述,意在开启新时代。

章惇心里清楚,要行新政,先得把朝中老臣赶出京城,以免碍手碍脚。老臣树大根深,哪是想赶就赶得走的?唯一办法只能在哲宗身上打主意。哲宗刚满十八岁,性好女色,章惇投其所好,访得美女,送入宫中。哲宗自然受用,想起元祐老臣动不动就上表劝谏,应研求治道,好学深思,不可沉溺于女色。反观章惇,你才想到,他已做到,多么懂事!

讨得哲宗欢心,章惇开始对老臣下手。他联合蔡确、蔡京两位堂兄弟,搬出高太后欲以儿代孙旧闻,说都是老臣背后搬弄是非,若高太后晚死两个月,只怕阴谋已经得逞。哲宗毕竟年轻,又从小生长在宫里,没经世事,没见世面,哪懂得好丑?经不起章惇教唆,开始大肆打击元祐老臣。同时依章惇的意思,将元祐期间远贬在外的新党人士陆续召回,尽快恢复新政。理由也充分,就是完成先皇神宗遗愿。

东坡敏锐,在章惇大打出手前,就意识到元祐老臣不会有好果子吃,赶紧乞求外放。哲宗二话不说,任他为定州太守,统领地方驻军。东坡想起前后做过哲宗八年老师,离京前请求入宫陛辞,哲宗不留一点情面,不予理会。东坡非常失望,却还是上折奉劝哲宗,近君子,远小人,莫受好利之臣唆使,轻举妄动,毁坏朝纲,致使江山不保,生民遭罪。

忠言逆耳,哲宗哪听得进老师的奉劝?依然不理不睬。东坡黯然出京,沿太行山麓,北至定州。北地荒凉,政事不多,军务当紧,东坡把大部分精力用在治军上。当时军中营房破烂,军纪废弛,官兵天天喝酒赌博,不事操演,边境有警,往往溃不成军,不战而败。东坡修缮营房,整饬纪律,惩处腐败官军,提高士兵待遇,尽量让他们吃好穿好,专心操练。

见东坡颇有作为,官兵们非常拥护,令行禁止。唯姓王的军职首领,系骄悍老将,统制驻军多年,见东坡大刀阔斧整军,不怎么把自己当回事,心里非常抵触。东坡校阅军容时,他竟然公开叫板,拒不参加。东坡令士兵传令王首领,速速参加校阅,否则奏报皇上,撤职查办。王首领这才乖乖来到校场,接受东坡统管。

东坡干得正欢,圣旨发至,调其任英州太守。时值哲宗改元后的绍圣元年(1094)盛夏,东坡接到诰命,不敢耽搁,立即带着家眷,启程南行。途中得知,在章惇和蔡氏兄弟等人作用下,朝中正在掀起迫害元祐老臣的大行动,已有三十多人被降官和贬谪出京。连死去的司马光也不肯放过,奏夺其爵位,拆毁朝廷赐建的墓碑和牌坊,同时取消司马子孙官衔及俸禄,没收家产。还要烧毁司马光主笔的《资治通鉴》,幸上面有神宗所作序言,哲宗下不了手。章惇又提出,挖开司马光坟墓,撬棺鞭尸。哲宗觉得太过火,也没允许。

曾与章惇同游仙游潭情形浮现在东坡心头。当年面对悬崖下万丈深渊,东坡心中胆怯,直往后缩,章惇却毫无惧色,迈上崖边独木桥,探身过到桥对面,扯根常青藤,一头系在树上,一头扎于腰间，往空中一荡，悬降至峭壁间，挥毫写下章惇与苏轼到此数字。看得苏轼心惊肉跳，冷汗直冒，待章惇脸不红，气不喘，安全返回，便抚其背道，你日后杀起人来，只怕眼睛都不会眨一下。数十年后，章惇身居相位，对元祐老臣大打出手，必欲置他们于死地而后快，也就丝毫不足为奇。

东坡一向反对新政，赴任定州前还上书哲宗，暗指新党为小人和好利之徒。章惇岂能容忍？不断在哲宗面前攻击东坡，说他罪大恶极，死有余辜，贬谪英州太便宜了他，还应打发到更远的地方去。东坡数度外贬，又数度返京，官越做越大，万一哲宗哪天回过神来，意欲起复老师，岂不召之即来？惟有贬往岭南，让他死在蛮瘴之地。不死也得脱层皮，即使哲宗日后有啥想法，岭南山高水险，东坡年老体弱，也会倒毙路上。哲宗哪知章惇肚里动机？二话不说，两度下旨，贬东坡为宁远节度副使，惠州安置，不得签署公事。

东坡还能说什么？此生经历过太多生死和浮沉，早已宠辱不惊。贬英州与贬惠州，本质并无区别，东坡心里非常平静，逶迤南行。囊中羞涩，一无金银，二无财宝，只酒器数件，总用得上。还有陶渊明和柳宗元诗文，东坡笑称南迁二友。

贬途艰辛苦寂，却常遇故旧，一路晤米芾，见马梦得，会晁补之。到得扬州，先是大东坡三十二岁仙风道骨的潮州道士吴复古来会，两人谈笑风生，无话不说。继而以龙图阁知润州的张耒前往拜望，专门挑选两名精壮士兵，沿途照顾恩师。六月上旬阻风于金陵，几个儿子至清凉寺，为亡母作水陆道场，祈求先灵冥福。

佛事毕，苏迈一房子孙赴宜兴田庄定居，其他两儿陪父继续往南徐行。来到当涂，东坡又改变主意，命苏迨和苏过两家，也去宜兴与老大团聚，同时打发家仆和婢女路费，各自寻找生路，只留张耒所派两名士兵，随赴惠州。兄弟俩不干，商量来商量去，决定由苏过陪父上路，妻小随二哥一家留居宜兴。当涂离杭州不远，朝云若愿归籍，就便得很，可她舍不下东坡，誓死奉陪到底。另两名老婢也受朝云感染，不肯离去。

于是主仆五人，外加两名士兵，乘船往江州方向进发。

八月船至庐山脚下分风岭。正是三更时分，忽闻岸边人声鼎沸，数百官差明火执仗，嚷嚷着要登苏家所坐官船。东坡出仓一问，才知江州地方官接朝廷新颁诰命，罪臣无权享受正常官员待遇，派官差收回官船。东坡只好低声下气讲好话，求准连夜赶往星江，一靠码头，便另行雇船前行。官差头领见东坡人老体弱，不便赶人家离船露宿江边，想想只要事不过夜，不怕上司追究，答应下来。

星江离分风岭不近，也不知天亮前能否到达，东坡只好跪祷龙神保佑。奇就奇在还未祷毕，江风骤起，船工赶紧升帆，船借风力，黎明前顺利抵达南昌吴城驿。东坡心存感激，上岸后入龙王庙拜谢，留诗于水边望湖亭：

八月渡长湖，萧条万家疏。秋风片帆急，暮霭一山孤。
许国心犹在，康时术已虚。岷峨家万里，投老得归无？

官船被收走，只好自雇商船，走赣江继续贬途。到得虔州，东坡带着苏过游毕郁孤台和光孝寺，再去天竺寺寻找白居易手迹。东坡十二岁时，父亲苏洵曾游虔州，在天竺寺见过白氏手书真迹诗，笔势奇逸，墨迹如新。这是东坡从父亲嘴里听到的旧事，一直记在心里，想不到四十七年后，自己已属五十九岁老人，竟至先父来过的地方，自然得见识见识白居易手迹。可惜入寺察访，白氏亲笔诗已不见踪影，惟余冷冷的石刻立于墙边。东坡触景生情，禁不住吟诵道："四十七年真一梦，天涯流落泪横斜。"

虔州往前，巍峨山影突兀于前，那便是著名的南岭。南岭又名五岭，包括大庾岭、骑田岭、都庞岭、萌渚岭、越城岭。五岭如屏，挡住中原滚滚红尘，山外有山，天外有天，不知何处是尽头。唐相张九龄曾主持开凿大庾岭驿道，以连通中原和岭南两地。岭外是个未知世界，史上从无罪臣发配过岭，东坡为贬谪岭南第一人。

弃船上岸，缓缓登山。先过梅关。这是南岭第一关，因关南关北遍植梅树而得名。还没到梅花开放时节，只梅关二字刻于石壁上，赫然在目。在关前客店稍歇，起身穿过大庾岭，热风南来，东坡豁然开朗，满心绝望已然消失，脚下坎坷不再坎坷，眼前崎岖不再崎岖。

也就一念之间，东坡阴沉的心空顿时云开雾散，月白风清。过往的耻辱和污秽已悄然抛弃于岭北，存留清净身心，轻松往南，去岭南的惠州安心立命，从头过活。于是吟成《过大庾岭》一诗：

一念失垢污，身心洞清净。浩然天地间，惟我独也正。
今日岭上行，身世永相忘。仙人抚我顶，结发授长生。

四十六、天女维摩总解禅　南贬惠州安置

走出南岭,置身南国,已是九月上旬。中旬至广州,作短暂逗留,乘船溯东江而上。行行止止,游清远峡,登罗浮山,十月初到达谪地惠州。

得知大名鼎鼎的东坡到来,惠州市民纷纷赶往码头,倒看这个坐过大牢做过大官当过皇上老师的大才子嘴巴是不是嘴巴,鼻子是不是鼻子。惠州太守詹范准备亲自出迎,又担心小人诬告,说你一地长官,对贬臣如此客气,定是彼此有啥瓜葛,只好派张书办代劳,将东坡一行请到府衙,摆上当地最好的万家春酒,热情款待,再安排到三司(转运司、提举司、提刑司)行衙合江楼住下。

合江楼位处东城,东江和西江至城下合流,环抱如带,故名。楼高视远,东坡站在楼前,俯瞰两江白浪翻涌,渔帆点点,遥望江对岸峰如白鹤,云天辽阔,心情格外舒畅,忍不住赋诗感怀,赞美南国妙景。苏过趁父亲高兴,陪他渡过东江,游白水山,

探九龙潭，浴于汤池，兴尽而归。詹太守也携酒来访，开怀畅饮，纵论古今。

无奈三司行衙属于官舍，只下来视察的三司大员才有资格旅居，东坡一家住下才半个月，被人告发，上头放下话来，詹太守迫于无奈，只好让苏家挪往对岸白鹤峰下的松风亭。

白鹤峰已属归善县境，与州城一江之隔。松风亭系嘉佑寺附属馆舍，位于寺旁山间，山上有二十多棵松树，清风悠悠，松涛阵阵，叫松风亭倒也贴切。从前嘉佑寺香火旺盛，远处香客供完佛后，路遥赶不回去，可就近食宿于亭内。近年寺庙破败，香火依稀，和尚星散，松风亭荒凉冷落，柴门紧闭，正好供苏家避风躲雨。只是柱损墙破，窗坏瓦烂，周边环境潮湿，蚊虫成堆，夜里猫头鹰叫声凄厉，根本没法与合江楼相比。

然远贬在外，有容身之所已不错，哪好穷讲究？屋子再破再烂，总比露宿野外好些。苏家只能克服困难，寓居亭内，勉强打发日子。所幸惠州官民没忘记东坡，经常上山送酒送菜，嘘寒问暖，帮助苏家渡过难关。还请东坡外出游山玩水，消磨时光。当然更多时候，东坡还得独自面对穷愁日子。其实穷点不怕，怕的还是闲愁。朝云最知东坡，特意腾出一个小间，给他做书房，好让他在里面读书写字。东坡受用，给书房取名思无邪斋，作斋铭记之。

东坡做事专注，读书写字也一样，只要端起书本，或拿起笔头，就会忘记时间，半天不会出屋。朝云怕他受累，端了茶点进来，陪他说会儿话。东坡非常喜爱白居易，自言出处依稀似乐天。乐天是白居易的字。喜爱白居易，自然白著不离手。这日东坡正在挥毫默写白居易《琵琶行》，朝云来送茶，便停笔拉她坐到身旁，问道，你觉得我比白居易若何？朝云道，半斤八两，彼此彼此。东坡道，此话怎讲？朝云道，白居易出身进士，做过翰林，你做过翰林，出身进士。白居易诗文了得，你诗文也不差。白居易当过杭州太守，留下白堤，你与杭州也有缘，做杭州太守时留下苏堤。

说得东坡频频点头，说朝云所言甚是。谁知朝云又道，只是有一样，你怕是比不上白居易。东坡疑问道，哪样比不上白居易？朝云道，白居易致仕后定居洛阳，富足闲适，高寿而终，你到老还南贬化外，要住没住，要吃没吃，两人晚景相隔何止云泥？

东坡吱声不得，一时无语。两天后朝云跟两位婢女在山前种菜，东坡想去搭把手，正好有客来访，只得转身迎客进书房叙话。送走客人，已没见朝云在菜地里，只闻檀香阵阵，夹杂着丹药味，自堂屋飘出。东坡来到堂屋外，朝云已换上干净布衣，盘腿坐于佛龛前，低首合掌，轻声念佛。旁边丹炉正旺，炉上丹罐吐着热气。

东坡一阵感动，想起白居易晚年蓄养樊素和小蛮二妾，还以诗赞之：樱桃樊素口，杨柳小蛮腰。可二妾并非真心爱戴主人，先后离白居易而去。反观朝云，随自己东奔西颠二十年，始终不离不弃，此次南贬途经江南，要她自回杭州，也坚决不肯，非跟随南来吃苦受罪不可，其情之深，其义之重，哪是樊素和小蛮能比的？就是出自汉宫投入文人伶玄怀抱的樊通德，在朝云面前，也相形见绌。只是老天不公，朝云所生儿子干儿，竟然早夭，就像晋代阿奴早死，没法为母亲络秀养老。然而没关系，还有老夫我哩。若朝云是散花天女,老夫我就是维摩诘,咱俩可一起修禅悟道,明心见性,超脱生死。犹记宋玉作《高唐赋》,说巫山之阳台,有位仙女也叫朝云,为逗楚王开心,朝作云,暮弄雨。我非楚王,不用朝云翻云覆雨,只要陪我炼成丹药服下,即可双双登上仙山,长相厮守。

这么想着,东坡吟成《朝云诗》:

不似杨枝别乐天,恰如通德伴伶玄。
阿奴络秀不同老,天女维摩总解禅。
经卷药炉新活计,舞衫歌扇旧因缘。
丹成逐我三山去,不作巫阳云雨仙。

东坡将诗书于纸上,夜里交给朝云。朝云一看便懂,说道,你是跟白居易比高低吧。东坡道,可不是?我不如白居易老来富贵安逸,可我老来有朝云,比起白翁终被樊素、小蛮所弃,不强千百倍么?朝云知道东坡嘴里所言,正是心里所想,爱他爱得更加深沉。

远贬岭南,却有朝云陪伴,夫复何求?东坡千愁万愁,也风一样飘走,不复存在。这日看书看累了,东坡又步出书房,随处走走。毕竟不再年轻,周边又全是山,走上一阵,感觉腿脚无力,举步维艰,思量着回屋就床歇息。可仰望屋檐,尚远在树梢,一时如何走得到?东坡不免心生沮丧。转而又想,哪里歇不得,干吗非回屋不可?路边有枯草,有落叶,不正好当作铺盖,美美躺上一阵子,甚至做个白日梦乐乐?东坡不觉一笑,一歪身子,倒到路边,不大一会儿便打起盹来。醒转日色已昏,东坡精力恢复,抬步回屋,作《记游松风亭》,阐明只要心里自由,肉身必得自在,否则身为心所系,自然活得劳苦和窘迫。

自此只要有闲,东坡就会在松风亭四周转悠,登高临风,闻林涛作歌,观飞鸟衔日。这天走着走着,忽发现荆棘丛中有两株梅花已然开放,东坡眼睛一亮,想起多年前贬谪黄州途中于麻城关山遭遇残梅摇春风,仿佛旧友重逢,惊喜不已。当即赋诗曰:"春风岭上淮南村,昔日梅花曾断魂。岂知流落复相见,蛮风蜑雨愁黄昏。"

松风亭虽然偏僻,却并非荒无人烟。山前就有一家酒店,店主名叫林行婆。林行婆丈夫早死,儿子长大生子后也病殁,自己只好与孙子相依为命,卖酒谋生。有名的万户春就是她酿制的,清洌香醇,驰名远近。东坡常去买酒,有时忘记带钱,林行婆爽快道,不带钱没关系,只管赊去,日后拿字纸抵酒债就是。东坡乐道,你又不开字画行,字纸于你何用?下次我还是记得带钱在身,免得做欠债人,心里不安。

一日东坡在书房写字写得发困,放笔去揭酒坛,欲借酒解乏,谁知酒坛已空,只得向朝云讨钱,去找林行婆沽酒。还没出门,林行婆出现在不远处的路口,怀里抱只酒坛子,正朝松风亭走来。莫非林行婆知你酒已喝光,特意上门卖酒?东坡笑嘻嘻迎过去,把对方请进屋里。林行婆放下酒坛,抬袖抹把额角汗水,说刚酿出来的万户春,应该合学士胃口。东坡道,林行婆酿的酒肯定对味。又问，这坛酒价值多少？我让朝云掏钱。林行婆道，我是来送酒的，不是来卖酒的，说什么钱不钱？

东坡听出林行婆有事相求，笑笑道，行婆不仅仅来送酒吧？有啥只管开口，只要本人办得到，绝不推辞。林行婆见东坡好说话，壮胆道，贫婆卖了一辈子的酒，店里连酒旗都没有一面，今日前来，敢乞学士赏几个字。东坡乐呵呵道，行婆卖了一辈子的酒，东坡我写了一辈子的字，你要我写字，就似你卖酒给我，都是手到便拿之事。说说，写什么好？林行婆有备而来，从怀里掏出一块酒旗布，摆到东坡面前，说道，就写岭南万户春五字。

闻言，东坡取过笔墨，手臂几挥，岭南万户春五字便留在了酒旗布上。林行婆大喜，对东坡千恩万谢，然后拿过酒旗，出门而去。东坡这才想起没付酒钱，追出门，大声喊林行婆等等，拿了钱再走。林行婆早不见踪影，东坡摇摇头，自言自语道，哪天下山，再去送钱。

话被朝云听去，笑道，行婆哪会收你的钱？你要酒，她送酒，她要字，你给字，你俩彼此求仁得仁，两不亏欠，别往心里去。东坡道，话虽如此，毕竟写几个字，属举手之劳，行婆酿坛酒，要粮食、要柴火、要心力，并不容易。朝云道，酿酒不容易，能写出你这笔字就容易吗？真论价的话，你五个字可抵她五十坛酒还不止。再说有你写的酒旗，行婆的万户春定然卖得更好，也算你行善积德。

朝云说得没错，林行婆自挂上东坡所书酒旗后，酒店声名大振，买酒人每天络绎不绝，生意越来越兴隆。

四十七、醉饱高眠真事业　松风亭内酒肉香

林行婆以酒换东坡字的故事不胫而走，越传越远，也越传越走样，到后来变成东坡囊中羞涩，只好靠写字卖钱，沽酒解馋。认识不认识的朋友担心惠州蛮荒之地，字不值钱，东坡字卖不起价，难免闹酒荒，常常送酒至松风亭。罗浮山冲虚观有位叫邓守安的道士，去年东坡来惠途中上山，他云游在外，未能见面，深感遗憾，绍圣二年（1095）春归观后，听说东坡爱酒却缺酒钱，特意托人送桂酒密方至惠，还在信里说，此方系深山隐士所赐，酿出的酒不比东坡黄州所酿蜜酒差，不仅可以御瘴，久服还能轻身不老。

东坡见方大喜，赶紧购买惠州随处可见的肉桂，亦称玉桂、菌桂和牡桂，照方酿制。桂酒酿成，东坡甚喜，自以为是酒中上品，芳香醇厚，益气补神。还题诗曰："捣香筛辣入瓶盆，盎盎春溪带雨浑。收拾小山藏社瓮，招呼明月到芳樽。"

能酿出桂酒，全靠邓守安献方，东坡写信感谢，同时附上桂

酒诗，一时成为佳话。佳话一传十，十传北，传到还在岭北云游的吴复古耳里，想起道友海上道人善酿真一酒，拉他来惠州送酒和酒方。三人一见如故，喝过真一酒，再探讨酿制方法。

真一属道语，意指元气为人之真气，好酒可助元气，延年益寿。真一酒配料很平常，只需米麦水三料就可酿成，关键在酿酒方法，非口传心授不可。得到海上道人真传，东坡如法炮制，酿出的真一酒味道还不错，自觉入口有黄州蜜酒风味，细品不乏青州从事酒之神韵。忍不住又赋诗道："拨雪披云得乳泓，蜜蜂又欲醉先生。稻垂麦仰阴阳足，器洁泉新表里清。晓日著颜红有晕，春风入髓散无声。人间真一东坡老，与作青州从事名。"

从此东坡善酿美酒名声越来越大，以至尽人皆知。东坡也自以为荣，与友人见面或写信，常常三句不离酒。眉山有位道士叫陆子厚，跟东坡书信往来频繁，东坡论起自己酿的酒，语气里充满自豪，玩笑道，为桂酒和真一酒的美味，就值得陆道士来趟惠州。言者无意，听有心，陆子厚真的脚登芒鞋，手柱竹棍，步行三千里，赶往惠州，来喝东坡酿酒。

当然陆道士不只爱酒，更爱酿酒之人。东坡自然比自酿酒可爱得多。朋友们喝过东坡酒，觉得平常，远没他本人自夸的那么好。又不便说破，扫他兴，只每次上门，都会自带酒水，能不喝东坡酒就不喝。詹太守体谅东坡酿酒辛苦，且费力不讨巧，常常送酒到松风亭，言外之意是你别老折腾粮食，还是留些哄肚皮开心，真饿死在惠州，本太守没法向朝廷交差。附近南雄、广州、循州、梅州四地太守听说东坡无钱购好酒，只能喝自酿寡酒，也学詹太守,每月定期派人送酒过来。苏家于是酒瓮常满,酿不酿酒,都不缺酒喝。

有酒还得有菜。松风亭四周空地多,朝云和两位婢女手脚勤快,瓜菜自然够吃。只是瓜菜下酒,总不如鱼肉爽口。无奈苏家清贫,贬官薪金本来就低,还常常不能足额及时发放,东坡哪购得起鱼肉?好不容易凑几个钱,下山入市,但见买卖寥落,没几位商贩。街口倒有个羊肉摊,每天杀羊仅一只,东坡不敢跟官家和富人争买,只得向屠夫求情,买些脊骨回去解馋。不直接啃骨头,是先煮熟,再浇上酒,抹些盐,用小火炙烤。烤到微焦,才取过竹签,轻轻剔出骨间细肉,塞到嘴里,慢慢咀嚼,再就着热酒下咽,味美堪比蟹螯逸黄。羊骨肉藏得深,藏得隐秘,剔取费时,一剔就是好几个时辰,足消闲愁。只是得罪喑喑待哺众狗,在桌下守候大半天,最后所获羊骨,半丝肉屑都没有,自然老大不乐。

东坡很得意,逢人但言烤食羊骨肉心得,还煞有介事写信告诉子由。东坡以此为乐,友人却同情其处境,以后上门,不仅送酒,还会带上鱼肉。肉可饱肚,酒可醉人,真是神仙日子。东坡吟诗道:"醉饱高眠真事业,此生有味在三余。"何谓三余?即冬天乃一年之余,夜晚乃白天之余,阴雨乃晴朗之余。人家谈贬色变,东坡却能品出三余之味,确非凡俗。

神仙令人羡慕,松风亭变得越发热闹,东坡几乎天天有酒有肉还有友。他酒量小,饮酒终日,不过五合,可谓天下最不能饮者。然他喜欢看人饮酒,见客举杯徐饮,自觉胸中为之浩浩焉,落落焉,客饮未醉,自己不饮先醉。爱酒又好客,家里未尝一日无客,客至未尝不置酒,天下好饮者,又有谁超过他东坡?

酒罢客走,东坡兴犹未减,自思零落岭南,设若无酒无肉亦无友,还真不知能否快快乐乐活到今天。他觉得是酒让自己再生,对酒充满感激之情,作酒赋曰:

座中客满,惟忧百榼之空。身后名轻,但觉一杯之重。今夫明月之珠,不可以襦。夜光之璧,不可以晡。刍豢饱我而不我觉,布帛燠我而不我娱,惟此君独游万物之表,盖天下不可一日而无。在醉常醒,孰是狂人之乐。得意忘味,始知至道之腴。

酒让东坡忘记今夕何夕,可还有些东西怎么也没法忘记,那便是亲情。除苏过外,其他儿孙都远在宜兴,要东坡不思念,绝对不可能。其实儿孙们更担心他置身南国,不知身体吃不吃得消。苏州定惠院有位年轻僧人卓契顺,出游宜兴,巧遇苏迈,两人性情相合,话语投缘,有啥说啥。说话间见苏迈面带戚色,契顺问有何忧心事,苏迈也不隐瞒,说父亲远谪惠州,音问全无,孩儿想前往看望,又要维持一家十多口生计,还得等候朝廷任命,实在走不开。契顺想都没想,脱口道,贫僧久仰令尊大名,正愁无缘得识,公子写封家书,给我做敲门砖,去惠州敲其高门,以遂夙愿,再讨其手书回来,向您复命。苏迈闻言大喜,当即写好家书,交到契顺手上。契顺拔腿上路,风一程,雨一程,翻山越岭,渡江过河,走了两个月,行程两千多里,来到惠州,出现在东坡面前,双手呈上苏迈所托家书。

见字如晤，东坡读完儿子书信，知道儿孙们一切安好，自是大喜。又有感于契顺与苏家无亲无故，竟吃尽苦头，千里送信，心里过意不去，拿出珍藏多年的端砚，以示大谢。契顺道，能面见学士，已是三生有幸，何言谢字？且贫僧不善作文，砚台也用不上，学士还是自己留着吧。东坡还要说啥，契顺道，令郎急盼学士音讯，学士还是赶紧写信，由我带回宜兴，以解其思父之苦。东坡说不行不行，哪有长途跋涉，刚到就走的理？您先在茅舍歇几天脚，我让小儿陪你看看惠州好山好水，到时再走不迟。

见东坡说得诚挚，契顺不好拂其意，同意逗留几天。东坡让朝云拿出新酿美酒，盛情款待契顺。接下来数天，苏过陪同契顺，游历各处山水和寺庙，收获颇丰。到得灵惠院，墙壁上有幅画，画里醉僧仰面向天，旁边还有诗题：

直视无前气吐虹，五湖三岛在胸中。
相逢莫怪不相揖，只见山僧不见公。

契顺觉得题诗出语不凡，字迹亦潇洒豪迈，甚为喜爱。细看竟为东坡所题，心想若能讨得其手迹，也不枉惠州千里行。

客不走，主不安。十天后契顺再不愿逗留，执意要走。东坡拿钱给契顺做盘缠，契顺坚决不受，说贫僧行千里路，化百家斋，钱不仅没用，还会引起路人歹意，带来杀身之祸。东坡不知如何是好，说道，高僧千辛万苦，来回传信，却什么都不肯收，叫老夫如何是好？契顺道，贫僧来惠，与学士把酒临风，聆听教诲，已是大收获。还有幸在灵惠院见识过学士笔迹，算大开眼界。东坡明白契顺的意思，说道，高僧若看得起拙字，老夫就仿颜鲁公为蔡明远题字，也给您写一幅如何？契顺暗喜道，贫僧正求之不得。

当年颜真卿滞留江淮，粮断援绝，进退维谷。鄱阳校尉蔡明远闻知，驾船载米，前往接济。颜真卿无以为报，只好提笔写字，以表谢意。今契顺千里传信，恩同蔡明远送米，写幅字给他，完全应该。东坡赶紧磨墨铺纸，挥毫书成陶渊明《归去来辞》，连同写给苏迈苏迨兄弟的信件，一并交给契顺。契顺双手接过，小心收好，称谢起身。东坡送到山下，望着契顺远去，仍挥着手臂，久久不肯放下。

正值春和景明时节，东坡没直接回松风亭，沿着山前小道，慢慢转悠起来。但见水田汪汪，农人正弯腰插种秧苗，煞是辛劳。东坡想起贬谪黄州时，曾见当地人骑在叫作秧马的农具上插田，何不教惠州人也效仿效仿？秧马为木料打制，两头上翘，上面如马，下面似船，人骑马背，可两腿当桨，随意滑移，双手则展臂插秧，不必弯腰太深，可减轻劳苦。

东坡回松风亭后，凭记忆画出秧马样式，拿到府衙，出示给詹太守，请他找人仿制，定受农人欢迎。詹太守觉得可行，先叫匠人照做几架，交给农人一试，无不称妙。从此惠州农田里秧马盛行，农人众口感谢东坡恩德，东坡也高兴，天天跑到田边看人骑马插田。

农人们感激东坡教制秧马，苦于无以为谢，趁插秧间歇，挖了田里泥鳅,送他补身养脑。东坡自然笑纳,想起秧马造福百姓,得力于詹太守支持,提着泥鳅去了太守府,跟他共品美味。席间詹太守道,学士没上门,本太守也会往松风亭看你去。东坡喝口酒,吃根泥鳅,说道,太守找我有事?詹太守道,学士还没听说吧,新任广南东路提刑程正辅已离开驻地韶州,抵达广州,不日将来惠巡视。东坡惊讶道,程正辅程提刑要来惠州?

四十八、天涯何处无芳草　与表哥重修旧好

程正辅是东坡舅家表哥,曾娶苏家姐姐八娘为妻,又成东坡姐夫,可谓亲上加亲。可怜八娘过门后,不受公婆待见,过得很憋屈。次年程正辅离家赴京赶考,八娘产后染病,公婆不闻不问,坐视不救。不出一月,八娘含恨离世,年龄还不到二十。苏父苏老泉悲恨交加,与程家断绝关系,亲家成为冤家,从此再无往来。

东坡跟詹太守道出苏程两家恩怨,叹道,掐指算算,我与表哥已四十二年没见过面,没通过信,不知他来惠州,能否重续旧缘。詹太守道,据说程正辅出任本路提刑,还是章惇举荐的,莫非他知你们两家过节,欲借程手修理你?东坡想想道,章惇歪主意多,还真不能排除此种可能。也不知表哥会不会对我下手,讨好章宰相。詹太守宽东坡心道,坡公别担心,你至惠后安分守己,与吏民和睦相处,程正辅就是要找你岔子,也没有得找。

酒后东坡回到松风亭,朝云见他一脸愁容,问是怎么回事。

东坡说明原委,朝云说,冤家宜解不宜结,况且是上代人恩怨,已过去四十多年,你做表弟的姿态放低些,也许能得到表哥谅解,重修旧好。东坡觉得有理,赶紧修书一封,托人捎往广州。意思也恳切,闻表兄提刑本路,愚弟心下欢喜,然转思四十二年,两家不相往来,又难受不已,不知此次表兄临惠,能否与弟一晤,一解思念之苦。

苏程属于亲表兄弟,自然血脉相连,亲情难舍。且当年恩怨,错在程家,程正辅心里一直有愧,只是找不到修复时机,今见东坡信,顿时老泪纵横,赶紧回复,表示到惠后兄弟得好好一聚。东坡接信,欣喜之余,忙遣苏过,去路上迎接表叔,以示敬重。

程正辅到惠后,与詹太守等地方官员简单接触过,便在苏过引领下,直奔松风亭。兄弟执手相看泪眼,不禁感慨万千。遥想当年都是十几岁的青春年少,转瞬间已成六十花甲老人,满脸皱纹,白发苍苍,桑榆已晚。可喜上天眷顾,绝交四十多载,还能在有生之年,会面于异域他乡,冰释前嫌,实乃不幸中之万幸。

东坡拿出好酒好肉,款待表兄,追今抚昔,夜深方止。又以茶助兴,促膝交谈,直至天明,程正辅才揖别东坡,回到行衙,接见众官,巡视刑案农桑。夜里东坡回拜,兄弟俩又交谈数时,约好办完公务,再欢聚叙旧。几天后程正辅忙得差不多,东坡陪他游丰湖,访大云寺,浴白水山汤泉。至程正辅返韶时,东坡又送至博罗,在积香寺设宴赋诗。诗曰:

博罗小县僧舍古,我不忍去君忘还。

何时旷荡洗瑕谪,与君归驾相追攀。

程正辅也以诗为和,同时嘱为曾祖父亦即东坡外曾祖父作传,东坡爽快答应。归惠后,东坡回思兄弟见面分手情形,又作诗曰:"赠行无物唯一语,莫遣瘴雾侵云鬟。罗浮道人一倾盖,欲系白日留君颜。"此后两人书信往来,诗作赠答,再未间断。

这日东坡正在拆阅表兄信件,詹太守派人上山通知,说已收拾好合江楼,请东坡一家五口重新住回去。还说是程提刑到过松风亭,觉得苏家居住条件太差,临离惠时特意叮嘱,非把苏家请回去不可。东坡自然求之不得。只是松风亭虽简陋,可近半年住下来,已慢慢喜欢上这里,突然说要搬走,还真有些舍不得。有意无意间,又将周边山山岭岭,沟沟渠渠,都走了个遍,生怕去了合江楼,再回来游览,不那么方便。

搬离松风亭的头一天,东坡又出门,在周边山间转悠起来,似要与这里的木石花草道别似的。一走一走,不觉走远了,来到一处陌生的开阔地,但见古木亭亭,绿水环绕,煞是幽静。树前水畔有个庭院,墙高瓦碧,自属大户人家无疑。墙边立着一棵杏树,红花残,青杏小。杏树多生于岭北,何时迁到岭南来的?莫非如俺东坡,受到排挤,南贬至此?

东坡正在胡思乱想,忽有风至,拂过杏树,摇动墙角柳枝,枝头柳絮纷纷飘落。燕子凭风而至,振翅起舞,直逐落絮,最后没于溪边芳草丛中。东坡举步欲去追寻芳燕,又闻墙里有人说话,仰首之际,但见秋千荡漾,忽高忽低,上坐佳人,笑声如铃。东坡双腿再也迈不动了,指望佳人使劲,将秋千荡得更高,让墙外人看个真切,一饱眼福。佳人哪知墙外有眼?秋千越荡越低,笑声也越来越小,以至消失于无。东坡怅然若失,觉得佳人无情,辜负自己一片痴心。转而又想,你仅仅路人而已,墙内人自顾欢笑,哪知你的存在?

东坡悻然离去。却没法抹去脑里秋千和秋千上的笑声,随口吟成《蝶恋花》一词:

花褪残红青杏小;燕子飞时,绿水人家绕;枝上柳绵吹又少,天涯何处无芳草。　墙里秋千墙外道;墙外行人,墙里佳人笑;笑渐不闻声渐消,多情总被无情恼。

回到松风亭,东坡拿出笔墨,将《蝶恋花》写到纸上,出示给朝云。朝云依谱唱上一遍,连说好词。停停又说,朝廷绝情,贬你过岭南,就是要断掉你北归念想,你还是别自作多情,等着召唤回朝,更用不着自寻烦恼,与自己过不去。

几句话说到东坡心里,他连连点头道,还是朝云懂我啊。好好好,只要有你陪伴,老夫还回什么朝,烦恼啥呢?岭南有山有水,有朋有友,有吃有喝,只比北国强,不比北国差。朝云道,对对对,咱们就待在岭南,活在岭南,死在岭南。东坡道,老夫土埋半截,死在岭南毋庸置疑,你还年轻,我死后你还是回杭州,见着西湖,见着湖上长堤,就仿佛见着老夫一样。说得朝云哽咽道,你死我还活得下去吗?要死咱俩一起死。不说这些,还是赶紧收拾东西,搬回合江楼吧,别辜负程提刑一片好心。

合江楼毕竟属行衙,各方面条件好,一家五口住得舒服,心情也畅快。客人也更多,家里成天热热闹闹的,日子过得很充实。只是东坡毕竟已是知非(六十方知五九非)年龄,身体状况日渐衰弱,大不如前。对炼食丹药也产生怀疑,兴趣渐减。也许节欲固本,才属上佳办法。东坡决定与朝云分居,各居一室,反正合江楼房子多,空着也空着。只是朝云才三十三岁,正值如狼似虎年纪,还真不好开这个口。

好在朝云除打理家务,帮东坡炼丹外,还经常烧香念佛,算是带发女居士。东坡于是作词《殢人娇》赞美朝云。词曰:

白发苍颜,正是维摩境界;空方丈,散花何碍;朱唇箸点,更髻鬟生采;这些个,千生万生只在。　　好事心肠,著人情态;闲窗下,敛云凝黛;明朝端午,待学纫兰为佩;寻一首好诗,要书裙带。

东坡已在《朝云诗》里比朝云为散花天女,比自己为维摩诘,这回作词重提维摩境界,散花何碍,用意已非常明显。朝云冰雪聪明,知道维摩虽没出家,有妻有子,却奉行佛门清律,断绝五欲,超然无染,哪怕天女散花于身,也无大碍。其实朝云心里再清楚不过,岁月不饶人,东坡年事已高,又每天不离酒,早已不再强壮。又不好勉强他,才转移注意力,把心思用在佛事上,以让东坡多活几年。既然东坡有意独居,当然得成全他。于是主动提出,礼佛在于心诚,心诚不易,得摆脱外界干扰,以后两人各居一室,以便虔心向佛。

东坡感激朝云理解,自此专注养生,再没近过女色。将合江楼书房也命为思无邪斋,还作《思无邪丹赞》,每天"炼思无邪丹"。名义为丹,其实是气功,用东坡话说是内丹。每晚早睡,后半夜起身披衣,面南盘腿而坐,叩齿三十六下,再闭住气息,合目静虑。待闭气至极点,慢慢呼出。呼吸平静后,用舌头搅动唇齿内外,漱炼津液。如是三番,待津液满口,才低头咽下,缓缓送入丹田。总计闭息九次,咽津三口。继而以手摩擦脚心、脐下、腰脊间及眼睛、耳朵、颈项、面部,直至发热,然后拇指和食指并用,捏鼻梁左右各按五、七下,以十指梳头百次。全套功夫做完,重又躺下,熟睡至天明。

对这套自创的气功,东坡颇感得意,说其效初不甚觉,但积累百日,功用不可量,比之服药,其力百倍。

四十九、日啖荔支三百颗　悲愁时节更伤春

听说东坡修炼自创气功，效果奇佳，詹太守来了兴趣，要请他喝酒吃肉，面授机宜。东坡回说，练气功须少食酒肉，若胡吃海喝，难见功效。詹太守又生一计，说太守府有株老荔枝，花期长，挂果晚，比早熟品种肉香味美，准备在后衙办个果宴，请东坡赏脸前往。

东坡喜食惠州荔枝，早熟荔枝下树后，常让苏过上街购买，尽情享用。今太守邀赴荔枝宴，正中下怀，赶紧换上好久没穿的官服，步出合江楼，直奔州府。来到后衙，但见大坪里有棵荔枝树，干如水缸，冠约两丈，树龄不下百年。枝繁叶茂，枝叶间挂满一簇簇红果，乍看仿佛一树火焰。张书办正指挥众衙役，树上树下联动，采摘荔枝，好不热闹。不远处有两张八仙桌拼连一起，詹太守及随僚坐在桌旁，面带微笑，观赏衙役采果。

见东坡赶到，詹太守起身上前，把他迎到自己旁边椅上坐定，笑笑道，坡公没见过这么大的荔枝树吧？东坡道，还真是头

回见识，真长眼界了。詹太守道，这棵荔枝叫将军树，为百年前惠州太守亲手所植。东坡问当年太守将军出身？詹太守道，不是太守出身将军，是此树将军般高大威猛，别处荔枝都是其麾下小兵走卒。

说话间，荔枝摘得差不多，张书办选最大最红的熟果，装了数篮，呈到桌上，又叫人摆上万户春酒，果宴正式开始。跟席人众位一样，东坡响应詹太守号召，先举杯喝口酒，然后拿过一棵荔枝，剥开红红果壳。但见果肉晶莹如玉，未曾品尝，果香已扑鼻而至。低首轻轻一咬，只觉肉爽，汁甜，味香，格外可口，确实非普通荔枝可比。东坡连吃十数颗，酒也没少喝，早忘记正在修炼气功，得节欲少酒。

果宴正酣，詹太守提出，东坡才冠天下，总得做几句诗，以免辜负美味荔枝。东坡当仁不让，略作思索，以《食荔支》（支枝相通，其时荔枝多作荔支）为题，吟五言诗一首。众人鼓掌叫绝。东坡意犹未尽，稍后又另吟七绝一首：

罗浮山下四时春，卢橘杨梅次第新。
日啖荔支三百颗，不辞长作岭南人。

果宴结束，詹太守把东坡请到书房，说坡公荔枝也吃了，酒也没少喝，还写了荔枝诗，总该传授气功了吧？东坡笑道，吃人嘴短，应该应该。将自创气功详述一遍。詹太守道，怪不得近期坡公气色不错，看来这套气功还真管用。只是本太守繁务在身，杂念难去，没法修炼，只有等日后致仕归田再说。

临行，詹太守又送荔枝一篮，东坡喜滋滋提回家中，交给朝云，喊苏过和两个女仆一起品尝。几位饱食一顿，各自忙去，只朝云留下，磨墨铺纸，又递笔到东坡手上。东坡道，老夫没说要写字呀。朝云道，太守请赴果宴，你不吟诗，他会放过你？赶紧写到纸上，以免过后忘记。东坡哈哈一乐，飞笔录下刚吟的两首诗作。朝云接过去瞧瞧，点头道，还是七言绝句好，过目难忘。只是此诗传到朝中，肯定惹人不乐，又够你受的。东坡不以为然道，北归无望，老夫想做个岭南人，难道朝廷还不肯放过，要把我赶到海外去？

果然朝云没说错，东坡七绝一出，很快传开。一传传到京都，章惇耳闻，不禁皱眉道，这个苏轼，口福还真不小，一天吃三百颗荔枝，就不怕上火，烧烂口舌和肚肠？也不知程正辅的提刑到底怎么做的。程苏两家不是有宿怨吗？干吗他到任岭南后，苏轼过得越发快活，竟乐不思蜀，准备长做岭南人，实在可气！

不说章惇闻诗气愤，只说东坡跟朝云聊得开心，一时刹不住话头，又七七八八说起其他人事来。说着说着，东坡意识到两人各自独居以来，自己心思放在气功上，好久没跟朝云这么亲亲热热说话，一丝愧疚袭上心头，就想着弥补一下她。怎么弥补呢？朝云对佛教越来越虔诚，佛家以慈悲为怀，珍惜生命，东坡专门陪她来到城西，选择临江僻静处，修建水池一座，名曰放生池，每月定期上街，买来活鱼鲜鳖和泥鳅，倒入池中，让它们顺池水游回江边。事情传到惠州市民耳里，也效仿东坡夫妻，逢年过节或生儿养女，都会来此放生。自此放生成为惠州风俗，千年流行不衰。

东坡喜欢野游，不时发现草丛或乱石间堆着白骨，估计为饥民和伤亡士兵遗骸。还有野坟浅显，被犬兽拱开，尸骨长年暴露在外。东坡告诉朝云，朝云亲往现场察看，心下不忍，发动佛家子弟，捐资重建大冢，拣拾骨骸，入土为安。东坡则撰写祭文，向死者道歉，因骸骨残缺不全，只能合葬一处，望阴魂们像家人一样，和睦相处，早日超生。

善举让朝云得到心灵慰藉，东坡也跟着高兴。又想起朝云本系杭州人，随自己四处漂泊，流落岭南炎荒之地，不知何时才能回到西湖边。幸而惠州有丰湖，不妨带她去游赏，就当丰湖为西湖。这日天气正佳，东坡对朝云道，我带你去一个地方，你一定喜欢。朝云说，什么地方，如此肯定我会喜欢？东坡道，到后便知。

两人于是出门，望城西而去。一面清湖，很快出现在眼前。朝云笑道，还以为你要带我去哪里，原来是丰湖，侍妾又不是没来过。东坡也不多语，召过一艘不大的画舫，伸手来扶朝云。平时都是朝云服侍东坡，今见倒了过来，朝云不便扫他兴，任他扶着，举步迈入舫内。顾名思义，丰湖丰足充沛，又值雨夏刚过，湖面开阔，碧波荡漾，特别适合秋游。两人凭窗而坐，一边赏湖，一边品尝香茗，剥食瓜子，很是惬意。

舫至湖心，东坡喝口茶水，问道，朝云知道此湖何名吗？朝云说，刚才侍妾说过，此乃丰湖也。东坡道，叫丰湖也不错，可还有一个更好听的名字。朝云道,还有何名?东坡说,丰湖位于城西,其实就是西湖。朝云瞪大眼睛道,丰湖也叫西湖?东坡笑道,你以为只你们杭州才有西湖?朝云乐道,侍妾真有福气,在杭州西湖长大,随先生翻越南岭,又有惠州西湖可亲近。东坡感叹道,老夫德薄福浅,却与杭州西湖结缘,认识西子,不离不弃二十多年,晚年又双双来到岭南,与惠州西湖为邻,养人又养心,不然老夫哪活得到今天?

东坡嘴里西子,自然缘自西湖诗:欲把西湖比西子。诗里西子,其实就是朝云。朝云心下明白,笑笑道,先生言重了,是没爹没娘的朝云有幸,在西湖认识你,从此有了依靠,活出人样。西湖也要感谢你,没有你就没有苏堤,没有如诗如画的西湖景。

说会儿杭州西湖,又回到眼前西湖。朝云道,可惜此西湖没彼西湖幸运,彼西湖因太守东坡,旧貌换新颜,泽被杭城百姓。此西湖迎来的只是贬官东坡,无力筑堤架桥,造福生民。稍停指指湖左西村,再点点湖右狮山,继续道,与彼西湖一样,此西湖水阔岸远,百姓往来多有不便,先生若是太守,亦可发动富商和民众,出资造道长堤,连接两岸,方便交通。

说得东坡激动起来,提着嗓门道,老夫从前来游丰湖,就曾动过此念,今经朝云一说,我倒要用些力气,促成此事,便利惠州百姓。朝云说,你无职无权,怎么促成此事?东坡道,詹太守是好官,俺再争取表哥支持,此事说不定能成。朝云道,如此自然再好不过。

论过筑堤造桥,又说些闲话,东坡道,游湖不能没有曲,朝云来一曲吧。朝云道,先生喜欢什么曲子?东坡道,凡出自你绣口的曲子,我都爱听。朝云连唱两曲,皆为东坡所填,一曲是《念奴娇·赤壁怀古》,一曲乃《水调歌头·明月几时有》。

朝云唱得投入,东坡听得专注,不时含笑点头,表示赞许。可听着听着,东坡眉宇间掠过一丝凄然,原来他看到湖岸草叶飘零,悲秋之情油然而生。正好朝云收住曲子,瞟了东坡一眼,问道,先生为何蹙眉?东坡掩饰道,没什么,正沉迷你的妙音呢?

却没能瞒过朝云慧眼。她心里很清楚,东坡空怀济世之才,却为朝臣不容,一生颠沛流离,很不得志。幸天性旷达,没被命运压垮,还自我安慰:天涯何处无芳草。然心里总有几分不甘,几分怨愤,才感叹:多情总被无情恼。想到这里,朝云道,侍妾给先生唱曲《蝶恋花》如何?东坡求之不得,说唱吧,你唱得最好的莫过此曲。朝云于是亮了嗓子,悠悠唱道:"花褪残红青杏小;燕子飞时,绿水人家绕;枝上柳绵吹又少……"

唱到此处,朝云忽然哽咽起来,眼泪簌簌而下,再没法往下唱。东坡一惊,问道,朝云怎么啦?朝云掏出手巾,揩去脸上泪水,叹道,侍妾每每唱到柳绵吹又少,便觉青春脆弱,稍纵即逝,仿佛枝头柳絮,最经不起时光吹打,转瞬间便零落无迹。

东坡哈哈大笑,道,老夫正在悲愁呢,想不到你却伤起春来。嘴里说着,心里却往下一沉,一种不祥预感,莫名其妙袭上心头。

五十、岂止杭州有西湖　丰湖苏堤苏桥

回合江楼后，东坡便给程正辅去信，道出为丰湖筑堤造桥设想。程正辅久闻杭州西湖苏堤大名，若由东坡倡议，给丰湖筑堤造桥，惠州官民定会踊跃响应。于是以巡视地方刑案为由，再度来到惠州，让詹太守召东坡会商。

张书办遵太守命来合江楼请东坡时，东坡正在笔录刚吟成的《和陶归园田居六首》。早在贬谪黄州时，东坡就开始和陶诗，准备将所能见到的陶诗全部和一遍。离开黄州后，京内京外频繁挪动，陶诗和得很少，直到南谪惠州，才又重新提笔，和成不少。眼下张书办说程正辅到了惠州，东坡赶紧放下笔头，随行至太守府，去与表哥会面。

兄弟相见，自然格外亲热。叙几句别后情形，程正辅正要言明惠州之行意图，东坡先道，表兄难得来趟惠州，又值秋高气爽时节，可否到丰湖去，边观湖景，边说话论事？程正辅明白东坡已知自己来意，表示赞同。詹太守自没话说，陪两位来到西村，登上

画舫,让舫娘摆上万户春和瓜果,以远山近水促兴,谈笑风生,好不投缘。

话题自然离不开丰湖。东坡说,城市有江有河,有湖有泊,宛若人长眼睛,才具灵气。东坡初至惠州,就喜欢上丰湖。尤其心情苦闷,只要来与丰湖相会,便千愁尽释。与杭州西湖一样,丰湖亦位于城西,东坡总视之以西湖,称之以西湖。

说得詹太守直乐,笑道,坡公当丰湖为西湖,咱们不妨以西湖称谓丰湖,仿佛人有名又有字一样。程正辅附和道,杭州有西湖,惠州亦有西湖,惠州便可沾西湖光,与杭州齐名,又何乐而不为?詹太守道,提刑表了态,咱们便可理直气壮叫丰湖为西湖。

惠州西湖从此名声在外,久而久之,都只知惠州有西湖,不知丰湖二字矣。话说画舫穿过湖心,到得对岸孤山,三人出舫离岸,向栖禅寺登去。住持希固得报,赶紧走出山门,将三位迎入寺内。碰着罗浮山冲虚观道长邓守安也在,五位一起喝会儿禅茶,再游赏寺内各处宝殿。抬头见寺后有山,山有凉亭,东坡提议,去亭里吹吹凉风,观观远景。

四位响应着,拾级而上,不大一会儿,便到得亭内。凭栏远眺,丰湖就在眼底,不远处的东西两江也历历在目。程正辅手指丰湖道,子瞻和詹太守发现没,刚才咱们经过的西村与狮山,恰好属丰湖最狭处。希固接话道,提刑说得不错,那确系丰湖最窄处,不过也不下两里。东坡道,湖上两里不比陆路两里,西村和城里人要来狮山打柴割草,狮山人要去西村或进城办事,多不方便。希固说,不方便也得往来,有钱人坐船好办,没钱人泅水,常常溺毙。邓守安道，若湖上有桥，就好办了。希固道，从前湖上还真有座木板桥，因年久失修腐烂，桥板被水冲走，木板桥从此不复存在。

程正辅瞧眼詹太守，说若太守大人任内在湖上修座桥，岂不功德无量？詹太守道，下官确曾动过此念，复建木板桥，可距离不近，用工用料不会少，担心百姓负担不起，一直没能付诸实施。东坡接话道，修桥不易，可考虑借西村和狮山土石，在湖上筑堤。詹太守道，据说坡公修筑杭州西湖苏堤，连施工图纸都系自己亲自绘制，咱们要为丰湖筑堤，还得请您绘图。东坡道，绘图出在笔头上，没啥为难的，关键得有人组织募捐和施工。程正辅掉头问希固道，把堤筑到栖禅寺山门下，禅师恐怕得多出点力气。希固道，这没事，湖上筑堤正合贫僧心愿，自然当仁不让。

筑堤事就这么确定下来。邓守安望向两江方向，开言道，东西两江连接州城和归善县城，若能在江上建桥，州县百姓往来就毫无阻碍了。詹太守道，两江水深浪急，还不知如何筑牢桥墩呢？程正辅也道，要筑桥墩，还得截流，工程难度可不小。东坡道，在两江之间筑石礅，确非易事，可考虑修建浮桥，简单易行。邓守安赞成道，修浮桥不用筑桥墩，费工费时少，不难做到。希固笑对邓守安道，道长暂时别回罗浮山，就住在栖禅寺，咱僧道联手，共同把一堤两桥建好如何？邓守安不假思索道，行啊，贫道乐意留下筑堤造桥。

见希固和邓守安如此踊跃，东坡非常高兴，对程正辅道，惠州隶属广南东路管辖，表哥身为本路提刑，惠州筑堤造桥，您恐怕得在经费方面给予适当支持。程正辅点头道,行行行,詹太守赶紧做出一堤两桥工程规划和费用预算,上报三司,本司尽快与提举司和转运司合计合计,拨笔款项下来。然三司不宽裕,款项有限,大头还得地方筹措。詹太守道,程大人如此热心惠州事业,本守定当勉力而为,无奈州府一向贫乏,一时拿不出太多经费。

众人正说着,东坡撩开外袍,在腰上摸索起来。詹太守道,亭内不可大解小便,坡公还是文雅点,出到亭外,给草木施肥去吧。东坡也不多话,从腰上取下一根腰带,递到詹太守手上,再顺手扯根缠在亭柱上的青藤,捆住裤头。

詹太守手上掂量着还留有东坡体温的漂亮腰带,讶然道,坡公欲将腰带送我?这是哪来的宝物,如此华丽,出处定然不凡吧?程正辅拿过腰带,品鉴良久,嘴上道,该是犀皮所制,珍稀异常,估计出自宫里吧?顺手转递给希固和邓守安欣赏。东坡笑笑道,表兄没说错,此系东坡出知杭州时皇上所赐犀带,多年来片刻不曾离身。希固道,今天坡公怎么又舍得出手了呢?东坡道,修筑一堤两桥,须用大钱,下官贬谪在外,微薄薪金都没到手,身无分文,只好捐献犀带,以尽绵薄之力,毕竟犀带系皇上御赐,总值几个钱。

四位感动得什么似的,说东坡身为贬官,有职无权,穷困潦倒,对地方事业如此热心,连身上唯一值钱的犀带都捐献出来,实为吾辈楷模。

东坡为筑堤造桥捐献犀带事很快传开,州县百姓人人称颂，个个叫好，豪绅富商慷慨解囊，贫民穷户也纷纷表示愿出工出力。东坡兴奋不已，写信给子由，说他日丰湖有堤，两江有桥，民众出行不再困难，也算朝廷没白贬自己来惠一趟。子由见信，也替兄长高兴。正好夫人史氏在一旁，见夫君面呈悦色，问信上有啥好消息。子由如实奉告，史氏也拿出以前宫中所赐数千金，让子由交人捎往惠州，支持湖堤和江桥建筑。

各项捐款到位后，三司和州县很快拨下经费，希固与邓守安拿着东坡所绘湖堤和江桥图纸，分工合作，正式启动筑堤造桥工程。东坡天天往丰湖和两江跑，配合希固和邓守安监督工程，解决施工具体问题。一年后堤筑成，桥造好。一堤两桥由东坡倡议建成，百姓亲切称丰湖长堤为苏堤，两桥分别为东新桥和西新桥，也有人叫东苏桥和西苏桥。

东坡倡建惠州一堤两桥事传入京城，有人赞许，有人质疑。尤其章惇很不高兴，说诰命说得明白，东坡贬宁远节度副使，惠州安置，不得签署公事，他竟狗咬耗子，多管闲事，弄起政绩工程来，简直岂有此理。追查下来，原来东坡能成事，还得益于程正辅暗助。章惇更加恼怒。命姓程的提刑广南东路，原意让他以公报私，修理东坡，谁知他俩竟打成一片，这还了得？章惇盛怒之下，下令调走程正辅，倒看东坡在惠州还能逞什么强。

程正辅是绍圣三年（1096）初免官离开岭南的。东坡闻知表兄罢职原因，心里又急又难受，害得痔疮发作，卧床不起。惠州缺医少药，痔疮得不到医治，东坡痛苦不堪，一家人跟着干着急。朝云心疼不已，说道，人皆凡胎，上进下出，要想减轻痔疮病症，还得从改善饮食入手。东坡忍痛道，怎么改善饮食？朝云道，先生属川人，不仅爱酒爱肉，还喜欢辛辣，只要少酒少肉，避免辛辣食物，于祛病减痛定有好处。

得到东坡认可，朝云嘱家中女仆，适当改变过去饮食旧习，以清淡为主，酒肉能不上桌就不上桌。其实苏家拮据，不用酒，不购肉，还能减轻开支，倒也不是坏事。经过一段时间的饮食调理，东坡痔疮慢慢好转，可以起坐后，又勤练气功，终致痊愈。

此时接替程正辅的新任提刑到位，遵照章惇授意，责令詹太守，把苏家赶出合江楼行衙。詹太守做不出来，又不敢得罪上司，只好婉转透露提刑指示给东坡。东坡不好为难詹太守，赶紧搬回松风亭。刚安顿下来，朝廷下达诏告，元祐臣僚，一律不赦。东坡已绝北归之望，总居无定所，也不像话，准备买地建屋，长作岭南人。

五十一、报道先生春睡美　章惇闻诗怒气生

几经勘察,东坡相中白鹤峰前一块空地。地有数亩大,下临东江,环境优雅,出入方便。原系白鹤观旧址,属于公产,东坡要购建房屋,地方乡贤和百姓感其恩德,愿意奉送。东坡岂肯占地方便宜,还是出钱正式买下。钱不多,太多卖主不会要,东坡也出不起。

屋场地定好,东坡依地就势,绘制图纸,伐木买瓦,计划建屋两进,共计二十间。苏迈获授韶州仁化县令,即将挈家南来,以后三代同堂,多几间屋才住得下。惠州乡亲得知东坡买地筑屋,纷纷伸出援手,出的出料,出的出力,工地热闹非凡,建屋进展飞快。东坡心存感激,带着苏过和朝云,给乡亲们送水送饭。乡亲们说不是来混饭吃的,做完事回家吃去。东坡说,帮工不帮饭,众位不肯吃饭,明天就别来啦。乡亲们这才端碗吃饭,饭后继续做工。

想着不久就有自建新屋可住,不用寄人篱下,东坡心情大

好,仿佛一下子年轻了几岁。朝云见状,也替东坡高兴。想起他写给自己的《殢人娇》,笑笑道,先生去年端午前曾作词曰:寻一首好诗,要书裙带。今年端午又要到了,好诗寻到没有?东坡乐道,好诗还不容易寻?把裙带递过来,老夫这就把刚寻到的诗写给你。

朝云解下腰间裙带,呈到东坡面前。东坡提起笔来,在上面题了首《浣溪纱·端午》,戏说朝云美貌和老夫少妻的深情厚谊。词曰:

轻汗微微透碧纨,明朝端午浴芳兰,流香涨腻满晴川。彩线轻缠红玉臂,小符斜挂绿云鬟,佳人相见一千年。

有情人真能相见千年,何乐而不为?可世上哪有千年缘分?端午过后不久,炎夏到来,惠州开始流行疟疾,朝云和一名女仆不幸感染,卧病在床。东坡将造屋事宜交给苏过料理,自己守在床前侍候朝云。朝云病情日见严重,东坡心急如焚,作《三部乐·情景》道:

美人如月,乍见掩暮云,更增妍绝;算应无恨,安用阴晴圆缺;娇甚空只成愁,待下床又懒,未语先咽;数日不来,落尽一庭红叶。　今朝置酒强起,问为谁减动,一分香雪;何事散花却病,维摩无疾;却低眉,惨然不答;唱金缕,一声怨切;堪折便折,且惜取,少年花发。

词里东坡再次自喻维摩，而比朝云为散花女。恨只恨自己已老，却无疾无痛，朝云年纪轻轻，竟沉疴染身。东坡真想用自己老命，换取朝云美貌青春。可上天不长眼，瘟神不留情，朝云日见衰弱，危在旦夕。就在染病女仆死后不久的七月初五，朝云已至弥留之际，轻颂《金刚经》偈语："一切有为法，如梦幻泡影，如露亦如电，应作如是观。"还没念毕，轻轻合上双眼，咽下最后一口气。

东坡悲痛欲绝，顺从朝云的意思，把她葬在丰湖旁边的栖禅寺附近。丰湖乃惠州西湖，朝云卧眠湖边，不啻与杭州西湖长相厮守。栖禅寺住持希固在朝云墓地盖起一座小亭，名曰六如亭，又开法会，请慈力广大佛菩萨接引亡灵，早生净土。

朝云入土三天后，朗朗晴日忽然雷电交加，刮起大风，下起大雨来。正值惠州秋高气爽的八月，照理不会有大风大雨。有人于是说，定是大仙下凡，光临朝云墓。东坡半信半疑，跑到墓地一看，竟发现五个巨大足迹，看去仿佛大仙留下的。东坡便在栖禅寺设供念疏，超度朝云。又立墓碑，写墓志铭文，撰写碑联。其联曰："不合时宜，惟有朝云能识我；独弹古调，每逢暮雨倍思卿。"

朝云死去数月，东坡依然没法从悲痛里走出来。唯一办法就是作词写诗，以寄哀思。连写数首悼词。其中《西江月》曰：

玉骨那愁瘴雾，冰姿自有仙风；海仙时遣探芳丛，倒挂绿毛幺凤。　素面常嫌粉涴，洗妆不褪唇红；高情已逐晓云空，不与梨花同梦。

《悼朝云》诗更凄切：

苗而不秀岂其天，不使童乌与我玄。
驻景恨无千岁药，赠行唯有小乘禅。
伤心一念偿前债，弹指三生断后缘。
归卧竹根无远近，夜灯勤礼塔中仙。

不觉重阳节到，东坡登上松风亭后面山头，见山下茅草枯黄，随风起伏，不禁悲从中来，又作诗曰：

今年吁恶岁，僵仆如乱麻。此会我虽健，狂风卷朝霞。
使我如霜月，孤光挂天涯。西湖不欲往，暮树号寒鸦。

世间最苦是悲情。从此连丰湖亦即夫妻两人眼里的惠州西湖，东坡也都不愿去了，觉得少了朝云陪伴，实在没有意思。又想起朝云唱得最好的曲子是《蝶恋花·花褪残红青杏小》，如今斯人已去，还指望谁唱给自己听？从此东坡再没听此曲。

可日子还得过下去。绍圣四年（1897）初，新屋筑成，东坡父子还有老女仆离开松风亭，迁入新居。正好苏迈留苏迨看守宜兴田庄，以备大考，自率全家及苏过妻小，逶迤南来。东坡派苏过赶往循州迎接，自己屋前屋后栽花种草，植树培果，忙得不亦乐乎。屋西有两户近邻，一是卖酒的林行婆，一是教书老秀才翟逢亨，两人有空就来帮东坡打理果木，很是投缘。东坡也常常到邻居家去串门，品酒喝茶，说道家常，倒也开心。

只有到了晚上，老女仆睡后，东坡守着偌大屋子，凉风拂窗，夜虫唧唧，寂寞有如沉沉黑纱笼罩心头，只能悲苦自咽，无人可以分担。若朝云在多好，她可陪你说话，可铺纸递笔要你写字，可给你唱曲《蝶恋花》，还可把水烧开，给你泡壶热茶。

想到此处，东坡记起朋友送的密云茶，何不趁闲极无聊，煎上一壶，品尝品尝？于是点上蜡烛，找出银质茶瓶，放好茶叶，再抓过水瓢，伸到水缸里去勺水。谁知缸里空空，滴水全无。没水如何煮茶？欲叫醒女仆，支往江里取水，口刚张开，又赶紧闭上，提过小水桶，步出屋门。屋外春月正朗，夜色如纱。东坡无心观月赏夜，低头踩着自己影子，沿屋前陡峭小径，一脚高，一脚低，往山下蜿蜒而去。

来到江边平时钓过鱼的大石旁，弯下腰，用瓢往水桶里勺水。水装满，提到手上，转身往回走。走没几步，觉得水桶太沉，才意识到自己已是六十二岁老人，臂力衰退，只好倒掉半桶，换到另一只手上，晃晃悠悠，朝山上攀去。走一段，停下歇会儿气，再提水前行。

走走停停，直到月上中天，终于气喘吁吁回到屋前。低头一瞧，水桶里也有个月亮，一荡一漾，挺有意趣。原来自己不仅提走半桶江水，还提回一盘银月，实在合算。

进屋放下水桶，坐上半会儿，才往茶壶里注上江水，坐到火上烧煮。松风入户，火势更旺，茶很快烧沸，开始咕噜咕噜吐热气。东坡拿出建阳产的建盏，斟得满满的，从容品尝。饮上数盏，远处传来清脆的更鼓，长一声，短一声，敲击得寂夜越发凄凉。东坡有感而发，赋诗道："活水还须活火煮，自临钓石取深清。大瓢贮月归春瓮，小勺分江入夜瓶。茶乳已翻煎处脚，松风忽作泻时声。枯肠未易禁三碗，坐听荒城长短更。"

　　诗中瓮自然指的水缸。下江里汲水不易，东坡动念，准备在屋前凿口井。跟邻居林行婆商量，她自然乐意，说熬酒要用水，早想打井，无奈无能为力，只好每天去江里挑水，来来回回的，非常辛苦。翟老秀才也很支持，愿找亲友借用打井钢钎和铁锤。东坡于是选择新居左侧空地，请有经验的汉子，前来选址打井。费尽艰辛，井终于凿成，喜得邻居们个个笑逐颜开。东坡免不了又作诗以记，喜悦之情溢出深深皱纹。

　　井凿成后，苏过也接来妻小及大哥一家。祖孙三代一下子将二十间屋子填满，成天欢声笑语，东坡得享天伦之乐，心情格外舒畅。虽说聚少离多，可孙子们个个跟爷爷亲，老缠着他请教诗文，学练楷书。东坡自然乐于施教，却不强孩子们所能，赶着鸭子上架。有时见他们略有倦色，便赶出屋外，去果园菜地里玩耍。夜里苏迈和苏过督促儿女读书，东坡也不让孩子们太累，早早送回各自屋里睡觉。

　　喧闹的屋子渐渐静下来。东坡也打个哈欠，回到阁楼里，躺到床上，合上眼睛。孙子们可爱的笑脸一齐浮到眼前，惹得他心

里美滋滋的,很快进入梦乡。一觉醒来,月已西沉,惟更声在远处响起,听听已是五更天。东坡又乐起来,吟道:

> 白头萧散满霜风,小阁藤床寄病容。
> 报道先生春睡美,道人轻打五更钟。

再说已授仁化县令的苏迈,眼见上任期限将至,收拾东西,准备前去就职。谁知朝廷颁下诰令,说贬官亲属不得在责地邻邑做官,仁化辖属韶州,与惠州比邻,苏迈县令资格被断然取消。也就是说苏迈尚未到任,便已褫职。

原来朝廷耳目得知东坡筑成新居,又与子孙团聚,密报入朝,章惇心里不舒服,一纸诰命,罢掉苏迈,让苏家失去生活来源,喝西北风去。诰命发走没多久,又有人献上东坡近作,章惇更是气不打一处来,嘴里嘀咕道,我做丞相的,为推行新政,起草贪黑,难得睡个安稳觉,你苏轼倒好,竟然春睡美,不是故意嘲笑我是什么?你不是字子瞻么,瞻字含詹,儋州也有詹,你就去儋州待着吧,反正子由已贬由字底的雷州,干脆让你们兄弟俩享受相同待遇,免得彼此不服气。

对元祐党人新一轮打击由此开始,东坡贬为琼州别驾,儋州安置。儋州位于海南中北部,可谓天涯海角,有宋以来还从无官员贬那么远,其惩罚力度仅次于满门抄斩。东坡见诰,默然无语,欲哭无泪。这个章惇逼人何其之甚!是怕我死在惠州,占大便宜,非要赶到海岛上,死在域外,做个孤魂野鬼,他才甘心?儿孙们更是惊慌失措,哭作一堆。东坡反过来劝他们,老身命大,一时半会儿死不了,说不定哪天朝廷有变,还会把自己召回海内。

  话是这么说,心里却一点没底,不知海南天有多高,海有多深,自己老迈弱躯,能否抗击那边的腥风恶雨。然君命不可违,再怎么的,还得打起精神上路。苏过提出随父渡海,苏迈不同意,说小弟抛妻弃子,跟在父亲身边多年,现在该轮到当哥哥的尽点职责了,反正自己没官可做,闲着也是闲着。苏过说可以带妻小跟父亲走,人多热闹些。兄弟争执不下,请父亲定夺。东坡说谁跟我去都一样,但带妻小绝对不行,我不能连累儿子,又贻害孙辈。

五十二、他山总不如　渡海落脚儋州

商量来商量去，仍由苏过陪伴父亲出海，其妻小随苏迈一家留住惠州新居。出行前夜，东坡一遍遍自我叮嘱，千万千万镇定，别让儿孙们难受，可心里还是很乱，有些坐立不安。毕竟年事已高，投荒海外，有去能不能有回，谁也说不准。只好拿起来笔来，给朋友写信，烦请日后多留意自己贬地，死后坟墓孤单，希望得到关照。

写完信，心里还是没法平静。便对正在清理行李的苏过道，我抄一遍《松醪赋》，给我加支蜡烛吧。《松醪赋》是东坡得意旧作，依然能脱口成诵。苏过道，明天要上路，父亲还是早些休息吧。东坡道，让我抄抄，如果写错一个字，我就死在海外，不然还能生还。苏过更加不愿父亲抄赋，生怕哪里出错，弄成凶兆。

东坡执意要抄，苏过无奈，只好添蜡铺纸，递过毛笔。东坡接笔于手，落墨如飞，吓得苏过心惊肉跳，生怕父亲哪里抄错，连看都不敢，干脆别开脑袋，继续去整理行李。

东坡抄完，让苏过检视。苏过诚惶诚恐，拿起字纸，大胆往下看去，仿佛只要有错误，父亲就会死有余辜似的。匆匆看完，幸而毫无差爽，无一字脱落。苏过放下悬着的心，东坡也吁口气，父子相视而笑，如遇大赦似的。

翌日出行，苏迈一家和苏过妻儿走下白鹤峰，送父子俩来到江边。苏迈不愿就此别过，也迈上船，要送父弟至广州。帆船离岸，逐浪而行，岸上一片号啕大哭声，船上东坡老泪纵横，不知这是生离，还是死别。也不敢直视岸上孙辈们，掉头催促船工加快船速。

船过广州，稍作逗留，东坡留手疏给苏迈：今至海南，首当做棺，次便造墓，免得死后尸骨无以依托。又补充说，依照家风，生不契棺，死不扶柩。这已是遗嘱性质文字，苏迈手执父疏，泣不成声。直至分手，才含泪吩咐弟弟，照顾好老父。苏过答应着，扶父亲登船，继续西行，以便转道梧州，再南行雷州半岛渡海。

此时子由一家就在前头，得知兄长自后面追来，有意逗留藤州等候。数日后东坡父子赶到，恭候路旁的子由又喜又悲，紧握兄长双手，久久不肯松开。稍叙别情，把兄侄请入路边饭馆，解渴充饥。藤州地僻民穷，饭馆里没像样的饭食，只有粗糙麦饼。苏过拿上两块，找借口走开，好让父亲和叔叔尽情叙话。子由味同嚼蜡，不知是伤心兄弟沦落天涯，还是吃不惯粗食，饼塞在嘴里，怎么也咽不下去。东坡口齿粗，几下把自己那份吃掉，笑对子由道，如此美味，你还忍得住性子，细细咀嚼，慢慢吞咽？

兄弟两家一起来到雷州，在州守关照下，住得不差，吃得不赖，心情才略有好转。可不能久留，东坡拜祭过伏波将军，求佑渡海平安，于六月中旬来到海边。海面一望无际，子由送兄侄上船。却因海浪太高，暂时不能行船。子由便在船上陪兄过夜，聊到天明。东坡痔疮又发，子由劝他戒酒。因酒落下痔疮，可又需酒解愁，东坡点点头，又摇摇头。

隔日海浪稍平，开船在即，子由含泪别兄。东坡笑笑道，没事没事，子曰，道不行，则乘桴浮于海，我足下的帆船总比桴筏强些吧。子由苦笑笑，掉头上岸，久久伫立风中，凝望帆船晃悠着往碧海深处荡去，直至于无。

也许是伏波将军管事，帆船顺利穿过琼州海峡，至朱崖靠岸。登陆来到琼州城，在城东短暂停留，继续启程往两百里外的儋州赶去。山高谷深，东坡只能坐上肩舆，颠簸前行。一颠一颠，颠得昏昏欲睡，竟悠然入梦。忽有黑云自空中飘过，淋下一阵急雨，东坡乍然惊醒，犹记梦中得句：千山动鳞甲，万谷酣笙钟。

也是东坡名声太响，即使穷荒如海南，还是广为人知，父子所到之处，颇受欢迎。经临高地界，村民殷勤接待，仿佛多年未见老朋友似的。东坡离去，村民竟改村名为苏来村存念。

旅途辛苦，却丝毫不影响东坡好奇心，一路行进，一路东张西望，见到好山好水，非向人询问明白不可。临近儋州，见一山峰突兀而起，超拔周围群山，奇特而又壮丽，下舆问行人，才知叫作儋耳山，儋州由此得名。东坡登舆，命舆夫放慢行速，尽情观赏儋耳山。心想没来儋州，哪遇得到如此奇山妙景？渐渐行至山脚，又见道旁散落无数大大小小的石块，像已在此静卧千万年，只为

等到东坡一顾。东坡灵感突发,吟成《儋耳山》:

突兀隘空虚,他山总不如。
君看道旁石,尽是补天余。

一路走,一路观光,七月初到达儋州。儋州又叫昌化军,东坡作《昌化军谢表》,向皇上禀报已至贬地。此生发落过的地方多,杭州、登州、密州、徐州、湖州、黄州、常州、扬州、定州、汝州、惠州以及眼下的儋州,每至一地,必呈谢表。以往谢表写得低调隐忍,现已至山穷水尽之炎荒,且年岁已高,今晚躺下去,明早还起不起得来,都不知道,谢表也就写得毫无顾忌,有话就说,有屁就放,什么生无还期,死有余责,什么孤老无托,瘴疠交攻,什么子孙恸哭,已为死别,倒豆子样全倒了出来。

谢表发出不久,新任昌化军军使,亦即儋州长官张中到任。张中乃开封人,进士出身,不善奉承上司,一直在地方做小官。只因海南僻远,没人愿来,才获太守级别的昌化军使。

张中与东坡素昧平生,却喜读苏诗苏文,早已心向往之。上任后见东坡居无定所,安排人将伦江(即北门江)驿翻修一新,以租房名义,请父子俩入住。军使事情不多,张中不时到驿站来,陪东坡聊天,说同是天涯沦落人,相逢何必曾相识。又知苏过擅长围棋,常相约执子对弈。东坡于棋略懂,也守在旁边观棋,一观就是一整天,倒也容易消磨日子。

有时棋局复杂,东坡观得头疼,步出驿馆,随处行走。到得城东学舍,但见学子寥寥,学风颓废,东坡就想着如何为儋州教育尽些绵薄之力。碰着住在附近的黎子云,也是读书人,仰慕东坡品学,希望他提振儋州学风。东坡闲极生愁,自然乐意。黎子云大喜,回头找到张中,说别人才高八斗,东坡起码十六斗,别人学富五车,东坡起码十车,到了儋州,竟让他赋闲在馆,无所事事,是不是儋州人太怂,太没脑子?

张中一听明白黎子云的意思,笑道,你想打东坡主意?黎子云道,是啊是啊,如此天纵大才,帝师都做得,儋州学子能就学其门下,不是天大幸运么?张中故意道,儋州并不富裕,有大钱请得起帝师?黎子云道,坡公急公好义,视钱财如粪土,哪用大钱请?张中点头道,好好好,本使先约他,咱们几个一起会商会商。

这天张中又来驿馆与苏过下棋。东坡心里搁着黎子云兴学的话,无意观棋,在屋里走来走去。几次欲跟张中道出想法,又怕扫他棋兴,只能忍住。张中看在眼里,下完一局,将棋盘一推,对苏过道,今天下到这里,改日再奕。转身对东坡道,咱带坡公去一个好地方。

这正中东坡心意,好趁机倾吐心里话。两人很快来到城东,直奔黎家。黎家环境清幽,林木成荫,水竹蓊郁,且居临大池,游鱼在水中缓缓游动,悠闲自得的样子。东坡首次来黎家,看到眼前美景,心中喜欢,暗忖若能在此读史学经,岂不妙哉!

见张中率东坡到来,黎子云还有早到的近邻学子王霄和符林,赶紧迎出来。见过面,黎子云让家人搬出桌凳,主客临池而坐,品茶谈诗,气氛欢洽。东坡提起不久前游城东学舍见闻,黎子云接话道,儋州落后,皆因读书风气不浓,在座都是读书人,若能振兴儋州学风,岂不功德无量? 王霄道,咱们可办学堂,以文会友。符林道,过去咱们就有过办学想法,因无好老师,一直未能如愿,今儋州有幸,迎来坡公,就请您讲中原文化,教化儋州。

几位说着,纷纷去瞧张中。他是地方长官,只有他支持才能成事。张中笑笑道,你们看我干啥? 先看坡公开什么价,价太高,咱们请不起,一切免谈。几位又去瞧东坡。东坡知道张中开玩笑,乐道,高太后请老夫做皇上老师,老夫都没开过价,估计儋州百姓不比皇上富有吧? 价不价无所谓。停停又道,儋州官民看得起老夫,老夫就以肚里薄才回报大家。

张中这才表态道,坡公乐做学子老师,就办个学堂。黎子云非常高兴,大声道,吾家僻陋,但有地有池,有树有木,学堂就办在吾家得了。

众位赞同。接着讨论学堂名。东坡说,西汉大才子扬雄,家贫嗜酒,人向他求学,总会带着美酒佳肴上门,扬雄便书载酒堂,挂在门楣上,有意者都可来家喝酒赋诗,聊天辩论。张中表态道,咱们学堂也叫载酒堂,坡公开讲,不用交学费,带着酒肉就行。黎子云几位附和道,能听坡公讲学,带酒带肉,完全应该。

有老师,有场地,还得有开办经费。张中表示支付部分公款,其余以筹资方法解决。东坡爽快,立即解衣,带头醵钱。几位也拿出身上钱币,交到黎子云手上。

五十三、结茅得兹地　无米无酒亦有乐

筹建载酒堂之事,很快传遍儋州城乡。商民闻讯,有钱捐钱,有木送木,有力出力,非常积极。来年即元符元年(1098)初,载酒堂在黎子云旧居落成,东坡设帐授徒。教材为东坡自编,主要以《书传》《论语说》《易传》为讲义,教授学子,化育风俗,纯净人心。儋州学风为之一振,东坡北归后,儋州人符确成为海南第一位进士。

东坡贬儋,没饿死热死,也没被腥风熏死,相反颇受地方官民喜爱,开设载酒堂,有滋有味做起先生来,事被传入京师,气得章惇火冒三尺,命湖南路提举常平官董必视察广南西路,调查东坡赴儋后有无不法行为。

董必很积极,了解到东坡除讲学外,常和陶诗,将所作和诗一百零九首编成集子,寄给子由,子由应邀作《东坡先生和陶渊明诗引》。讲学算不得罪过,董必找来东坡和诗,仔细读过,也没发现攻击皇上和朝廷论调,只得作罢,准备亲自渡海,展开实地

调查，不愁抓不住东坡辫子。恰有人密报东坡父子住在驿馆里，有违贬官无权占用官舍令，董必大喜，立即遣人赴儋，指责张中包庇罪臣，将东坡父子逐出伦江驿。

东坡父子又变得无家可归。他无力对抗董必，只能自叹食无肉，病无药，居无室，出无友，冬无炭，夏无寒泉。然活着总得有寄身之处，东坡卖掉酒器，在城南桄榔林下买块窄地，准备盖间草屋，以避风雨。黎子云兄弟、王霄、符林及数十学生，外加刚从潮州来求学的王介石，纷纷到场，伐木的伐木，砍竹的砍竹，搭架的搭架，割茅的割茅，铺草的铺草，卖力地干起来。连军使张中觉得没能保护东坡，心里抱愧，也脱下官服，前来助力。

数天工夫，屋子盖成。东坡大乐，摘下桄榔叶，写上桄榔庵三字，挂到门上。又作《新居》诗：

朝阳入北林，竹树散疏影。短篱寻丈间，寄我无穷境。
旧居无一席，逐客犹遭屏。结茅得兹地，翳翳村巷永。
数朝风雨凉，畦菊发新颖。俯仰可卒岁，何必谋二顷。

说是庵，难免带有夸大口气，其实不过草屋五间，聊胜于无而已。在《桄榔庵铭》里，东坡说屋中四面透光，往外望去，笔直的桄榔树干，仿佛根根石柱，桄榔树叶下垂，则如片片屋瓦。日月环绕，风雨如洗。大海气息和林间瘴雾穿梭于屋间，蝮蛇鬼怪入室与人嬉戏，把桄榔庵当成自家厅堂，就像门童和仆人，跟主人亲密无间。

尽管如此，毕竟有了栖身之处，可偃卧遐思。然因买地修屋，钱已用光，家里已揭不开锅，苏过出门觅食，留东坡独自在家，想起贬儋之事，忽发起笑来。忙提笔记下当时心情："吾始至南海，环视天水无际，凄然伤之，曰何时得出此岛耶？已而思之，天地在积水中，九州在大瀛海中，中国在少海中，有生熟不在岛者？覆盆水于地，芥浮于水，蚁附于芥，茫然不知所济。少焉水涸，蚁即径去，见其类，出涕曰，几不复与子相见，岂知俯仰之间，有方轨八达之路乎？念此可以一笑。"

东坡的意思是，别看我困于海岛，其实天地也好，九州也罢，中国也一样，都为大水环绕，谁没在岛上？譬如蚂蚁为水所困，眨眼水退，道路又呈现于前，实在不足为奇。贬儋之初，以为陷入绝境，然一年过去，还没被海水淹死，四面八方都是出路，不值得一乐么？

正在自乐，苏过两手空空回来，只有苦笑，一言不声。东坡知道儋州大旱，借粮比借命还难。一时不知如何安慰儿子，就给他讲起故事来。洛阳有深洞，人不小心掉进洞里，无法出洞，饥饿难耐。后见无数龟蛇，伸脖向东，吞咽初升的阳光，那人也跟着学样，朝东吸纳阳气晨光，渐渐不再饥饿。坚持数天，竟身强力壮，终爬出洞来。

讲完故事，东坡接着道，这便是龟息法，亦即道家的辟谷法，咱们一起来练辟谷吧，只要保持内心虚静，就不难做到。苏过别无他计，只能跟父亲学练。可怎么也没法入静，越练肚皮越饿，只好又起身出门，去外面碰碰运气，看能否找到救命之物。

来到一处荒坡，发现数株野荠，苏过赶紧摘下，塞入怀里。下得荒坡，有块洼地，地里长着山芋，又刨几个，一起带回家中，洗洗干净，与野荠合一起煮羹。羹煮好，再送到父亲面前。闻得羹香，东坡没再辟谷，捧到手上，送入嘴里。顿觉滑软可口，味道奇绝，忍不住作诗道：香似龙涎仍酽白，味如牛乳更全清。莫将南海金齑脍，轻比东坡玉糁羹。

喝完羹，东坡精神徒增，展读《陶渊明集》。读一阵，掩卷沉思，心中升起一缕怅惘。贬儋以来，海南连岁不收，米贵如珠。偏偏海上风猛浪高，水路被阻，船舶不至，大陆的米无法过海，断饮成为常事。这天苏过早早外出寻食，东坡在家坐不住，戴上方巾，穿身蓝色直裰，怀揣酒壶，看能否上街换钱，买点薯芋回家充饥。

街上倒也热闹，人来人往，熙熙攘攘。东坡蹒跚前行，但见一中年汉子头缠猩红布巾，挑着柴担，迎面走过来。到得近前，忽停下脚步，盯住东坡，十分好奇的样子。东坡几分诧异，正要张口打招呼，汉子闪到路边，放下柴担，转身回来，颤抖道，你就是海那边来的苏翰林苏先生吧？

汉子说的黎语，东坡哪听得懂？怔在那里，不知如何是好。汉子从怀里取出一块色彩鲜艳的吉贝布，塞到东坡手里。东坡越发不解，把布塞回汉子怀中。汉子一边打手势，一边用半黎半汉的话道，这是我妻子织的，眼见天气转凉，你留着做件衣服吧。

俩人正推来搡去，黎子云出现在眼前，手里还拎着一袋米。汉子拉过黎子云，用黎语道，叔你劝劝苏先生，收下我这点点心

五十三、结茅得兹地　无米无酒亦有乐 | 365

意吧。黎子云笑对东坡道，汉子弟弟也在载酒堂听课，无以为报，才献上吉贝布。东坡大笑起来，拿出身上酒壶，递给汉子。汉子不收，黎子云对他道，坡公讲礼尚往来，你不收酒壶，他哪肯要你的吉贝布？

汉子这才拿过酒壶，高兴地挑着柴担走了。东坡看看手里吉贝布，心想儋州家家能纺此布，恐怕换不了钱，酒壶又已不在手上，今天看来又得饿肚皮。东坡心下正愁，黎子云一旁道，咱们走吧。东坡道，去哪里？黎子云道，上你家去呀。

家里无米无酒无茶，拿什么招待你，东坡找借口道，我还得在街上办点事。黎子云早知东坡常拿酒器换食，笑道，你酒壶都送了人，还有啥事可办？

不办事，就不可在街上闲逛看风景？东坡口里说着，心里不出声道，不是你怂恿，汉子也不会要我酒壶，也不至于食无着落。黎子云明白东坡肚里所想，把米袋往他手里一塞，说不欢迎我，你就自己提回家吧。东坡一阵感动，泪水都溢出了眼眶。

除黎子云等好友和学子不时送食物外，儋州官民也经常接济苏家，东坡自然想着回报他们。可怎么回报呢？这天夜里，东坡在桄榔庵久坐无事，上床又无睡意，干脆出门，踏着月色，闲逛起来。一逛逛到一处黎寨，老远听到锣鼓声，近前一瞧，坪里围着一圈人，圈内搭着祭坛，巫师脚踏鼓点，手舞铁剑，口中念念有词，正在作法。祭坛旁还拴着一头高大的瑟瑟发抖的耕牛，也不知要作何用场。

东坡拉过会说汉话的年轻人一打听，原来有黎人身患重症,卧床不起,请巫师设坛作法,祭神治病。作法祭神,也能治病?东坡心里质疑,但见巫师作完法,脚在地上一抖,剑往空中划拉几下,嘴里高声道,神灵显现,牛在哪里!有人立即牵牛过来,白刀进,红刀出,耕牛轰然倒地。巫师用牛血洇过铁剑,又一番表演,祭神结束。

黎人不善畜牧,需要耕牛,就拿出儋州特产沉水香,跟牛贩子交换。牛贩子则用沉水香去海北高州和化州等地引进耕牛。运牛渡海时,一般每船百牛,遇上逆风不顺,不少饥渴挤压而亡,能登陆者不多。耕牛来之不易,可黎人生病,不求医吃药,竟以巫为医,以牛为药,杀牛作祷驱病。有钱人生病,一次杀十几头牛,没钱人借钱购牛杀掉,也不能得罪神灵。原来黎人耕牛真正耕田者不足一半,多半都被杀掉祭了神。

没有耕牛,如何耕田翻地,发展生产?东坡痛心疾首,天明去找黎子云,说了亲眼所见。黎子云告知,昨晚那病人已死掉。东坡道,神鬼莫测,哪能治病?有病还得对症下药。黎子云道,也怪儋州缺医少药,百姓长期受疾病威胁,尤其黎族同胞,患病无药,只好听信巫师,杀牛祭神驱病,到头来家里牛杀光,连田都没法耕种,病却不见好转,最后一死了之。

东坡决定力劝百姓,改变恶俗,以药治病。有人得病,送方上门,解除其病痛。百姓见识到医药实际效用,有病不再求巫,转而来找东坡,桄榔庵成为治病诊所,热闹非凡。这天东坡正在诊病,有位叫黎先觉的男子匆匆赶来,上气不接下气道,苏先生,不好了,我家亲戚被人打伤,已昏迷过去。东坡不敢怠慢,立即随黎先觉出了桄榔庵。赶到黎家,伤者躺在床上,口不能言,水米不进,只鼻中残存一丝丝气息。

东坡观察完伤情后,说道,我有祖传秘方,可以一试。拿出接骨丹,给伤者服下,伤者竟然慢慢活过来。数天后施以南岳活血丹,待伤者拉出黑血,再取地黄及叶子,一起捣烂,给伤者服用,激出血块升余,始能行走。

自此大至病危,小至齿痛,百姓们都会来找东坡。东坡有求必应,从不推诿。后干脆以家传药方示人,鼓励儋人多种植地黄,以救人命。

百姓贫穷,看病出不起钱,但家里有啥带啥,鸡鸭鱼,瓜菜果,一般不会空手。苏家也因此度过荒岁。且诊病救人,既是善事,也属精神慰藉。不为良相,即为良医,本就是读书人理想,东坡不为朝廷所容,越贬越远,仍能发挥一技之长,也算不枉来海外一场。

五十四、乘槎且恁浮于海　黎妇一语道破天机

人易得病，与饮水不洁有关。东坡入住桄榔庵后，发现城南百井皆咸，没法入口，常常下江里汲水饮用。江水比井水好，但路途远，取水不易。东坡便到处寻找水源。找了一圈无果，后发现桄榔庵附近天庆观内有石如龟，石上潮湿，伸指一抹，放嘴边舔舔，微甜而不咸。东坡确定石下定有好水，经得道长同意，叫来诸生，开石掘井。井成水出，色白如乳，甘甜味美。因龟石得水，人称龟井，后改叫东坡井。东坡喜不自胜，作《天庆观乳泉赋》，且让道长敞开观门，任凭百姓入观取水。百姓喝上好水，身体自然康健得多，病也生得少了。

人要活命，饥餐渴饮，必不可少，此外官大官小，钱多钱少，都差不多，区别在精神愉不愉快。东坡最懂此理，只要肚不饿，口不渴，该乐得乐，决不自寻苦恼。乐子多多，读书，作诗，写字，画画，饮酒，喝茶，会友，出游，都能从中享受莫大乐趣。

至儋后，东坡读得最多的是陶诗、柳文和史书。陶渊明集和

柳子厚诗文是从惠州带过来的，其他书带不了，幸有书友租借，足解缺书荒。苏过曾多次找读书人关佳惠，为父亲借得《唐书》、《汉书》等史籍。借书得定期归还，没法反复研读，父子俩便挑灯抄书。读书读出心得，便形诸于文，周武王、鲁隐公、宋襄公、秦始皇、管仲、范蠡、伍子胥、商鞅、范增、李斯等历史人物常出现在东坡笔下。

东坡字好，人见人爱，他却自称墨戏，意思是以墨为戏，写着好玩，不像现在的人，字都写不稳，自吹书法大师。黎子云来讨字，碰上东坡酒瘾发作，可缸里已空，便道，墨戏酒后得，现家里已断酒，没法书写。黎子云早有准备，转身朝外击掌三声，黎家侄儿应声提着酒桶进来，乐得东坡哈哈大笑，挥笔书道："苦雾收残文豹别，怒涛惊起老蟠龙。"把黎子云说成南山玄豹，深藏远害，只要社会清明，出山入仕，定会一鸣惊人。

东坡好酒，可身患痔疮，又不敢多喝，只好以椰汁代酒，说是美酒生林，不需浪费米粮酿造。椰子树随处可见，走在路上，不小心都会被椰子砸着脑袋，想喝椰子汁，放开喉咙喝就是。还把喝过的椰子壳做成帽子，戴在头上，招摇过市。海南阳光骄人，儋人喜戴长檐斗笠，见东坡戴着短檐甚至无檐椰子帽，觉得好玩，常围着他看热闹。东坡心里直乐，作《椰子冠》曰：

更着短檐高屋帽，东坡何事不违时？

也是的，东坡一肚子不合时宜，违时违成习惯，戴顶奇怪椰子帽算个啥？苏过不愧东坡子，也觉得父亲椰子帽好玩，步韵和上一首《椰子冠》。苏过诗画俱佳，人称小坡，颇有乃父遗风。为解父亲寂寞，常和其诗。东坡有《五色雀》，苏过作《五色雀和大人韵》。此处大人就是父亲大人。东坡携苏过出游，作《和陶潜斜川》曰：

春江绿未波，人卧船自流。
我本无所适，泛泛随鸣鸥。

苏过和以《次陶渊明正月五日游斜川韵》：

春云黟薄日，磻石俯清流。
心目两自闲，醉眠不惊鸥。

东坡非常满意，说：过子诗似翁，我唱而辄酬。

从苏过诗中看得出，他深受父亲影响，无意功名利禄，甘于淡泊，乐于逍遥。人生可以逍遥，还有甚事值得汲汲以求？父子才情相近，志趣相投，生活在一起，自然是莫大快乐。苏过还喜欢画画，曾画《枯木竹石图》，深获父亲喜爱，专门题七绝三首以赞，称苏过画石传神，让人顿长菩提。菩提即智慧，观画能增智慧，可见苏过画作多么高明。

人皆望子成龙成虎，苏过不是龙不是虎，却愿别妻离子，随父亲浪迹天涯，父唱子随，以尽孝道，这比成龙成虎不更让父亲感到慰藉么？能培养出苏过这样有才有艺又孝顺的好儿子，不啻东坡人生最大成功。

除苏过不离左右，各方朋友也不会忘记东坡，常给他惊喜。这夜东坡正用天庆观井水煮茶，九十五岁的吴复古忽然从天而降，出现在桄榔庵里。东坡不敢相信自己眼睛，举灯对着吴复古照上半天，确定是真人无疑，才把他按到凳子上，倒好茶水，给他解渴。不一会儿，苏过去给关佳惠还书回来，东坡命他拿出家里仅存酒肉，与吴复古举杯言欢。叙旧至深夜，仍不忍作罢，作诗曰：

往岁追欢地，寒窗梦不成。笑谈惊半夜，风雨暗长櫜。
鸡唱山椒晓，钟鸣霜外声。只今那复见，仿佛似三生。

三生有典，出自唐代袁郊《甘泽谣》，说圆观死前对李源说，十二年后你我杭州天竺寺外见。届时李源赴杭，在天竺寺外碰见一放牛小孩，嘴里唱道：

三生石上旧精魂，赏月吟风不要论。
惭愧情人远相访，此身虽异性长存。

原来放牛娃前世正是圆观。东坡以三生入诗，赠给吴复古，用意明显，即自己贬渡海南，与海那边旧友无异于阴阳两隔，已绝重逢之念，想不到吴复古偏偏出现在眼前，顿生隔世之感。

吴复古渡海前在雷州作过停留，还带来子由书信和诗作。雷州别后，兄弟常书信往来，互相唱和。子由日子不比东坡强，生活窘迫，精神压抑，一天天消瘦下去。夜里洗澡，子由自视清瘦身子，百感交集，作《浴罢》诗，说自己形骸但癯瘠，气血尚充足。

东坡读毕弟弟诗，感慨良多，作《次韵子由浴罢》：

老鸡卧粪土，振羽双瞑目。
倦马骤风沙，奋鬣一喷玉。

意即老鸡以趴粪土上为欢，倦马以在风沙中打滚为乐，投荒方外，无拘无束，比当官受人制约畅快得多。

苏过也来凑趣，写《次韵叔父浴罢》：

今已与世疏，雅志追沂浴。

沂浴典出《论语》：子路、冉有、公西华和曾皙陪老师孔子聊天，孔子问你们各有什么志向？子路愿治理拥有千辆兵车的国家，冉有欲建设方圆六七十里的国家，公西华志在做祭祀宗庙的司仪。只有曾皙不同，说只想在暮春时节，随同五六个成人，六七位小孩，先在沂水洗澡，再上舞雩吹风，然后唱着歌回家。孔子感慨道，我的志向跟曾皙正好相同。

苏过以沂浴入诗，就是宽慰叔父，被贬是坏事，却能实现曾皙和孔子心中理想，确也是大幸。东坡欣赏儿子此诗，有次酒后有闲，出访子云等黎姓朋友，与黎家小孩戏耍，回家时想起苏过诗及孔子师徒典故，不觉吟道：

总角黎家三四童，口吹葱叶送迎翁。
莫作天涯万里意，溪边自有舞雩风。

吴复古是专程来看望东坡的。见东坡身心俱健，甚感安慰，觉得没枉渡海一番。数天后对东坡道，你要好好活着，过两年我再来看你。话没落音，便飘然而去。

吴复古属方外之人，来去自由，无所顾忌，其他官场中朋友想念东坡，只能遥寄信函问候。黄庭坚、陈师道、秦观、贺铸等友人，不时有信过海，飞到东坡面前。可东坡怕连累他们，尽量少回信，生怕授人以柄。可朋友们不在乎东坡回不回信，该写照写，该寄照寄。贬居湖南郴州的秦观已寄过三四封信，没见老师只言片语，难以释怀，新近又发来一帖，且附《千秋岁》词：

水边沙外，城郭春寒退；花影乱，莺声醉；飘零疏酒盏，离别宽衣带；人不见，碧云暮合空相对。　　忆昔西池会，鸳鸯同飞盖；携手处，今谁在；日边清梦断，镜里朱颜改；春去也，飞红万点愁如海。

读过秦观，东坡才意识到已至元符二年（1099）春夏之际。春逝让人悲伤，东坡为秦词所感，忍不住和道：

岛边天外，未老身先退；珠泪尽，丹衷碎；声摇苍玉佩，色重黄金带；一万里，斜阳正与长安对。　道远谁云会，罪大天能盖；君命重，臣节在；新恩犹可觊，旧学终难改；吾已矣，乘槎且恁浮于海。

为臣忠心可鉴，可戴罪在身，无法还朝，就做个海外隐士，没什么值得伤感的。无论别离还是生死，该经历的都经历过，心里已归于平静，不太容易起风浪。事实是东坡已完全融入儋州生活，融入这方山水和人情。他为此填《减字木兰花》：

春牛春杖，无限春风来海上；便丐春工，染得桃花似肉红。　春幡春胜，一阵春风吹酒醒；不似天涯，卷起杨花似雪花。

这日东坡访黎子云归来，看到黎人正忙春耕，就蹲田边，看他们耙田插秧。看得正专注，一阵歌声传来，清脆悠扬。东坡抬头张望，有位老妇人手提饭篮，边唱边朝田垅走过来，一看就知给忙耕的丈夫和儿子送饭。黎子云曾跟东坡说起，儋州城内有位黎妇性情开朗，善言能歌，远近闻名。莫非此人就是那位黎妇？既碰到一起，得跟她搭讪几句，试试其深浅。

东坡想着，略整衣冠，上前几步，先作个揖，然后照着黎人称呼老年妇女惯例，彬彬有礼道，阿婆，向你请教，世事如何？黎妇早知有位翰林学士和皇帝老师,学富才高,可惜一肚子不合时宜,老跟朝廷唱反调,才贬至儋州,做了逸民。今听东坡口音,再观其形貌,便知定是东坡无疑。当下答道,世事只如梦耳。

世事如梦,倒也不假。东坡故意追问道,何梦耶?黎妇心直口快道,内翰昔日富贵,一场春梦耳。一语击中东坡软肋,连连点头道,阿婆说得对,说得非常对!

正在田里劳作的黎人听两人对话,觉得有意思,忍不住笑起来。东坡又说,阿婆姓甚名谁,该怎么称呼您才好?黎妇道,想怎么称呼就怎么称呼。东坡道,就叫你春梦婆可否?黎妇乐道,好啊,春梦婆好,就这么叫得了。

春梦婆说罢,转身要走,东坡忙道,都说春梦婆歌唱得好,唱几句给我听听如何?春梦婆道,你是翰林和帝师,又为客官,当然得你先唱。东坡也不客气,瞧瞧春梦婆身上打扮,用儋州黎歌调子哼道,云鬓蓬松两腕粗,手携饭榼去寻夫。春梦婆倒也大度,朝东坡笑笑,不假思索哼道:是非只为多开口,记得朝廷贬你无!

真是一语道破天机啊。东坡哈哈大笑。笑过,又频频点头,陷入沉思。

五十五、但寻牛矢觅归路　坡仙笠屐乐童叟

东坡越活得开心,章惇等人便越郁闷。怎么才制服得了东坡呢?继续往南贬吧,海南已属天尽头,已没处可贬。干脆把这老不死杀掉,无奈太祖有训在先,本朝不杀文臣,杀戒难开。要怪还得怪张中,上任伊始,就修葺驿馆供东坡居住,东坡被赶出驿馆后,两人依然打得火热。章惇一怒之下,罢掉张中昌化军使职,调离海南,看他还怎么跟姓苏的来往。

见张中受自己牵连,官帽不保,东坡心里实在过意不去,好言安慰道,能离开海南蛮荒之地,并非坏事。儋州条件恶劣,生活艰苦,张中放心不下东坡,难分难舍。东坡以诗相赠,说汝去莫相怜,我生本无依,不管寄身何处,都没太大区别。离别前,两人夜坐达旦,悬知冬夜长,不恨晨光迟。无奈何,东坡只能梦中无与别,作诗记忘遗。

送走张中,东坡难受了好久。为驱赶心头阴云,只得作文写诗。可所带好纸好墨已用得差不多,便找本地劣等纸墨替代。纸

墨尤其墨太差，不上纸，难获写字快乐，东坡干脆自己动手，起灶燃松，提取烟煤，尝试制墨。夜里正往墨灶里添松柴，不想突起明火，越烧越大，火尾直往屋顶蹿去。吓得东坡大声惊呼，惊醒刚睡下的苏过，跃身起床，急忙提了水桶，从屋外池塘里取来水，把火给浇灭。东坡愣怔半天，捅开墨灶，竟发现灶里留着大量松烟，不禁惊喜不已。就凭满灶松烟，加工制成好墨五百丸，足够此生之用。

东坡制墨故事传出去后，浙江金华墨匠潘衡专程赶到儋州，讨教制墨方法。东坡笑道，不能教你，万一你引火自焚，老夫该当何罪？潘衡也不勉强，照以往方法，起灶做墨，可烧出的松烟太浓，墨质不精。于是购得好酒，入桄榔庵与东坡会饮。东坡这才透露道，必起宽灶，筑长烟囱，才能达到理想效果。潘衡照办，所获松烟没原来多，墨质则大为提升。喜得潘衡满脸是笑，在制好的墨上加印海南松煤东坡法墨字样，说此墨与唐末制墨名家李廷珪所造之墨不相上下，一时行销海内外。

潘衡在儋州制墨之日，琼州人姜唐佐也专门来儋，向东坡求学。姜唐佐走进桄榔庵时，东坡刚用自制的墨抄完杜甫《负薪行》，正躺在床上生闷气。《负薪行》系杜甫旅居夔州时所作。夔州风俗，男人赋闲在家，妇人外出作田采薪，甚至长途贩盐，维持生计。杜甫实在看不惯，作《负薪行》，对夔州女人表示同情。偏偏儋州也有坐男立女恶俗，即男人坐在家里喝茶饮酒，女人立在田间地头干苦力。东坡于心不忍，上门劝说男人多替自家女人担当，别只顾自己享清福。却没人理睬东坡，气得他拂袖回家，抄录杜诗,发泄恨意。却仍不能解恨,躺倒在床,怪自己没用。

姜唐佐从苏过嘴里得知东坡生气原委,不便惊动他,放下所携琼州好茶,悄然退出,说日后再来。东坡听到动静,问苏过谁来过。苏过说出姜唐佐三字。东坡对其人并不陌生,两人早有书信往来。立即翻身下床,追出门去,客人已经不见。苏过告诉父亲,姜唐佐一时半会儿不会离开儋州,还会再来桄榔庵。

东坡悻然返屋,看到姜唐佐留下的茶叶,心里高兴,给他写去短简,说如此好茶,该咱俩一起享用才行。第二天没见姜唐佐来会,再写便条一份:雨后放晴,天公作美,饭后用天庆观乳泉泡茶,多有意思!此茶除你外,还有谁可与共呢?便条交给苏过送出,苏过回来说,姜唐佐正与儋州巡检会晤。东坡又书一简:会若早散,可来啜茗否?

姜唐佐去会巡检,不为别的,正为的东坡。张中离开儋州后,东坡无依无靠,姜唐佐考虑老师困境,特意从琼州赶来,一者拜师学文,二者托付巡检,对东坡多加照顾。巡检是姜唐佐好友,自然满口答应。姜唐佐这才赶往桄榔庵,来见老师。东坡大喜,亲自为姜唐佐煮茶,鼓励他好好读书,为海南学子做个好榜样。

姜唐佐在儋州一待半年,事师如父,受教匪浅。直至元符三年(1100)三月才返回琼州。临行前东坡抄柳宗元《饮酒》和《读书》两诗相赠,说子归,吾无以遣,独此二事,日相以往还耳。半年以来,姜唐佐对东坡体贴细微,照顾周到,东坡也悉心教导,让姜唐佐学问识见大有长进。可天下没有不散的筵席,师生别离,东坡能不备感失落?以后的日子还长,只好借酒和书,一解思念和愁绪。

姜唐佐刚走,葛延之从江阴远道而来,拜倒在东坡门下。东坡在载酒堂办学两年多,声名远扬,各地学子纷至沓来,儋州一时文教鼎盛。崇尚苏文更成为海南海北风尚,民谚云:苏文熟,吃羊肉;苏文生,吃菜羹。葛延之来向东坡请教读书作文,就为日后升官吃羊肉。

为启发葛延之,东坡打了个比喻:儋州虽数百家之聚,州人之所领,取之市而足,然不可徒得也,必有一物以摄之,然后为己用。所谓一物者,钱是也。作文亦然。天下之事,散在经史子集之中,不可徒使,必得一物以摄之,然后为己用。所谓一物者,意是也。不得钱不可以取物,不得意不可以明事,此作文之要也。

葛延之听罢,茅塞顿开,作文大有长进。为感谢老师谆谆教诲,临别以亲手制作的龟冠相赠。各地学子来来去去,惟东坡以罪臣之身,待在儋州,无以他适。可他并不寂寞,巡检暗里关照,儋州朋友常来常往。百姓不时赠吃赠用,为苏家解困。海上渔民打得鱼鳖,也常送些上门,让东坡开开荤。这天渔民朋友送来不少海蚝,东坡父子一齐动手,选择大蚝,放火上烤着吃,将其余小蚝剖开,搁酒蒸煮,味道格外鲜美。东坡吃得开心,说从来没尝过如此美妙味道。并跟苏过开玩笑道,你切切不要对外人讲蚝肉好吃,不然传到北方君子耳里,纷纷要求贬居海南,分享我的美食,我岂不亏大了?

吃过蚝肉,东坡心情大好,又开始和陶诗。居儋以来,已和陶诗十五首，加之贬谪黄惠两州所作，共计一百二十四首。和过陶诗，东坡想活动活动筋骨，搁笔出门，来到屋侧地里，给白菜施肥浇水。白菜种下有些时日，肥没少施，水没少浇，却不怎么见长，东坡心里纳闷，背着双手，往城东缓行，去请教黎子云。

到得黎家，黎子云邀东坡进屋，又让座，又上茶，问坡公此来，有何贵干，谈诗还是论文？东坡道，此来不为诗不为文，只为请教先生农事。说了说白菜不见长的情形。黎子云告知，白菜刚种下，不宜施肥过多，浇水也要适量，否则适得其反。

慢慢话题转移到海南稻米上来。黎子云说海南秋稻，率三五岁一变，顷岁儋人最重铁脚糯，今岁乃变马眼糯。东坡很惊讶，想不到儋人已掌握作物轮作经验，据此写成《马眼糯说》。

谈话间，黎子云家人端上酒肉，两人举杯对饮起来。东坡有痔疮，不敢多喝，半醉即罢，起身告辞。黎子云见天色转阴，雨意沉沉，担心乡路难行，劝东坡在家过夜，隔日再回。东坡不干，执意要走。黎子云只好借给竹笠和木屐，送他上路。

东坡戴上竹笠，穿好木屐，挥别主人，摇摇晃晃，信步而行。醉眼迷离间，看不清来时路，便盯着地上牛屎，高一脚，低一脚，趔趄向前。牛不喝酒，只吃草，边吃边拉，吃饱拉完，便到了牛栏门前。牛栏离人居不远，有牛屎引路，总能找得到家。东坡这么想着，得意起来，随口吟道：半醒半醉问诸黎，竹刺藤梢步步迷。但寻牛矢觅归路，家在牛栏西复西。

雨淅淅沥沥下起来。东坡也不停步，继续蹒跚而行，脚下木屐拍在地上，啪嗒啪嗒，清脆有声。村民认得东坡，见他今天打扮土气，觉得有趣，笑道，坡公啊，您真像咱们儋州人。东坡乐道，我不是儋州人，又是哪里人？几位黎妇驳身而过，闻其言，嘻嘻哈哈道，你既是儋州人，还不赶快讨个儋州妹做婆娘？东坡摸摸白须，笑道，老夫老也，没法养活婆娘，不好意思害儋州妹。黎妇笑道，儋州妹能干，你养不活她，她养得活你。

乐得东坡哈哈大笑，咕噜道，老啦老啦，养不活自己，只能去见阎王爷啦。黎妇们又一阵哄笑。正在打野仗的孩子们听到笑声，也围过来看热闹，这个道，这个怪老头，有点像咱爷爷。那个说，咱爷爷喝醉后，也戴着竹笠，踏着木屐，到处乱转。还有的说，这老头没你爷爷老吧，不见他腮上红红润润的。逗得东坡乐不可支，回道：寂寂东坡一病翁，白须萧散满霜风。儿童误喜朱颜在，一笑那知是酒红。

连路边村犬也来凑热闹，在孩子们中间穿梭，不时对着东坡汪汪叫几声。东坡弯腰拾石，佯装击狗，狗们也不当回事，还对他摇起尾巴来，老朋友似的。篱笆上公鸡打一声鸣，自东坡头上掠过，差点把他竹笠抓走。东坡觉得好玩，自言自语道，笑也怪，吠也怪，东坡有何怪耶？孩子们听不明白，只在后面跟着，不肯散去。东坡又吟唱道：野径行行遇小童，黎音笑语说坡翁。东行策杖寻黎老，打狗惊鸡似病疯。

东坡笠屐韵事传开后，有人据此作《坡仙笠屐图》，成为趣谈。

五十六、问汝平生功业　北渡故旧喜迎送

正在东坡铁心做儋州人时,吴复古重又出现在桄榔庵,要他准备北归。东坡还没回过神来,吴复古转身离去,说琼州再见。

原来年初哲宗驾崩,其弟端王赵佶即位,史称徽宗。赵佶尚小,由神宗之妻高太后临朝听政,大赦天下,哲宗所斥元祐大臣,亦在此例。章惇因主张立简王,反对立端王,贬为雷州司户参军,踏上当年东坡走过的南行路。

朝廷对东坡的赦免诰命二月已下达,五月下旬才送达儋州。仍为琼州别驾,但移廉州安置。意思是可离开海南,北回大陆。东坡写过谢表,开始做离儋准备。黎子云兄弟、各位学子及父老依依不舍,争先致馈,送于舟次。东坡心情复杂,既留恋儋州人情,又渴望早回海北,于是作《别海南黎民表》:

我本儋耳民,寄生西蜀州。忽然跨海去,譬如事远游。

平生生死梦,三者无劣优。知君不再见,欲去且少留。

诗毕,不忘作跋调侃两句:临行写此,以折菜钱。可见谪儋三年,没少吃黎家百姓菜肴。

东坡离儋为六月初,中旬到达琼州,候舟渡海。姜唐佐系琼州人,来送老师,向他讨要赠诗。东坡只题了两句:

沧海何尝断地脉,白袍端合破天荒。

意即海南被大海阻隔,可与大陆地脉相连,姜唐佐一定会破天荒中举扬名。还约定,待其高中后,再给续诗。姜唐佐收下老师两句诗,后苦读中举,成为海南第一位举人。可惜其时东坡已逝,姜唐佐找到子由,弟代兄续诗曰:

锦衣他日人争看,始信东坡眼力长。

意思是东坡没看错姜唐佐。

六月二十日凌晨,东坡及吴复古登上海船,望北而行。距离当年登岛,已整整三年,东坡置身海浪之上,眼望星月,喜悦之情溢于言表,作《六月二十日夜渡海》:

参横斗转欲三更,苦雨终风也解情。
云散月明谁点缀,天容海色本澄清。

空余鲁叟乘桴意，粗识轩辕奏乐声。
九死南荒吾不恨，兹游奇绝冠平生。

船过海峡，徐徐靠岸，东坡走出船舱，踏上久违的陆地。子由已被朝廷召走，迎接东坡的是弟子秦观。东坡南贬时，苏门四学士：黄庭坚、秦观、张耒、晁补之无一幸免，尤以秦观贬得最远，先出为杭州通判，途中再贬郴州，最后发配至雷州。谪居郴州时，曾作《踏莎行·郴州旅舍》，中有佳句：郴江幸自绕郴山，为谁流下潇湘去，广为传诵。

师生雷州相见，自得置酒欢会。秦观感慨不已，作《江城子》：

南来飞燕北归鸿，偶相逢，惨愁容；绿鬓朱颜，重见两衰翁；别后悠悠君莫问，无限事，不言中。　小槽春酒滴珠红，莫匆匆，满金钟；饮散落花，流水各西东；后会不知何处是，烟浪远，暮云重。

秦观小东坡十二岁，时年五十三，说两衰翁，倒也属实。秦观没老师达观，不肯说从前，也不愿谈未来，消沉得很。人一消沉，加之上了年岁，最容易想到死，秦观作《自挽词》道：

藤束木皮棺，槁葬路傍陂。妻子天一涯，家乡在万里。孤魂不敢归，惴惴犹在兹。

东坡见词，心生不祥之感，却还是故作轻松道：某亦尝自为志墓文。师徒分手，东坡父子踏上北行路，七月初来到安置地廉州。刚刚安顿下来，又接到新诰命，授舒州团练副使，量移永州。父子重新起程，望北而行。九月初到达广西郁林，得到秦观死讯。东坡大放悲声，连续两日食不下咽。为寄哀思，将秦观《踏莎行·郴州旅舍》书于扇面，旁题悼词曰：少游已矣，虽万人何赎？高山流水之悲，千载而下，令人腹痛。

随后东坡父子自郁林至梧州，再东赴广州。苏迈苏迨兄弟早从苏过信里得知消息，已率家人在广州等候。惠州一别三年多，祖孙三代重又欢聚一堂，且多了二儿一家，让东坡甚感欣慰。广州朋友也热情欢迎大难不死的老友，或饮酒喝茶，或游寺庙，访道观，东坡大喜之下，作诗曰：

秉烛真如梦，倾杯不敢余。
天涯老兄弟，怀抱几时摅。

十一月上旬，一家人离开广州，继续北上。到得清远，九十七岁高龄的吴复古自番禺赶来，陪东坡游毕广庆寺，又揖别远去。期间东坡写信给朋友，论及诗文之道：

吾文如万斛泉源，不择地皆可出，在平地滔滔汩汩，虽一日千里无难。及其与山石曲折，随物赋形，而不可知也。所可知者，大略如行云流水，初无定质，但常行于所当行，常止于所不可不止，如是而已矣。孔子曰，言之不文，行而不远。又曰，达而已矣。辞夫言止于达意，即疑若不文，是大不然。求物之妙，如系风捕景，能使是物了然于心者，盖千万人而不一遇也。而况能使了然于口与手者乎？是之谓辞达。辞至于能达，则文不可胜用矣。

此系东坡自道行文之妙，也是其重要文论，影响深远。信寄出，苏家上路，来到英州。朝命又至，起复东坡朝奉郎，提督成都府玉局观，且可在外州任便居住。这意味着东坡正式去掉罪臣身份，可自由选择京城以外任何地方终老，也就不必去永州上任。

东坡正在高兴，传来吴复古逝世消息。想不到刚在清远见过面，音容宛在，转背斯人便魂归道山。东坡几分伤感，作《祭吴子野文》。子野是吴复古字号。祭文里说，吴复古急人缓己，忘其渴饥。道路为家，惟义是归。

令东坡惊喜的是，竟在英州见着郑侠。当年郑侠给神宗上流民图，请求废除敛掠不道之政，得罪王安石和吕惠卿，贬谪英州十年。哲宗即位之初，因东坡兄弟进言，郑侠改任泉州教授，元符初年再贬英州，仿佛专门在此等候东坡到来似的。两人惺惺相惜，彼此赠诗，感叹人入老境，成为孤云倦鸟，自得闲飞。

辞别郑侠，来到韶州，大庾岭隐约在望。上路登岭时，已是靖国元年（1101）年初。来到岭上，七年前过岭时情景历历如在目前。一切仿佛做梦样,感觉一点都不真实。东坡不禁叹道:梦里似曾迁海外,醉中不觉到江南。倒是梅花盛开,不同于当年过岭时,东坡又吟道:

梅花开尽百花开,过尽行人君不来。
不趁青梅尝煮酒,要看细雨熟黄梅。

岭上有店,仿佛还是七年前模样。一家人入店少憩。一老翁走出来,望望东坡,问苏过他们:"此官为谁?"答曰:"苏尚书。"老翁问:"莫非乃苏子瞻欤?"答曰:"是也。"老翁前揖东坡曰:"我闻人害公者百端,今日北归,乃天佑善人也。"东坡笑而谢之,因题诗于壁间云:鹤骨霜髯心已灰,青松夹道手亲栽。问翁大庾岭头住,曾见南迁几个回?

下得岭来,到达虔州,因赣江干枯,只能候发春水,再登船启程。偏偏遭遇瘟疫流行,家人多染病,竟有六位仆从一病不起,死于旅馆。一停就是两个月,直到刘安世等贬官过岭来到虔州。刘安世曾受司马光重用,也被章惇贬往岭南,近日才遇赦北归。当年东坡不惜得罪司马光,反对尽废新法,与司马光红人刘安世也多有龃龉,曾当面嘲讽他是乡巴佬。被蔑视的滋味不好受,刘安世一直记恨在心。时过境迁,东坡早忘记宿怨,主动向刘安世示好,约其出游。刘安世依然难以释怀,有些爱理不理。东坡厚着脸皮道,虔州城外有个南塔寺,寺里有玉版和尚,颇有意味,不容错过。刘安世好奇心起,才答应一同前往。

出城到得寺中,住持迎住,依东坡意愿,烧笋招待两位。笋是刚出土的白嫩春笋,刘安世食之,觉得鲜美可口,问此何名。东坡答曰,玉版是也。刘安世道,就是你说的玉版和尚?东坡道,正是的,此和尚善说法,令人得禅悦之味。

刘安世不免失笑,想东坡虽老,仍不失机趣。从此两人冰释前嫌,一路结伴而行,直至金陵,刘安世继续向北,东坡走进崇因禅院,作《观世音颂》以还愿。南迁过境时,东坡曾来此许愿,吾如北归,必将再过此地,当为大士作颂。

又约友人重游金山寺,登妙高台,追思抚昔。竟在寺院墙上见到自己画像,白描画技之高超,自非大画家李公麟不可为。友人告知,几年前李公麟游金山寺,寺僧说东坡南贬途中曾到过寺里,勾起其心念,画东坡像于壁上,但愿老友能够北还,入寺与自己画像重逢。东坡闻言,五味杂陈,向寺僧讨得笔墨,在画像旁自题一诗:心似已灰之木,身如不系之舟。问汝平生功业,黄州惠州儋州。

诗带自嘲,却近乎东坡真实生平,也有些盖棺论定意味,令在场各位唏嘘不已。

五十七、东坡的快乐密码　恩仇一笑间

东坡开始寻找最后归宿。此时子由因复职太中大夫，定居许昌，劝兄长也住过去。毕竟兄弟年事已高，能待在一起，好彼此照应。东坡也想来日无多，不宜骨肉分离，决定六月动身，去往许昌。却闻年初向太后驾崩后，朝廷党争又起，东坡不愿靠近京都，再陷是非，坐累亲友，加之子由家口庞大，也不好给他平添负担，遂放弃赴许计划。

写信回绝子由后，东坡委托老友钱世雄在常州购房，作久居之计。然后登船前行，往常州进发。正值酷暑时节，船至仪真，东坡身染疟疾，倒卧在船。正值米芾经仪真北还，得知东坡至此，大喜过望，暂时取消行程，登船探视。见东坡虚乏不振，稍作问候，留下近作《宝月观赋》，悄然离去。夜里东坡略觉轻松，让苏过念米作听。

听到精彩处，竟一跃而起，说此赋不仅当世无人可比，即使古人也难以企及。又强打精神，写便简给米芾：岭海八年，亲友旷

绝,亦未尝关念,独念吾元章(米芾)迈往凌云之气,清雄绝世之文,超妙入神之字,何时见之,以洗我积岁瘴毒耶!今真见之矣,余无足言者。

米芾深受感动,常来看望,侍奉汤药,以尽弟子之礼。六月中旬,东坡病体少愈,米芾稍感心安,揖别北行。东坡抱病扶杖,送走米芾,率家人离开仪真,赶到镇江,往祭堂妹。

章惇之子章援南赴雷州探视父亲,恰巧也来到镇江,呈书求见东坡。章援本系东坡门生,因父辈恩仇,久废师礼。此时修书,是朝野皆在传言,东坡将回京出任宰相,章援希望恩师不念旧怨,给皇上进言,宽恕自己父亲,让他回归乡里,颐养天年。

换作他人,接到仇家儿子求情信,只怕怒火中烧,一把撕个粉碎。东坡却心生欢喜,带病回信曰:某自仪真得暑毒,困卧如昏醉中,到京口,自太守以下皆不能见,茫然不知致平在此,辱书乃渐醒悟。伏读来教,感叹不已。某与丞相定交四十余年,虽中间出处稍异,交情固无增损也。闻其高年寄迹海隅,此怀可知,但以往者更说何益,惟论其未然者而已。某在海外,曾作《续养生论》,甚愿写寄,病困未能,到毗陵定叠检获,当录呈也。

致平乃章援字号。此系东坡平生最后书信,竟是写给曾疯狂迫害自己的政敌之子的,字里行间满是真诚和悲悯,不见幸灾乐祸之揶揄,更无任何仇恨和怨气。可见东坡心地多么纯明,仿佛水洗过的纯净天空,不见丝丝污垢。后有人读过东坡此信,赞叹曰:此纸乃一挥,笔势翩翩。其实哪是笔势翩翩,是东坡风度翩翩,无大悲悯和大爱心,又如何翩翩得起来?

打发走章援,东坡命船夫扬帆起程,直指常州。船行运河,两岸百姓听说东坡在船上,将北往京都,出任宰相,执掌朝政,纷纷赶到河岸,一睹其风采。东坡躺在船舱里,闻得两岸欢呼声起,慢慢穿上短褂,戴顶小冠,由儿子扶到甲板上,让岸上百姓看个够。又乐呵呵对同行朋友道,瞧这阵势,好像来看杀东坡似的!

到达常州,入住钱世雄代为购置的房子。病情变得越发严重,东坡自感大劫难逃,作《乞致仕表》,请求皇上罢去自己所有职务,包括朝奉郎和提督成都府玉局观,以便病体痊愈,多活几日。时人觉得为官不耕不织,却玉食锦衣,皆取之于民,跟抢劫百姓并无区别,辞官无异于放弃恶行,可得到上天谅解,多获些阳寿。

朝廷恩准下来,东坡病情却依然毫无起色。连夜写信托付子由,自己死后愿葬于郏城县钓台里,命撰墓志铭。该地形貌颇似眉山,又距许昌不远,可方便子由照料。信寄走,东坡几分伤感,对守在床边的钱世雄道,吾好不容易万里迢迢,自海外生还中土,无奈一病不起,倒不如身处蛮荒之地,活得健康自得。这也许是天意,吾生来就是奔波劳碌命。最感遗憾的,还是没能与子由重逢,见最后一面。又把完成于儋州的《易传》《书传》和《论语说》三书,交给钱世雄,嘱其妥为保管,不要示人,三十年后定有人能懂。

钱世雄含泪应承,收下三书。东坡又把三个儿子叫到床前,交代道,吾生无恶,死必不坠,慎无哭泣以怛化。意思是自己一辈子与人为善,死得其所,不会坠入地狱,没啥可悲伤的。东坡早已看透生死,不觉得死不可以接受。

眼看死期将至,杭州径山寺长老维琳冒着酷暑,来常州看望老友。东坡头脑还清醒,竟笑对维琳道:大患缘有身,无身则无疾。平生笑罗什,神咒真浪出。原来东坡不仅看透生死,也看透佛祖,觉得人生忧患难去,皆因生命之存在,一旦生命无存,忧患也会自然消失,哪怕鸠摩罗什念经祈福,也无济于事。

鸠摩罗什为印度高僧,汉末来华,独力翻译佛经三百卷。东坡读过鸠摩罗什传记,知道高僧病逝前,同至大汉的天竺僧友为其念梵文咒语,依然没能挽救他生命,还是很快死去。东坡说神咒浪出,正是指鸠摩罗什之死。还对维琳说,吾岭南万里不死,而归宿田里,遂有不起之忧,岂非命也夫?然死生亦细故尔,无足道者,惟为佛为法为众生自重。

东坡把生死归结于命,视为小事,才如此淡然。在他心里,不论是佛是法还是众生,最重要的是自重。唯其自重,才能自度,别人没法度你。

东坡渐渐衰弱下去,闻根先离,即失去听觉。维琳附东坡耳边大声道,端明宜勿忘。意即不要忘了西方极乐世界。东坡答道,西方不无,但个里著力不得。钱世雄就在一旁,也凑近道,至此更须著力。东坡答曰,著力即差。

解脱之法在于自然,在不知善而善,一勉强便错。东坡乐天知命,顺其自然,不愿勉强别人,也不会勉强自己,面对死亡时也一样。维琳和钱世雄退到一旁,让东坡三个儿子上前,请求遗教。

东坡没有表示，咽下最后一口气。

此系建中靖国元年（1101）七月二十八日，东坡结束六十六岁的生命，安详地走了，走得从容，走得自重，走得自在，就如他设想的一样。

东坡归宿于郏城县西二十七里钓台里，子由遵兄遗愿，撰写碑铭。十一年后子由在许昌去世，亦葬于兄长墓旁。元代郏城县尹杨允在兄弟墓间置苏洵衣冠冢，始称三苏坟。钓台里形如眉山，又有三苏墓，人称小峨嵋。

结篇、人生大智慧　爱是因乐是果

东坡走了，带走有形身体和大起大落的人生。东坡没走，灵魂不灭，精神永存。其灵魂和精神就潜藏于其三千多首华美诗词、四千多篇知性文章以及无数高雅书帖和绘画里，只要打开这些作品，东坡就会灿然显现，与你会心而笑。那是千年老友式的笑，笑得你忘记苦恼，忘记忧愁，忘记人生种种不幸，满心都是快乐。

东坡是快乐的，无论得失，无论荣辱，无论浮沉，无论饥饱，无论冷暖，无论苦甘，无论酸辣，无论梦觉，无论醉醒，甚至无论生死，可谓无所而不乐。

为何人人皆觉人生苦，唯有东坡得其乐？皆因东坡心里有爱。东坡爱父母，爱兄弟，爱妻儿，爱亲友，爱百姓，爱君国，爱古圣，爱今贤，爱儒教，爱道释，爱山川，爱河流，爱花木，爱虫鸟，爱诗文，爱笔墨，爱酒肉，爱美食，世上没有任何东西不爱，甚至包括欲置其于死地的政敌。痛苦无不来自嫉妒、怨愤、仇恨、贪婪和无节制的趋利,战胜痛苦唯一良法,就是去爱。心被爱填满,自然没法容纳种种执念,才会变得无惧无畏、无忧无虑,变得强大无比,面对再猛的打击,再大的劫难,再不公的命运,皆可一笑了之,离苦得乐。

爱让人快乐,使人幸福。东坡苦难一生,却过得比谁都快乐和幸福,就是他懂爱会爱。东坡故事告诉我们,人生最高智慧在爱,最大成功是乐。